フィンランドの
ソーシャル・イノベーシ

フィンランドを
世界一に導いた
100の社会改革

編著者——イルッカ・タイパレ
訳者——山田眞知子

公人の友社

刊行によせて

　世界は勢いよく変化しています。では、私達はどのようにして、将来の困難な挑戦に打ち勝つことができるでしょうか。私達は展望を広げることができなければなりません。フィンランドにおいては、多くの国と同様に、イノベーションを促進し、それを社会の資本とするために、手法や制度を整備しています。科学や技術的なイノベーションは重要な助けではありますが、成功はそれらにのみ立脚しているのではありません。

　フィンランドの強い競争力と高い生活水準は、個人の努力と自己開発を動機づけ、同時に公的な支援も提供する、北欧型福祉社会に基づいています。民主主義、人権に対する敬意、法治国家の原則と優れた政治が社会の堅固な基盤です。フィンランドでは、国と自治体は、社会福祉と保健、教育と研究に不可欠な役割を果たしますが、市民自身が様々なNGOを組織し、サービス提供者としての役割を通じて制度に活力を与えています。

　北欧5カ国は競争力、持続的な発展、汚職の無さ等の国際比較において、高い評価を得ています。この本の100余りの論文は、多様でかつ興味深いソーシャルイノベーションを紹介しています。この本は、フィンランド社会とそのあり方を照らし出しているので、私は、読者の方がこの本から、どこにおいても応用できるようなアイディアを見つけられると信じます。ソーシャルイノベーションの多くはある程度は普遍的ですが、心を引きつけるような相違もあります。

　この本で紹介されているイノベーションの多くは、何十年もの間フィンランドにおいて実施に成功しているもので、これは予測できる将来にも継続されるでしょう。グロバライゼーション化する世界は、新しい挑戦をもたらすかも知れませんが、それらの解決のためには新しいイノベーションが必要となるでしょう。私達の将来の目的は、福祉社会と競争力の結合であります。それらは

敵同士ではなく、パートナーなのです。

　この本の編著者であるイルッカ・タイパレ博士は、ソーシャルイノベーターと申しあげる理由が十分あります。彼は現在でも公的な討論に積極的に参加され、私達の社会の最も弱い地位にある人たちの状況を改善するための、フィンランドの社会政策とイノベーションのために力を尽くされています。

　この本が読者にとって新しいアイディアを生みだす契機となり、世界を新しい見方で見るように勇気づけることを確信しています。

タルヤ・ハロネン
フィンランド共和国大統領

編著者序文

「あなたは西欧の文明をどう思われますか。」と、モハンダス・ガンジーは質問されたことがあります。「それは良い考えだろうと思います。」と彼は答えました。

北欧福祉国家モデルは、実際以上に宣伝されているきらいがあります。北欧の勝ち組国家としてです。そのよい例が、フィンランド外務省が最近発行した国際比較における北欧諸国の成功についての小冊子です。しかし、幸いなことに、最後の部分には、2頁を使って「北欧が失敗したこと」として貧困、排除されている人達、その他の解決されていない社会的な問題についての記載があります。

私達の国の経済成長は、技術的なイノベーションのみを基盤としていると長い間受け取られてきました。国の技術開発関連機関、工科大学、ノキアに代表される企業が注目を浴び、国民総生産の4％近くが研究開発に使われています。

しかし、最近になってソーシャルイノベーションについても話題にされるようになりました。議会民主主義、男女間の平等、普遍主義、すべての市民に対する社会保障、無料の学校教育等によってもたらされる市民のしあわせと社会の安定が、特許のないイノベーションで、我が国の福祉の基盤であります。

この本は100以上のフィンランドのソーシャルイノベーションを集めたものです。著者達は、社会の各分野のイノベーションの発明者かそれを応用した素晴らしい人達です。彼らは様々な年齢層で、異なる職業に就いている人達ですが、イノベーションがもたらす喜びと真剣さを代表しています。この本は、一院制議会制度、食器乾燥棚、保育制度、マット洗い桟橋、ボランティア活動、3者協定、木の粉のパン、連立政権、リナックス、サンタクロース等をつないでいます。

残念ながら、すべての良いイノベーションをこの本に取り上げることはできませんでした。残されたものは続編に入れることにしたいと思います。

　「100のフィンランドのソーシャルイノベーション」は、すでにフィンランド語と英語で出版されており、続いてロシア語、スウェーデン語、中国語で出版される予定です。フィンランドの科学的なイノベーションとテクノロジーのイノベーションについても同じような本が出版されることを私は望んでいます。同時に、世界の国々はお互いに与え合うものがたくさんあるのですから、同じような本が他の国でも出版されることも希望しています。

　最後に、この本の日本語版の出版を引き受けてくださいました公人の友社に感謝いたします。そして、心からの感謝の気持ちをすべての筆者に捧げたいと思います。またアシスタントを務めてくれたカトリ・ソーデル（Katri Söder）氏とオルガ・ボロヴコヴァ（Olga Borovkova）氏、表紙とイラストの作者のヨーナス・ルオトネン（Joonas Luotonen）氏に謝意を表します。日本語の翻訳を担当した、長年の友人でフィンランド在住の社会政策研究者の山田眞知子氏にも厚く感謝致します。

　この本を作ることは私の本当の喜びでした。日本の読者の皆様ともこの喜びを分かち合いたいと願っています。

2008年5月1日
イルッカ・タイパレ

目　次

刊行によせて　タルヤ・ハロネン（フィンランド共和国大統領）　3
編著者序文　5

I　政治・行政 …………………………………………………… 19

1　一院制の議会　リーッタ・ウオスカイネン　20
2　憲法委員会　ヤルモ・ヴオリネン　24
3　未来委員会　ユルキ・カタイネン　27
4　地方自治　ペッカ・ノウシアイネン　30
5　連立政権　ハッリ・ホルケリ　32
6　労・使・国の3者協議　ティモ・カウッピネン　34
7　女性の参政権と40％定数制度　トゥーラ・ハータイネン　36
8　汚職の排除・世界で最も汚職の少ない国　ヨハンネス・コスキネン　38
9　二重言語制度・二つの公用語　ヨーラン・ヴォン・ボンスドルフ　40
10　オーランド自治地帯　グンナル・ヤンソン　43
11　サーメ人・フィンランドの先住民族　ペッカ・アイキオ　46
12　北方の次元・EUとロシアの協力　パーヴォ・リッポネン　49

II　社会政策 ……………………………………………………… 53

13　社会政策としての住宅供給　マルッティ・ルヤネン　54
14　スラムのないヘルシンキ市の住宅政策　ペッカ・コルピネン　57
15　Y財団・ホームレスへの住宅供給　ハンヌ・プットネン　59
16　学生専用住宅　ウッラ-マイヤ・カルフ　61

目　次

17　サービス付き住宅　イルッカ・タイパレ　63
18　ロマニ人の地位　キュオスティ・スオノヤ　66
19　建物株式会社・集合住宅運営制度　マルッティ・ルヤネン　70
20　労働年金制度　カリ・プロ　73
21　保育制度　ヴァップ・タイパレ　76
22　家庭保育給付　マリヤッタ・ヴァーナネン　78
23　父親休暇　ヨハンネス・コスキネン　81
24　母になる人への贈り物パック　シルパ・タスキネン　84
25　無料の学校給食　キルシ・リンドルース　86
26　勉学補助制度　エリナ・カリヤライネン　89
27　傷痍軍人のケア　ヴェリ-マッティ・フィッティネン　91
28　アビリス財団・発展途上国の障害者支援　カッレ・キョンキョラ　95
29　親族介護給付　パイヴィ・ヴォウティライネン、レイヤ・ヘイノラ　99
30　スタケス・フィンランド国立社会福祉保健研究開発センター
　　　　　　　　　　　　　　　　　　　　　ヴァップ・タイパレ　102
31　貧困の防止　マッティ・ヘイッキラ　105
32　債務整理と保証財団　レーナ・ヴェイッコラ　107
33　公的融資　マリアンネ・リカマ　109
34　アルコール専売制度　ユッシ・シンプラ　111
35　11月運動・1960年代の人権擁護運動　イルッカ・タイパレ　113
36　3％論・底辺の人達のケア　イルッカ・タイパレ　116
37　法律扶助と犯罪被害補償　トゥイヤ・ブラックス　119
38　犯罪の調停制度　ユハニ・イーヴァリ　121

Ⅲ　保健ケア ………………………………………………… 123

39　保健センター　シモ・コッコ　124
40　妊婦と幼児の保健所　マルユッカ・マケラ　127

8

目　次

41　大学生のための保健ケア財団　　ヴェサ・ヴオレンコスキ　130
42　国立労働衛生院　　ハッリ・ヴァイニオ　132
43　交通死亡率の半減　　ペッカ・タリヤンネ　135
44　北カリヤラ・循環器系疾患予防プロジェクト　　ペッカ・プスカ　138
45　統合失調症プロジェクト　　ユルヨ・アラネン　142
46　自殺予防国家プロジェクト　　ヨウコ・リョンクヴィスト　146
47　性病の管理対策　　オスモ・コントゥラ　148
48　たばこ法　　メルヴィ・ハラ　150
49　キシリトール　　マリヤッタ・サンドストロム　153
50　医師のハンドブック・EBM　　イルッカ・クンナモ　155

Ⅳ　教育・文化　……………………………………………… 157

51　フィンランド文学協会　　トゥオマス・レフトネン　158
52　図書館制度　　カーリナ・ドロンベリ　160
53　義務教育制度　　エルッキ・アホ　162
54　無料の高等教育　　ソニヤ・コスネン　164
55　フィンランド児童の読解力　　ユッカ・サルヤラ　167
56　大学所在地の分散　　ヤーッコ・ヌンミネン　169
57　シトラ・フィンランド独立記念基金　　エスコ・アホ　172
58　テケス・フィンランド技術庁　　マルッティ・アフ・ヘウリン　175
59　音楽学校　　ミンナ・リントネン　178
60　自由な生涯学習制度　　ユルキ・イヤス　180
61　演劇や博物館への助成　　イルメリ・ニエミ　184
62　フィンランド式物語創作法　　モニカ・リーヘラ　186
63　フィギャーノート音楽教育法　　山田眞知子　188

9

目 次

V 戦争と平和のはざまで ………………………………… 191

64　トルニオ・ハーパランタ双子都市　ハンネス・マンニネン　192
65　後援自治体運動　アウラ・コルッピ-トンモラ　196
66　アハヴェンアンマー非武装地帯　ローゲル・ヤンソン　199
67　カリヤラ住民の引き揚げ事業　ハンヌ・キルペライネン　203
68　消極的抵抗・ロシアの抑圧に対抗して　スティーブ・ハックスリー　206

VI 市民社会 ……………………………………………………… 209

69　NPOの国　リスト・アラプロ、マルッティ・シーシアイネン　210
70　スロットマシーン協会・公営ギャンブルによる福祉助成
　　　　　　　　　　　　　　　　　　　マルック・ルオホネン　213
71　労働組合の組織化　ミッコ・マエンパー　215
72　政党助成金　リスト・サロネン　217
73　学生組合の経済的自治　リンネア・メーデル　220
74　アッリアンシ・フィンランド青少年協力組織
　　　　　　　　　　　　　　　　　　　ユッカ・タフヴァナイネン　223
75　ニュトキス・フィンランド女性協会　タニヤ・アウヴィネン　225
76　ケパ・開発協力サービスセンター　フォルケ・スンドマン　227
77　１％運動・所得の１％を開発援助へ　トーマス・ワールグレン　230
78　可能性の市場・開発協力活動のイベント
　　　　　　　　　　　　　　　　　　　クリスティーナ・ハイキオ　233
79　平和駅・平和運動の拠点　カレヴィ・スオメラ　236
80　プロメテウス・キャンプと青少年の哲学イベント
　　　　　　　　　　　　　　　　　　　マッティ・マケラ　239
81　共同責任募金・国際救援事業　カッレ・クーシマキ　241

目次

82　赤十字の空腹の日・災害援助基金　ハンヌ-ペッカ・ライホ　243

Ⅶ　ソーシャルテクノロジー ……………………………………… 247

83　リナックス・LINUX　ユルキ・カスヴィ　248
84　テキストメッセージ・SMS　マッティ・マッコネン　251
85　インターネットチャット・IRC　ヤルッコ・オイカリネン　254
86　モロトフのカクテル・対戦車火炎瓶　ヘイッキ・コスキ　256

Ⅷ　日常生活の喜び ………………………………………………… 259

87　ボランティア活動　レイノ・ヒェルッペ　260
88　サウナ　ラッセ・ヴィーニッカ　262
89　ヨウルプッキ・サンタクロース　ユハ・ニルッコ　264
90　ヨウルポルク・クリスマスの小路　マリヤリーサ・カウッピネン　268
91　フィンランドのタンゴ　ペッカ・ヤルカネン　271
92　フィンランド人のカラオケ　ミンナ・シルノ　275
93　ペットゥ・木の皮からできたパン　レーナ・ラサネン　278
94　マンミ・復活祭の黒いデザート　アリヤ・ホプス-ネウヴォネン　280
95　ホーコーシニネン・ソーセージ・女性を解放した食品
　　　　　　　　　　　　　　　　　　　　マルック・ハーピオ　282
96　すべての市民の権利　ユハ・コルケアオヤ　284
97　日常のエロティシズム・フィンランド人の性生活
　　　　　　　　　　　　　　　　　エリナ・ハーヴィオ-マンニラ　286
98　アイスフィッシング・氷の穴での魚釣り　カリ・ラヤマキ　289
99　氷中水泳・真冬の野外水泳　パウラ・コッコネン　292
100　ペサパッロ・フィンランド式野球　マルック・プッリネン　295

11

目 次

101 ナイステンキュンピ・女性の10kmマラソン
　　　　　　　　　　　　　　　　　カロリーナ・ラウタコルピ　298
102 サウヴァキャベリュ・ノルデイックウォーキング
　　　　　　　　　　　　　　　　　エーロ・アカーン-ペンティラ　300
103 食器乾燥棚・29,900時間の節約　ピルッコ・カサネン　303
104 公共のマット洗濯場　ピルッコ・ルースカネン-パッルコスキ　305
105 フーッシ・ドライトイレ　アスタ・ラヤラ　308
106 狂者のジョーク・当事者が作成したジョーク集
　　　　　　　　　　　　　　　　　　　　ユッシ・サルケラ　310
107 ケミの雪の城・ケミ市のシンボル　ヨルマ・ヴィルタネン　312
108 アフリカの星ゲーム　カリ・マンネルラ　314
109 エストニアへの酒買い出し旅行　マッティ・ニーラネン　317
110 サルミアッキコッス・ファッションドリンク　エサ・オステルベリ　321
111 ラクリッツァ・フィンランド人の愛する黒いお菓子
　　　　　　　　　　　　　　　　　　　　マリ・レッパネン　323

訳者のあとがき　325

100 SOSIAALISTA INNOVATIOTA SUOMESTA

I HALLINTOA

1 YKSIKAMARINEN EDUSKUNTA   Riitta Uosukainen
2 PERUSTUSLAKIVALIOKUNTA   Jarmo Vuorinen
3 TULEVAISUUSVALIOKUNTA   Jyrki Katainen
4 KUNNALLINEN ITSEHALLINTO   Pekka Nousiainen
5 KOALIITIOHALLITUKSET   Harri Holkeri
6 KOLMIKANTA   Timo Kauppinen
7 NAISTEN ÄÄNIOIKEUS JA 40 PROSENTIN KIINTIÖ   Tuula Haatainen
8 KORRUPTION KITKEMINEN   Johannes Koskinen
9 TVÅSPRÅKIGHET   Göran von Bonsdorff
10 SJÄLVSTYRT ÅLAND   Gunnar Jansson
11 SAAMELAISET   Pekka Aikio
12 POHJOINEN ULOTTUVUUS   Paavo Lipponen

II SOSIAALIPOLITIIKKAA

13 SOSIAALINEN ASUNTOTUOTANTO   Martti Lujanen
14 SOSIAALINEN SEKOITTAMINEN ASUNTOPOLITIIKASSA   Pekka Korpinen
15 Y-SÄÄTIÖ   Hannu Puttonen
16 OPISKELIJA-ASUNNOT   Ulla-Maija Karhu
17 PALVELUASUNNOT   Ilkka Taipale
18 ROMANIEN ASEMA   Kyösti Suonoja
19 TALOYHTIÖT   Martti Lujanen
20 TYÖELÄKEJÄRJESTELMÄ   Kari Puro
21 LASTEN PÄIVÄHOITO   Vappu Taipale
22 LASTEN KOTIHOIDONTUKI   Marjatta Väänänen
23 ISYYSLOMA   Johannes Koskinen

24 ÄITIYSPAKKAUS   Sirpa Taskinen
25 LÄMMIN JA MAKSUTON KOULUATERIA   Kirsi Lindroos
26 OPINTOTUKI   Elina Karjalainen
27 SOTAINVALIDIEN HUOLTO   Veli-Matti Huittinen
28 ABILIS-SÄÄTIÖ   Kalle Könkkölä
29 OMAISHOIDON TUKI   Päivi Voutilainen & Reija Heinola
30 STAKES   Vappu Taipale
31 KÖYHYYDEN TORJUNTA   Matti Heikkilä
32 VELKASOVITTELU JA TAKUU-SÄÄTIÖ   Leena Veikkola
33 SOSIAALINEN LUOTOTUS   Marianne Rikama
34 ALKOHOLIMONOPOLI   Jussi Simpura
35 MARRASKUUN LIIKE   Ilkka Taipale
36 KOLMEN PROSENTIN TEORIA   Ilkka Taipale
37 OIKEUSAPU JA RIKOSVAHINKOJEN KORVAAMINEN   Tuija Brax
38 RIKOSTEN SOVITTELU   Juhani Iivari

III TERVEYTTÄ

39 TERVEYSKESKUKSET   Simo Kokko
40 ÄITIYS- JA LASTENNEUVOLAT   Marjukka Mäkelä
41 YLIOPPILAIDEN TERVEYDENHOITOSÄÄTIÖ   Vesa Vuorenkoski
42 TYÖTERVEYSLAITOS   Harri Vainio
43 LIIKENNEKUOLEMIEN PUDOTUS PUOLEEN   Pekka Tarjanne
44 POHJOIS-KARJALA-PROJEKTI   Pekka Puska
45 SKITSOFRENIAPROJEKTI   Yrjö O. Alanen
46 ITSEMURHIEN EHKÄISY   Jouko Lönnqvist
47 SUKUPUOLITAUTIEN HALLINTA   Osmo Kontula
48 TUPAKKALAKI   Mervi Hara
49 KSYLITOLI   Marjatta Sandström

50 LÄÄKÄRIN KÄSIKIRJA   Ilkka Kunnamo

IV SIVISTYSTÄ

51 SUOMALAISEN KIRJALLISUUDEN SEURA   Tuomas M.S. Lehtonen

52 KIRJASTOT   Kaarina Dromberg

53 PERUSKOULU   Erkki Aho

54 MAKSUTON JATKOKOULUTUS   Sonja Kosunen

55 SUOMALAISLASTEN LUKUTAITO   Jukka Sarjala

56 YLIOPISTOJEN HAJASIJOITUS   Jaakko Numminen

57 SITRA   Esko Aho

58 TEKES   Martti af Heurlin

59 MUSIIKKIKOULUT   Minna Lintonen

60 VAPAA SIVISTYSTYÖ   Jyrki Ijäs

61 TEATTEREIDEN JA MUSEOIDEN TUKI   Irmeli Niemi

62 SUOMALAINEN SADUTUSMENETELMÄ   Monica Riihelä

63 KUVIONUOTIT   Machiko Yamada

V KANSAINVÄLISYYTTÄ

64 TORNIO-HAAPARANNAN KAKSOISKAUPUNKI   Hannes Manninen

65 KUMMIKUNTALIIKE   Aura Korppi-Tommola

66 DEMILITARISOITU AHVENANMAA   Roger Jansson

67 KARJALAISTEN ASUTTAMINEN   Hannu Kilpeläinen

68 PASSIIVINEN VASTARINTA   Steve Huxley

VI KANSALAISYHTEISKUNTA

69 YHDISTYSTEN MAA   Risto Alapuro & Martti Siisiäinen

70 RAHA-AUTOMAATTIYHDISTYS   Markku Ruohonen

71 AMMATILLINEN JÄRJESTÄYTYMINEN   Mikko Mäenpää

72 PUOLUETUKI   Risto Salonen
73 YLIOPPILASKUNTIEN TALOUDELLINEN AUTONOMIA   Linnea Meder
74 ALLIANSSI   Jukka Tahvanainen
75 NYTKIS   Tanja Auvinen
76 KEHITYSYHTEISTYÖN PALVELUKESKUS   Folke Sundman
77 PROSENTTILIIKE   Thomas Wallgren
78 MAHDOLLISUUKSIEN TORI   Kristiina Haikio
79 RAUHANASEMA   Kalevi Suomela
80 PROMETHEUS-LEIRIT JA NUORTEN FILOSOFIATAPAHTUMA
                                               Matti Mäkelä
81 YHTEISVASTUUKERÄYS   Kalle Kuusimäki
82 PUNAISEN RISTIN NÄLKÄPÄIVÄ   Hannu-Pekka Laiho

VII SOSIAALI TEKNIIKKAA
83 LINUX   Jyrki J.J. Kasvi
84 TEKSTIVIESTI   Matti Makkonen
85 IRC ELI INTERNET RELAY CHAT   Jarkko Oikarinen
86 MOLOTOVIN COCKTAIL   Heikki Koski

VIII ARJEN ILOA
87 TALKOOT   Reino Hjerppe
88 SAUNA   Lasse Viinikka
89 JOULUPUKKI   Juha Nirkko
90 JOULUPOLKU   Marjaliisa Kauppinen
91 SUOMALAINEN TANGO   Pekka Jalkanen
92 SUOMALAINEN KARAOKE   Minna Sirnö
93 PETTU   Leena Räsänen
94 MÄMMI   Arja Hopsu-Neuvonen

95 HK:N SININEN   Markku Haapio
96 JOKAMIEHENOIKEUS   Juha Korkeaoja
97 ARKIPÄIVÄN EROTIIKKA   Elina Haavio-Mannila
98 PILKKIMINEN   Kari Rajamäki
99 AVANTOUINTI   Paula Kokkonen
100 PESÄPALLO   Markku Pullinen
101 NAISTEN KYMPPI   Karoliina Rautakorpi
102 SAUVAKÄVELY   Eero Akaan-Penttilä
103 ASTIANKUIVAUSKAAPPI   Pirkko Kasanen
104 PYYKKILAITURI   Pirkko Ruuskanen-Parrukoski
105 HUUSSI   Asta Rajala
106 HULLUJEN VITSIT   Jussi Särkelä
107 KEMIN LUMILINNA   Jorma Virtanen
108 AFRIKAN TÄHTI   Kari Mannerla
109 VIRON VIINARALLI   Matti Niiranen
110 SALMIAKKIKOSSU   Esa Österberg
111 LAKRITSA   Mari Leppänen

I　政治・行政

1

一院制の議会

リーッタ・ウオスカイネン
フィンランド議会議長 1994 〜 2003

　はじめに話を聞いた時には驚きました。たばこ法やラクリッツァ菓子と並んで、一院制議会が、どうしてソーシャルイノベーションといえるのでしょう。それから理解しました。身分制の議会から普通選挙に基づく一院制議会への変化は、すべてのソーシャルイノベーションの生みの親なのです。我が国の議会制度に深く敬意を表しつつ、歴史上最初の女性議長として9年間議会の議長職を務めた私はそう考えます。

　1910年にイルマリ・キアント (Ilmari Kianto) が書いた小説『赤い線 (Punainen viiva)』を読むと、どのような国内状況の中でイノベーションが行われたか理解できます。

　「誰が考えついたことがあるだろうか。小屋の4つに仕切られている窓枠が、砂漠のように荒れた土地を眺めていることを。一つの窓枠は麦わらで覆われて、2つ目の窓枠は木片を重ねている。3番目は牝牛の膀胱皮が貼られている。やっと4つ目の窓にひびわれた緑色がかったガラスがはめられ、その両側は、壊れかかった黒ずんだ錫のボタンで押さえてある・・・窓は、砂漠の壊れた神のような目で、苦難の表情で宇宙を眺めている・・」

　このような地方の風景と、都市部の石造りの建物から、そしてフィンランド全国からフィンランド人は赤い線（注：1906年の選挙法で投票用紙に赤線を引くと定められ、1935年までこの方法が用いられた。今日では選挙で投票することを指す。）を引くために立ち上がり、赤線を引くことによって何かを成し遂げられると信じ

1　一院制の議会

たのでした。そして本当に実現したのです。今日のフィンランドの窓はきれいに磨かれていて、壊れていません。そしてヨーロッパに向かって、全世界に向かって開かれているのです。

　1906年にフィンランド議会は選挙法と議会法を制定しました。こうしてフィンランドは、ヨーロッパで最も遅れていた4つの階級制度を基盤とした身分制議会制度を、最も近代的な一院制の議会へと改革しました。1906年10月1日に施行された議会法によると、選挙権は普遍的で平等なものでした。重要なことは、女性も男性も同時に選挙権を行使できるようになったことです。当時の選挙権と被選挙権は24歳で得られました。この改革によって選挙権と被選挙権を持つ者は、10倍の約120万人に増加しました。

　フィンランドの女性が世界で最初に選挙権を得たのではないとよく指摘されます。確かに、マン島、ニュージーランド、オーストラリア、さらにいくつかのアメリカの州では、女性は選挙権をフィンランドより早い時期に獲得していますし、ところによっては選挙に立候補することもできました。しかし彼女たちは選出されませんでした。1907年に世界で最初の女性議員がフィンランド議会に足を踏み入れました。男性と女性が同時に獲得した選挙権と被選挙権の参政権は、フィンランドの強さであり特徴です。

　これはすべてロシア帝国の一部となったフィンランド大公国において、ロシアによる抑圧の時代に起こったことです。時はフィンランドにとって好機でした。日露戦争の対馬の戦いでロシアが敗れ、フィンランド社会をも揺るがした大規模なストライキの影響で、皇帝ニコライⅡ世も新しい議会制度を認めざるを得なくなったのです。

　歴史的な流れが有利であったことの影響もありますが、フィンランドで議会制度を構築するための多大な努力が払われていたことを、見逃すわけにはいきません。当時は政党政治が誕生しておらず、賢い見識が必要でした。国際的にも評価された最年長の政治家であったレオ・メケリン（Leo Mechelin）教授の指導のもとで、フィンランド人の男性も女性も懸命に働きました。問題は有り余るほどありました。一院制議会、言語問題、法に反する徴兵制等について議

I 政治・行政

論し、後には王国にするか否かの問題まで検討されました。最終的に一院制にすることを決定し、議会の大委員会に一院制を補うための権限を与えることにしました。大委員会は、後に欧州連合（EU）に関する事項を扱うようになりました。

フィンランドの女性協会（Suomen Naisyhdistys）は選挙権獲得を目標としていましたが、その会員にとっても、参政権の問題は明白ではありませんでした。フェミニスト組織であるユニオニ（Unioni）にとっても、初代会長ルシナ・ハグマン（Lucina Hagman）が1889年に女性の選挙権について小冊子を書いたにもかかわらず、事情は同じでした。労働女性連盟（Työläisnaisliitto）は、はっきりと選挙権を支持していました。各女性組織が重要とみなす目標は異なっていましたが、参政権獲得の戦いと禁酒運動が結び付き、禁酒法と民主主義の要求は、一つの全体像の一部と考えられるようになりました。普通選挙権の目標は、1898年から1899年の禁酒運動を通じて一般の人達に広がりました。

いずれにせよ参政権の獲得は達成しました。フィンランドの最も国際的な活動家のアレキサンドラ・グリッペンベリ（Aleksandra Gripenberg）も、英国出張中にこのニュースを聞いて驚いたといいます。それ以降、彼女はことあるごとに、普通選挙権を先例のない方法で勝ち取ったフィンランドの女性に、世界が注目したことを聴衆に語っています。次に教育をより多く受ける必要がありました。しかし当時は、女性が公職に就くため、または高等教育を受けるためには、女性であることに基づく特例を申請しなければなりませんでした。売春問題やその他の道徳問題もありました。このように女性運動の活動家にはたくさんの使命がありました。女性は男性と一緒に働きましたが、容姿や、未婚であること、太っていることまで、今日でもそうですが、嫌がらせの対象にされました。

2006年の今日、私たちは、フィンランド女性が達成したことを祝わなければなりません。しかしまだ多くのことが成就されていません。毎日、家族に関する法律、女性の給料や出産等に関する記事が書かれています。女性の大統領が誕生したのは2000年です。女性の最初の議会議長は1994年で、女性の首相は

2003年です。社会や経済界で多くの優秀な女性達が輝いています。見えない壁は破られました。それでも多くの問題が残されています。今日のフィンランド議会の議題を見ると、泣いていいのか笑うべきなのかわからなくなります。1907年11月に『家族と社会』誌は、女性の団結で議会は売春を止めさせたと書きましたが、議会では今、性サービスの売買について議論されています。最初の議会選挙で、女性達はフィンランドが永遠の禁酒国になることを信じていましたが、2000年代にもアルコール問題が議論されています。

　すべてを総括すると、私たちは20世紀初頭の賢かった男性政治家と女性政治家に敬意を捧げなければなりません。一院制議会はフィンランドに適切な制度です。これからも一院制の議会で、議員の皆さんには自分達の喜びのために、そして祖国のために働いてもらわなければなりません。

　私達は、女性であれ男性であれ、フィンランド議会議員のこれまでの業績を喜ぶ理由があります。1907年にロシア議会（Duma）のドン地方のコサックを含む議員達から、フィンランドの女性宛に電報が送られました。「私たちドンのコサックの代表は、我々の広大ながら、いまだに完全に解放されていない祖国において、女性を当然の権利である最高の地位に就かせた国民に、敬意を表することができることを幸福に思います。祖国で完全な権利を有する市民であるフィンランドの女性に祝福あれ！」

2

憲法委員会

ヤルモ・ヴオリネン
フィンランド議会副事務総長

　フィンランドには憲法裁判所は存在しませんが、法律の合憲性は憲法委員会（perustuslakivaliokunta）で審査します。憲法委員会は議会の14の特別委員会の一つで、1906年の議会改革において常置の議会組織となりました。特別委員会の主な任務は本会議での議決事項の準備です。
　憲法委員会は本会議のために憲法の制定、改正、廃止の関連事項を準備します。その他、委員会は憲法に準じる重要な立法の付随事項の準備もします。その例としては、選挙に関わる立法、政府の最高機関、アハヴェナンマー諸島の自治、国民、言語、政党に関わる事項があります。
　近年の国会では、委員会報告の作成は、憲法委員会の二次的な業務となりました。憲法委員会の第一の業務は、他の委員会が作成した事項に意見書を作成することでした。作成された意見書は、1987～1990年は51でしたが、1999～2002年に199へと増加しました。
　声明の作成業務は、フィンランド憲法の第74条に「憲法委員会は、法案ならびにその他の検討すべき事項の合憲性と国際的な人権条約の関わりについての意見書を作成する」とあります。また国会手続法の第38条第2項において、「本会議のために提出事項を準備する委員会は、その事項の合憲性または人権条約との関係において不明の点があれば、憲法委員会に意見書を要請する」と規定されています。

以上の法令によって、憲法委員会は、議会で審議される事項に関して合憲性の監視を行います。フィンランドの特殊性は、合憲性の監視が事前行為であり、それが議会で選出された議員により構成される機関で行われることです。この特殊性は、この制度が約150年前に設計されたことによります。

　憲法の監視任務を果たす際に、委員会は明白に憲法を解釈する司法機関として機能します。同時に、例えば大臣の行為の違法性、国会議員の罷免、または国会議員の資格喪失に関する法的条件等について見解を述べる時も、「非政治的」な役割を果たすことになります。このような司法的業務にもかかわらず、委員会の構成は他の委員会と全く同じで、議会勢力の比率を反映しています。

　憲法委員会の司法権に関する中立性は異なる要素によって守られています。憲法委員会の法解釈に関する事項においては、議会内の議員団は、委員会委員が従わなければならないような会派決議はしません。大臣も、委員会委員の中立に影響を与えるような行為はしません。憲法に関する事項の裁量は憲法委員会に任されています。委員会は前例に倣い、判断に一貫性を持たすように心がけます。

　委員会委員の憲法の解釈についての意見の形成において重要なことは、専門家の意見を聴く手続きがあることです。委員会はすべての憲法解釈事項において、異なる大学の公法の専門家の意見を聴きます。専門家は委員会会議において委員会の解釈についての見解を述べ、問題になっている事項の解釈についての自身の根拠のある勧告を提示します。

　専門家達の見解がすべてにおいて一致することはまれです。委員会は専門家の大多数の意見をそのまま採用するとは限りませんが、他方、専門家の意見が一致している時に、委員会の見解が異なるということもあり得ないでしょう。専門家が示した勧告や論点は、委員会委員が、自分の考えをまとめるためのある種の骨組を提供することになります。委員の意見は委員会会議で議論され形成されます。委員会での議論を通じて委員の意見は統一されます。最近の憲法委員会の見解の多くは満場一致で作られています。しかし異なる意見の委員は、自身の見解を委員会の意見書に付記することができます。

I　政治・行政

　委員会は意見書の中で、例えば法案の合憲性についての評価を提示します。もし委員会がその法案の一部が憲法に矛盾すると判断した時は、声明書の中に、合憲性を確保するために法案をどのように変更するべきか記載します。委員会の変更案は普通、法律の条文の変更ではなく、変更の目的と、どのようにしてその目的を実現できるかの例を記載します。実際には、法案を作成する他の特別委員会が、憲法委員会の示した憲法に関する見解に応えるのです。最終的には、議会議長が、本会議における審議内容が憲法に適合するよう取り計らうことになっています。

　一般的に、憲法委員会は合憲性の解釈については大きな信頼を得ています。憲法委員会の事前の監視は、長いあいだ唯一の法律の合憲性を管理する方法であったので、仮に信頼性がないとすれば問題です。1919年に制定されたフィンランド憲法では、法律の合憲性の判断は裁判所の管轄ではありませんでしたが、後に変更されました。新フィンランド憲法の第106条では「裁判所で審理される事項について、法律の適用が明らかに憲法と矛盾するときは、裁判所は憲法の条文に優先権を与える。」と規定しています。

　憲法委員会が合憲性の管理に成功していることは、これまでに裁判所が、法律の規定について憲法に優先権を与えたことが一例しかないことが示しているでしょう。

3

未来委員会

ユルキ・カタイネン
財務大臣　議会未来委員会委員長 2003 〜 2007

　すべての国において議会の権力は立法権と予算権に分けられます。フィンランド議会は、その権力を、先見性を持って行使する点において他に例がありません。この先見性のために、15年前に独自の委員会である未来委員会が設置されました。これは世界の議会においても唯一の、未来のことについて審議を行う、国会議員によって構成される議会委員会です。この委員会のもう一つの幅広い業務は、テクノロジーの社会に対する影響の評価ですが、これは他の国々でもなんらかの委員会、一般に芸術またはテクノロジー委員会で行われています。
　2000年の憲法改正において未来委員会は、他の議会委員会と同等かつ常置の委員会の地位を獲得しました。議員達の強い意志が、これまで未来委員会の地位向上をもたらした決定的な要素でした。この点で、未来委員会は、議会の一つのソーシャルイノベーションであるということができるでしょう。
　広い範囲にわたる未来の政策を実施するために、未来に関わる業務の組織化と議論を行う主体の設立作業は、議会が主導して行いました。国会議員の大多数は、一部に反対があったにもかかわらず、未来委員会の設置の提案を受け入れました。しかし、その作業は何年もかかりました。1986年に合計133人の国会議員が、将来の研究機関を立法機関の一部として設立する提案に署名しました。提案は書面で審議されましたが、結論に達しませんでした。議論は続き、

I　政治・行政

　1992年に166人の国会議員が立法化の議員提案を行いましたが、否決されました。当時、熱心に動いたのはエーロ・パロヘイモ (Eero Paloheimo) とマルッティ・ティウリ（Martti Tiuri）で、彼らは後に設立された未来委員会の初期の委員長となりました。立法提案は不成立に終わりましたが、憲法委員会の意見書には、フィンランドは、未来の政策と内閣と国会間の長期にわたる問題や選択について、対話を必要としていると記載されました。

　1992年に憲法委員会は、政府は、国会に対して未来の進歩についての報告書を作成すべきであるとの見解を示しました。つまり未来学の方法を用いて、社会の発展の特徴と未来の進歩の代替案について検討することで、さらに、政府は、社会がそれに沿って発展するような目標を明らかにすることを求められました。議会はこの任務を政府に託しました。同時に、長期的未来についての政府の報告書を検討するための委員会が設置されました。委員会は未来委員会（tulevaisuusvaliokunta）と名付けられました。

　未来委員会は、今日の規定によると、以下の通りです。「未来委員会は、委員会に送られる議会文書を検討し、他の委員会の要求があれば、その委員会の管轄分野の未来に関する事項についての意見書を提出する。委員会は、未来の発展要因と発展モデルに関わる事項を検討する。委員会は、未来についての調査研究をその方法論を含めて実施する。委員会はまた、テクノロジーの進歩とテクノロジーの社会的影響の評価を行う議会の機関として活動する。」

　委員会には小額の年間予算があるので、外部に注文した調査報告費を支払うことができます。

　未来委員会の主な業務は、政府が4年の選出期間中に1度提出する白書の検討を行うことです。最新の白書は人口政策に関するものでした。もう一つの業務はテクノロジーの評価です。委員会が最初に得た権限は、年ごとに強力になっていきました。委員会は、任期の始まりにいくつかの大きな社会的な未来の問題を選択し、他の機関と協力して報告書をまとめます。報告書の一部は本会議で審議されます。このようにして作成されたのが、哲学者のペッカ・ヒマネン（Pekka Himanen）との協力によって生まれた「情報社会の進歩

(Tietoyhteiskuntakehitys)」とクオピオ大学の保健ケア研究グループと未来学者であるオスモ・クーシ（Osmo Kuusi）との共著「保健ケアの未来（Terveyden tulevaisuus）」です。今回の任期には委員会は、イノベーション分野の地域における発展と社会資本についても研究しました。報告は報道陣の大きな注目を集め、熱心な議論が続いています。

　委員会は15年の歴史の間で、委員の任期ごとに、グローバライゼーション、新しいテクノロジー、人生や物事の人間的な把握とイノベーション等、フィンランドの社会に密接に関わっているテーマに焦点を絞り検討を行いました。民主主義については一つのテーマとしては検討されていませんが、現在の委員会の最後の期間の大きなテーマ分野に選ばれています。未来学の専門家のミカ・マンネルマー（Mika Mannermaa）との協力でフィンランドの民主主義の調査（2006年）を発表しました。さらに2006年にはフィンランド議会の100年記念事業の一環として、国際的な未来研究者による2100年の民主主義についての論文集を出版しました。

　未来委員会は地位を堅固なものとし、多くの注目を浴び、様々な形で後継者を生みだしました。

4

地方自治

ペッカ・ノウシアイネン
フィンランド自治体協会会長　フィンランド議会議員 1999～2007

　憲法に基づいてフィンランドの国は自治体に分割されており、その行政は自治体住民の自治に基づいて行われます。住民の選出する自治体議会が決定権を持ちます。自治体の行政の総則や事務は法律によって定められています。その他、自治体には課税権があります。
　フィンランドの自治体の事務は広範囲に及びます。地方自治体法によりますと、自治体には、いわゆる法律で定められている一般の事務と、自治体が自治の名のもとに行うことのできる事務があります。これらは自治体住民に共通かつ重要であり、他の機関が行わない事務であります。国は法律を制定することによって、自治体に新しい事務を与えることも、取り去ることも可能です。これは法律で定められている自治体の特別な事務についてであり、このような事務の主なものとしては、教育、保健ケア、多種の社会サービス等があります。これらの他に、自治体は法律の定めるところにより、または事務の一部として、住民のフリータイム、レジャー、住宅供給、住居環境等の保全（例えば道路、上下水道等）を行い、土地利用計画、機能的な自治体の構築に責任を持ちます。自治体の最も中心的な機能は、住民に対する十分かつ質の高いサービスを保障することです。さらに自治体の経済活力の維持、すなわち企業活動の育成、雇用の創出や快適な生活環境の整備等に責任があります。
　自治体財政の中で税収が最も重要です。課税権は、現在においても今後においても地方自治の最も重要な柱の一つで、これによって自治体は法律で定めら

れた事務と自主的に行う事務の執行が可能になります。自治体の税の中で最も重要なのは地方税で、これは年間約130億ユーロにもなります。そのうち地方法人税は10億ユーロを超え、不動産税が約10億ユーロです。自治体が、法律の趣旨に基づく自治を行い、自治体の財源のすべてが法制定の事務を執行するためのみに消費されないように、税基盤を将来大きくする必要があります。

　フィンランドの自治体はそれぞれ個性があり、広い国土の中で、地域によって地理的条件並びにその他の条件は異なります。そのため国は、自治体間の財政格差を解消し、所属する自治体の規模や所在地域によって、住民が必要とする基本的なサービスに差がでないように努めねばなりません。憲法には地方自治に関する原則があり、それは国が自治体に事務を課す際には、国は、同時に、自治体が課されたサービスを執行する経済的基盤を保障しなければならないということです。このため、フィンランドでは、自治体と国の機能的な関係と包括補助金制度が整備されています。これによって自治体の財源と機能が確保され、住民に平等なサービスが提供されるのです。

5

連立政権

ハッリ・ホルケリ
内閣総理大臣 1987 ～ 1991

　1900年代初期にフィンランド大公国は、階級制度を基盤とした議会制度から民主主義を基盤とする議会制度に変わりました。普通選挙のために全く新しい法律が制定されました。フィンランドは女性の参政権については世界に先駆けたものでしたが、選挙法の形式と基本的枠組みは外国から取り入れました。
　ストールベリ（K.J.Ståhlberg）やヘルマンソン（Robert Hermannson）らに代表される、当時の憲法を専門とする公法のエリート学者がペテルスブルグから学んだことが、どれほど重要であったか分析することは興味深いでしょう。彼らはヨーロッパについては、アングロサクソン型よりも、ドイツ・フランスの大陸型の政治制度に馴染んでいました。言い伝えによると、彼らが教育を通じて学んだ語学も影響を与えたと考えられます。
　最も決定的であったことは、比例代表制を選択したことです。私たちの時代までその制度は継続しており、連立政権制度を存続させ強化してきました。もし英国型の小選挙区制度を取り入れていたら、政党構成は全く違ったものになっていたでしょう。
　フィンランドの政党政治は、時代の流れの中で当然ながら変化もありましたが、比較的安定した基盤を持ち、影響力を行使していました。フィンランド独立以来、どの政党もフィンランド議会で過半数を占めたことはありません。
　他方、憲法には、政府は議会の過半数の信任を得なければならないと議会主義の原則を記しています。それゆえ、与党は連立を組み協力し合うことが要件

となり、過去に何回かあったように少数派の与党が組まれる時は、重要な問題については味方を得て合意を形成することが必要でした。この多数要件に関する規定は非常に重大でした。

　以前は、政権交代は普通のことでした。1970年代に、フィンランド独立後の政権の長さは平均1年と計算されています。しかし、過去25年間は、多数与党が議員の任期の4年間政権の座につくことが慣習となりました。しかし、この期間の連立政権は、思想信条的にはあまり一致していないとも言えます。

　重要なことは、時には政党基本方針がかなり異なっている政党が協力し、政権を担うことがあるということです。また、フィンランドの連立においては、他のヨーロッパ諸国で見られるように、ポピュリスト政党が除外されるということはありません。適切な分量の責任を持たされることが、彼らを鎮めることになるのでしょう。しかし、フィンランドでは組織化された過激主義運動は、過去数十年間存在しませんでした。

　1987年の春、マウノ・コイヴィスト（Mauno Koivisto）大統領は、社会民主党と国民連合党（保守党）のいわゆる赤・青（注：赤は社民党、青は国民連合党のシンボルカラー）内閣と呼ばれる連立内閣を指名しました。この連立の当否については評価しませんが、フィンランドの政治規範から見ると、以前よりもより民主的で、かつ議会にとっても透明性のある政府の政治への道が開かれたといえるでしょう。この政府の使命は、政党間の協力が、過去の経験ではなく未来への計画に基づくものであることを実行して見せることでした。

　フィンランドは間もなく内戦（注：1917年の独立に続いて1918年に起こった赤軍と政府軍による内戦）後90年経ちますが、その時の恐怖は国民の中に記憶されています。しかし、私たちの共有する問題を解決しようという願いは、思想信条より強く、我が国の安定した発展に貢献しました。だからこそ、フィンランド人にとって、連立政権はフィンランドにおける政治の伝統の中心であり、社会の活動の核心となっているのです。

6

労・使・国の3者協議

ティモ・カウッピネン
准教授（社会政策学）

　3者協議はフィンランド労働市場のモデルの基盤です。このモデルでは、労働、資本の両組織が三角形の二つの対象点に位置し、頂点に政府が位置します。これらの三つが労働市場協議の戦略を決定する3者となります。

　3者協議戦略においては、雇用主、給与労働者と政府が戦略の選択を行います。3者は、経済、政治、社会保障、財政、国際政治等の目標の協議と調整を行います。その結果、所得政策協約（tupo）が生まれます。この協約に基づき、それぞれの分野の組合は交渉を行い、法的に拘束力のある団体労働協約を結びます。職場にも団体労働協約の効力は及びます。

　3者協議のモデルの根源は1900年代の初めに遡ります。1907年に雇用主と被用者の中央組合組織が結成され、数年の間、組合ごとに労使2者の協約が結ばれました。しかし、この協約の経験は肯定的なものではなく、ストライキを防げるものではありませんでした。2者協約に代わるモデルが必要になりました。

　3者協議モデルは冬戦争（注：1939～1940年のソ連との戦争）の圧力によって生まれました。いわゆる1月の婚約と呼ばれる協議によって、雇用主側は給与労働者の団結を認め、給与労働者は雇用主の運営と仕事の分配の権利を認めました。国はこの婚約の仲人で、媒酌人でした。

　1945年に最初の3者協議による協約が結ばれました。フィンランド雇用主組合総連合（STK）が雇用主を代表し、フィンランド労働組合総連合（SAK）が労働者を代表しました。国は、物価と給料に関する立法を通じて保証人の役を

務めました。

　最初の3者協約は決定的でしたが、協約は、戦後の物資不足の時代には、実質所得の伸びを保障できず、労働争議を防げませんでした。しかし、これらの問題にもかかわらず、関係者は、協約が役に立つモデルであると考えました。その後、1956年から1967年にかけて2者協約が続けられましたが、この期間、企業は国際競争力を失い、失業率が急速に上昇し、労働生活を改善する法律の制定は進展しませんでした。3者協議による準備がなかったからです。

　1968年に再び3者協議モデルが採用されました。そのときに初めての第1回リーナマー（Liinamaa 注：政府調停者の名前）所得政策協約が成立しました。これは3者協議による協約で、フィンランドの今日の労働市場モデルです。このモデルは2007年に40歳になりました。

　フィンランドモデルは結果を見ると非常に成功しました。協約には、フィンランド経済、国際競争力と社会的発展への配慮があります。3者協議は、世界経済フォーラムの比較において、フィンランドを世界で最も競争力のある国へと向上させました。欧州委員会の情報技術比較では、フィンランドは情報技術の開発と応用において一番でした。3者協議制度はこの成績に貢献し、労働生活に大きな進歩をもたらしました。教育も3者協議によって発達しています。OECDの学習水準を比較したPISA調査によると、フィンランドの学校教育制度は、生徒の読解力と計算能力で一位でした。

　3者協議の特徴は、社会を開かれたものにし、透明にすることです。労働者と雇用主の双方は互いに相手と国を監視します。このことは、汚職発生の国際比較調査において、フィンランドは最も汚職の少ない国の一つであることの説明になります。3者協議は社会や労働に関わる立法も生みだしています。経済的平等はEU諸国の中で最も進んでいますが、これはまさしく団体労働協約によってもたらされました。こうして、フィンランドは3者協議によって世界の福祉先進国となったのです。

7

女性の参政権と 40％定数制度

トゥーラ・ハータイネン
ヘルシンキ市副市長　社会保健大臣 2003〜2007

　すべての意思決定において、男女間の平等の観点はどの水準においても決定段階においても重要です。11年前の1995年に、北京女性会議で女性の権利は人権であると宣言されました。もし女性が意思決定に参加できなければ、これらの権利は実現されません。

　フィンランドでは政策決定における女性の割合は増加してきています。政治分野は、長いこと女性の分野と男性の分野に分けられていました。女性の分野は社会福祉、保健と教育分野です。後に女性は、防衛大臣や財務大臣等、これまで男性が独占していた分野にも輝かしく進出しました。女性は政策決定者としても専門家としても、男性と同じように有能であることを実際に示したのです。次の目標は、経済分野の決定者としての女性の数を増やすことです。

　1900年代のフィンランドの女性運動は普通選挙権の獲得を目指していました。女性労働者は労働運動に加わり、1905年の大ストライキにも参加しました。フィンランドの女性は100年前に完全選挙権を獲得し、同時にフィンランドの四部会の身分制度を基盤とした議会は、民主主義を基盤とする一院制の議会へと変化しました。

　最初の議会では19人の女性議会議員が選出されましたが、これは議員定数の約10％に当たります。彼女達の9人が社会民主党で10人が保守党でした。

　女性は選挙権を熱心に行使し、1991年以降は男性より積極的です。国の権力は女性の手中にあるといえます。2000年にタルヤ・ハロネン（Tarja Halonen）

は、国民の直接選挙により初代の女性大統領に選出され、2006年に再選されました。リーッタ・ウオスカイネン（Riitta Uoskainen）は、1994年から2003年までの期間初代の女性議会議長を務めました。アンネリ・ヤーテンマキ（Anneli Jäätteenmäki）は、2003年に最初の女性の首相となりました。

　フィンランドの最初の女性大臣は1926年に社会保健大臣になったミーナ・シッランパー（Miina Sillanpää）でした。1995年のパーヴォ・リッポネン第二次内閣では、女性の国務大臣数は40％を超えました。2003年のアンネリ・ヤーテンマキ内閣になって、男女の国務大臣の割合は同じになりました。2007年のマッティ・ヴァンハネン（Matti Vanhanen）第一次内閣では、女性大臣は8人（44％）で、2007年の第二次内閣では12人（60％）に達しました。

　長いこと女性議会議員の割合は小さく、1962年〜1991年は、13.5％〜38.5％の間でした。2003年には37.5％が女性でした。選挙における女性の割合は、定数制がなくても増加を続けました。同じように地方選挙においても女性の割合は徐々に増加しました。2004年の地方選挙では選出された女性数は平均37％でした。彼女たちは投票数の42％を得ました。

　フィンランドには、1995年より国と自治体の決定機関における男女数の定数制度が取り入れられています。その趣旨は40％を両性が確保することで平等を保つものです。さらに国や自治体が所有する会社の理事会、執行役員会、議員が参加するその他の行政機関においても、同じように男女数の均衡がとれていなければなりません。

　現内閣は、国有会社の執行部における女性数を増やしました。しかしながら女性は経済分野においては依然として少数派です。民間の株式会社もこの点に配慮することが必要でしょう。女性数を増やすことによって経済界も得ることが多いからです。

8

汚職の排除・
世界で最も汚職の少ない国

ヨハンネス・コスキネン
フィンランド議会第二副議長　法務大臣 1999 ～ 2005

　フィンランドは長いこと最も汚職の少ない国のリストの最上位にいました。トランスパレンシー・インターナショナル（Transparency International）は、各国のビジネスマンを対象に、彼らの具体的な体験について質問調査を行い、汚職の多いか少ないかを基準とした国のリストを作成します。さらに国の法律、法による監視、司法制度についても調査します。
　調査方法はすべての汚職に光を当てるものではありませんが、最も本質的なもの、つまり日常の賄賂行為を明らかにします。リストのランキングは、かなり明白に国々の立法と施行、監視制度の機能、行政の機能性や社会の規範の適切性を反映しています。
　フィンランドと他の北欧諸国が上位を占めていることに異議を申し立てる人はいません。フィンランドの他に、アイスランド、デンマーク、スウェーデン、ノルウェーの北欧諸国と、ニュージーランド、シンガポール、スイス、オランダ、カナダが 2007 年の上位 10 カ国でした。
　フィンランドがどうして汚職の排除に成功したのか、不思議に思う方も多いでしょう。私は国際的な会合でよく質問されましたが、特に文化的に距離のある国の代表者達から多く質問を受けました。ヨーロッパでは、フィンランドが最も汚職が少ないことは、何となく自明のことのように受け取られています。
　客観的な要因は、以下の通りです。行政の透明性、幅広く実現している情報公開の原則、進んだ地方自治、きちんとした警察と司法制度の構造、権力の行

使を自由に監視する報道陣、つまり機能している言論の自由。

　行政の意思決定過程の透明性は、決定やその根拠を透明にするので、汚職防止の土台石になります。例えば、欧州連合の資金の一部は非公開の灰色の経路を通って流れるので、常に疑いを招きます。

　もう一つの重要な要因は、自治体の民主主義です。自治体においては、権力は選出された代理人（注：自治体議員）にあり、すべての議事録と決定事項は公開されているので、土地利用決定や建設事業契約等における汚職を防止します。

　フィンランド人は新聞を読むのが好きで、特に地方紙を購読しています。これが権力の行使を監督することの要因の一つになっています。政治の妥当性を監督するためには国民の教育と非常に良く整備された図書館制度も必要です。

　もう一つの重要な土台は、経済犯罪の防止で、これには時代に適した立法、十分に人員を配置した税の監査、専門性のある犯罪調査と効果的な司法制度が機能します。

　フィンランドでは、教育の中で賄賂防止を重視し、同時に警察、検察、中立な司法制度の活動の中でも賄賂防止を重視しています。特殊な合法性については、国会オンブズマン（eduskunnan oikeusasiamies）と内閣の法務総長（oikeuskansleri）が、汚職の疑いを含む法律上の不服申し立てに対応します。

　フィンランドの法治に対する強い信頼は、1809年から1917年までの自治大公国時代に遡ります。フィンランド人は、ロシアの皇帝権力の介入と周期的に加えられた抑圧から、スウェーデン・フィンランドの法制度を守り抜きました。裁判官と公務員の高潔さと高い道徳心は、合法性の戦いに必要不可欠なものでした。厳しい合法性の原則は、独立後におけるフィンランドの行政の構築と、合法性の実現においても継続されました。

9

二重言語制度・二つの公用語

ヨーラン・ヴォン・ボンスドルフ
名誉教授

　二重言語制度はフィンランドにおいては重要な問題です。一つの国が、フィンランド語とスウェーデン語の二つの公用語を持っています。完全に二つの言語をこなせれば、国家公務員や地方公務員になるのが容易で、民間セクターでも仕事を見つけやすくなります。

　私は自分自身を、スウェーデン語を母国語としますが、大学教授としてヘルシンキ大学でフィンランド語の授業を行えるくらい、フィンランド語に堪能なバイリンガル（2カ国語を話す）な人間であると見なしていました。ある種の植物や動物のフィンランド語名を知らないかもしれませんが、私は博物学者ではありませんし、それにはラテン語を使えばいいのです。

　私が学生だった1930年代は、重要な地位の多くがスウェーデン語を話す人達によって占められていましたが、そのころと比べると言語問題はさほど重要でなくなっています。今日では、二つの言語の必要条件は残っていますが、それを満たせないものは自分の責任ということです。どちらが母国語であるかについては、差別はないといってよいでしょう。

　以上のことは完全にフィンランド語かスウェーデン語を話す家庭の人達、つまり時には血、汗、涙を振り絞って「第二母国語」を、今日ではより正確に「最初の外国語」と呼ばれていますが、話す人達について言うことができます。しかし、本当に二重言語の人達はどうなのでしょうか。家庭で親の一人とフィンランド語で話し、もう一人とスウェーデン語で話し、完全に両国語で考えるこ

とができる人達のことです。

　ベルギーで自分たちをバイリンガルと見なしている人達に会いました。しかし「政治家の年報（The Statesman's Yearbook）」には、何人のベルギー人が、フランス語とフレミッシュ語のどちらを第一国語としているかについての正確な資料はありませんでした。フィンランドではこのようなことは起こりません。というのは、すべての市民は出生時にフィンランド語かスウェーデン語のどちらを母国語とするか登録されるからです。それでは、純粋な二重言語人はどうするのでしょうか。

　グンナル・フォーグステド（Gunnar Fougstedt）統計学教授はこの問題を1955年に出版した著書「言語選択に影響を与える社会的要因」において検討しています。彼は第一の言語の選択は、母親の言語、学校の言語、環境の言語の三つの要素に影響されると述べています。この他にもいくつかの要素があり、当然、例外も起こります。

　ということは、母親がフィンランド語系で、クオピオ（Kuopio）地方の学校に通えば、フィンランド語を話すと登録されるでしょう。同じように、母親がスウェーデン語を話し、エケナス（Ekenäs）の学校へ行けば、スウェーデン語を母国語と登録されるでしょう。このような出自に反して、スウェーデン語の氏名を持っているのにもかかわらず、フィンランド語を話すことを好む若者達が多いことも、フィンランド語の氏名であるにもかかわらず、スウェーデン語を好む若いフィンランド女性も多いことも理解できます。

　将来はどのようになるのでしょうか。言語の垣根を破る結婚（ミックスされた結婚という呼び方は好きではありません）は、今後も増えるでしょうが、結婚によって自動的にフィンランド語が第一母国語になるとは限りません。私の祖父がフェンノマン（注：フィンランド語と文化を推進する運動）であったのに対し、1世紀前の父は立憲派の方で、スウェーデン人党に所属していました。政治はこのように強い要因となります。

　もう一つの予測される展開は、フィンランド語を話すフィンランド人の南部フィンランド地方への移住による環境の変化です。もちろんこれはフィンラン

I　政治・行政

　ド語の方に有利になります。しかし他方で、環境がフィンランド語化することは、親が子供をバイリンガルにするために、スウェーデン語の強化プログラムや、スウェーデン語の学校へ入れるように影響するかもしれません。この二つの要素は互いに補い合う役目を果たしているとも言えるでしょう。

　グローバライゼーションの進行が、二重言語制度に影響を与えるかについて考えねばなりません。予測は難しいのですが、何よりもグローバライゼーションは若い人達の英語の能力を向上させます。このようにして、新しい言語の習得が増えるでしょう。一つの外国語をマスターすれば、次の言語を学ぶのは楽ですから。

　それでは、スウェーデン語を話す人達のほうが、フィンランド語を話す人たちよりも外国語が上手になるでしょうか。英語とドイツ語については、おそらくそのとおりでしょう。しかし、最も大切なことは、言語を習得することに対する心構えです。二重言語制度は積極的な人間の交流へのよい出発点となり続けるでしょう。

10

オーランド自治地帯

グンナル・ヤンソン
オーランド出身のフィンランド議会議員 1983 〜 2003

　オーランド島（Åland フィンランド語では Ahvenanmaa　アハヴェナンマー）とそのスウェーデン語を話す住民は、フィンランド統治下の自治という特別な法的立場にあります。オーランドは、80年前に国際法に基づいた特別な立場を享受していますが、これには冷戦後のヨーロッパの情勢の変化ゆえに、安定しない状況も含まれます。それゆえに、オーランド人は、ヨーロッパが、オーランド自治地区はEUの法律で保護されていると捉えてくれることを望んでいます。

　オーランド諸島は、フィンランドとスウェーデン本土の間の北バルト海の、ガルフ湾の入口に位置しています。面積は合計6,784km^{2}で、この地域の80％が水面で、残りの1,550km^{2}が約6,500の諸島と岩礁で成り立っており、そのうちの80島に常時住民が住んでいます。オーランドの人口は現在26,000人で、その94％がスウェーデン語を母国語とします。

　過去600年の間、オーランドは外部の権力に統治され、外部によって何が一番良いのか決められていました。スウェーデンが19世紀の初めまでフィンランドを統治し、オーランドは行政上の理由からフィンランドの一部でした。このスウェーデン時代は、ロシアが統治するようになった1809年に終了しました。

　ロシアは1917年まで統治しました。この期間オーランドはロシア統治下のフィンランド自治大公国の一部として、スウェーデン語と独自の文化、さらには独自の経済制度も保持していました。

I 政治・行政

　いわゆるオーランド問題は、第一次世界大戦後の騒動の中で、アメリカ大統領ウィルソン（Wilson）の、人々は自己決定の権利を持つという宣言によって発生しました。1917年12月のフィンランドの独立以前に、オーランドには再びスウェーデンへの統合を目指す運動がありました。それはロシアの混乱を危惧し、フィンランドがスウェーデン語とその文化を脅かしはしないか、フィンランドが独立後に共産主義国になりはしないかと恐れたからです。

　オーランド諸島をすべて失うことを恐れたフィンランドは、1920年にオーランド自治法をオーランド人に相談なく制定しました。オーランド人はこの法律を拒否し、承認しなかったので、フィンランドとスウェーデンの間に大きな緊張が走りました。

　英国のイニシアチブでこの争いは国際連盟に持ち込まれましたが、連盟は1921年6月にソロモンの知恵を発揮して、3者それぞれに方策を提供しました。その内容は次の通りです。

　1．フィンランドはオーランドを統治する。
　2．オーランド人は自治権を得る。
　3．スウェーデン人はオーランドが非軍事化し中立を宣言することに満足する。

　今日、オーランド人は1993年制定の第三次自治法（第一次は1920〜1951年、第二次は1952〜1992年）のもとで暮らしていますが、自治法改正の議論が行われています。過去との違いは、オーランド人自身も、法治国家の民主主義社会の中で、自分達の運命の主人公になろうと努力していることです。

　オーランド自治法は、地域における唯一の立法権を持つ、オーランド立法議会の同意なしには修正することはできません。フィンランドが署名し批准した国際条約がオーランドの自治地区に影響をもたらす場合は、それらがオーランドで法律になる前にオーランド議会で承認される必要があります。

　行政は、フィンランドの中央政府のものと、立法権のあるオーランド政府に分かれています。

　オーランドの住民は、居住地における権利と呼ばれる特別地域の住民の地位

を享受しています。これらの権利は経済的・政治的権利で、兵役が免除されるので徴兵制度もありません。

1970年からオーランドは北欧議会（Nordic Council）のメンバーとなり、議会会議と大臣会議の両方への参加権を得ました。フィンランドが最終的に1989年にヨーロッパ議会（Council of Europe）に加盟した時に、オーランドの立法議会はそれを承認し、ヨーロッパの人権基準がオーランドにも適用されることになりました。

オーランドは、フィンランドがEUに加盟した時に、その交渉に権利として参加しました。1921年の国際連盟の時とは異なり、オーランド自治法に規定されているように、オーランド代表は、フィンランド代表団の一員として交渉に臨んだのです。

オーランドにおける2回の住民投票と立法議会の承認を得てから、フィンランド政府は、オーストリア、フィンランドとスウェーデンのEU加盟の承認に関する法律の第2議定書の規定に基づき、EU条約、ECSC条約、ユーラトン（Euratom）条約はオーランド諸島にも適用されることを宣言しました。これは1995年1月1日のことです。

たとえ、自治法の規定に基づいたフィンランドとオーランドに分割された立法権の原則に起因する実施の欠如、または不十分な実施について、正式な解決法がないとしても、EU加盟国として、フィンランドにはEUの法律をオーランドで実施する責任があります。このことは、2006年後半のフィンランドがEU議長国を務めた期間に示されたように、フィンランド政府とオーランド政府の間により多くの相互作用をもたらしました。

11

サーメ人・
フィンランドの先住民族

ペッカ・アイキオ
サーメ議会議長

　サーメ人は古代から現在のフィンランド地域に居住していました。サーメ人は、外国からはラップランド人とかラップ人と呼ばれていますが、自分の言語で、自分達をサーメ人と呼んでいます。サーメ人であることは、何よりも言語と文化によって決まります。サーメ人であることは、サーメ文化のグループに所属することを意味し、他のグループのように人種によって規定することはできません。サーメ人は先住民であって、言語または民族的な少数者ではないのです。

　先住民として、サーメ人は、フィンランドにおいて憲法に保障されている文化的自治権を有し、1973年からサーメ人議会(saamelaisparlamentti)が、1996年からは新しく設立されたサーメ人議会(saamelaiskäräjät)がそれを実施しています。議会の21人の議員は4年ごとの選挙で選出されます。サーメ人議会の役割は、サーメ人の権利を守り、サーメ人の地位の向上を監視することです。議会はその役割に関する事項についての発議、提案、声明を行い、サーメ人への交付金の配分を決定します。

　先住民については国際法で定義されています。先住民は、歴史を通じて途切れることなく強く生きている絆でその国に連結しています。例えばクロッタサーメ人の村会議のように、彼らには長く継続している確立した制度が在ります。先住民の権利は共同体の権利であり、全グループに関わります。先住民の

権利で重要なものは自己決定権です。憲法に規定されているにもかかわらず、フィンランド人は、サーメ人の先住民性を十分よく理解しているようには見えません。

　サーメ人は4カ国に100,000人ほどいます。彼らの半数以上がノルウェーに住み、残りがスウェーデン、フィンランドとロシアに住んでいます。サーメ人であることの規定がそれぞれの国で多少差があり人口統計でもはっきりしていないので、サーメ人の人数は明白には把握できていません。フィンランドのサーメ人の半数は、故郷であるイナリ（Inari）、エノンテキオ（Enontekiö）、ウツヨキ（Utsjoki）またはソダンキュラ（Sodankylä）のヴオツォ（Vuotso）地区に居住しています。

　サーメ語は約10種類あり、フィンランドではそのうち、北サーメ語、コルタンサーメ語、イナリサーメ語の3種類を話します。イナリサーメの中で最大の自治体では、4種類の言語が使用されています。最大のサーメ語グループは北サーメ語で、約70％のフィンランドサーメ人が話しており、スウェーデンやノルウェーでも使われています。

　サーメ語は互いに異なっていて、違うサーメ語で話す相手の言葉を理解することは困難です。

　サーメ人の成人のほとんどは母国語を書くことができません。それは前の世代まで、サーメ人は国民の大多数が話す言語の学校に通ったからです。しかしサーメの書き言葉は400年の歴史があります。

　フィンランドではサーメ語を守る努力は言語に関する立法で行われています。それによると、サーメ人の居住地では、公的な場で自分達の言語の使用が認められています。実際には、公務員は必ずしもサーメ語を理解しないので、普通サーメ語通訳が使われています。

　トナカイ飼育、狩猟、漁業はサーメ人の伝統的な生活手段でした。サーメ人はいつも自然の恵みを盗むようなことには反対でした。サーメ人の文化は、自然が恵むものに基づいて暮らしを立て、自然を開発したり、建設したり、活用することはしませんでした。例えばサーメ人の家畜文化において、トナカイは、

I 政治・行政

北極のコケを食物とする人間に役に立つ動物です。トナカイは少しの水だけを必要とし、北方の雪や氷の森の境界線で暮らすことに適している動物なのです。植林を強化したり、開拓したり、土地をいじることは貴重な地衣類を破壊してしまうので、トナカイに飼料を与えなければならず、経済的な負担がかかり過ぎます。

今日のフィンランドでは、サーメ人の文化はかなり断片的になってしまい、現在、統合化作業に力を入れています。哲学者のオッリ・ラーゲルスペッツ (Olli Lagerspetz) はその著書の中で、満足している先住民は、支配的な文化が植民地化に成功したと言うが、抗議する先住民がいることは、植民地化と統合化はまだ成功していない、活動を続けなければならない、と述べています。フィンランドの場合は、サーメ人のトナカイ飼育者だけが森林破壊に抗議し、自分達の文化の中心となる価値を守りました。

少なくとも、サーメ人の先住民としての地位とそれに付随する権利の観点から見ると、フィンランド政府は、依然としてサーメ人のフィンランド人への融合を意図しているように見えます。この融合と移住への働きかけを阻止するために、サーメ人議会は、文化センターを設立し、現代の生活習慣を伝統的な文化の中に統合し、その強い中心となる価値を守ることを計画しています。すでに複数の北方の大学が、教育や研究の協力を申し出ています。フィンランド政府は、融合を阻止するものとしての文化センターの持つ重要な意義を正しく評価し、おそらくそのために、センターの建設資金をなかなか交付しようとしません。

サーメ人は、つまるところ、自分の文化の遺産に基づく民主的な社会を構築したいと望んでいるだけなのです。

12

北方の次元・
ＥＵとロシアの協力

パーヴォ・リッポネン
内閣総理大臣 1995〜2003　フィンランド議会議長 2003〜2007

　欧州連合（ＥＵ）には南方の次元（Southern Dimension）、北方の次元（Northern Dimension）、そして新たに加わった東方の次元（Eastern Dimension）があります。ここでの問題は、すべての加盟国には次元があり、彼らは共通の政策をＥＵに求めているということです。これが、ＥＵの北方次元（ＮＤ）政策の創設が1997年に開始された時の考えでした。北方次元の政策は、1997年12月のヨーロッパ理事会の決定において、フィンランドの提案によって開始されたと記録されています。

　最初の行動計画は1999年に採択されました。ＮＤ政策はＥＵのロシア政策の一部となり、北方次元地帯において既存の組織によりＥＵ・ロシア協力を具体化するものになりました。これまでに二つの重要なパートナーシップである、北方次元環境パートナーシップ（NDEP）と保健・社会福祉におけるパートナーシップを創設しました。

　NDEPは三つの分野で運営されています。一つは、廃水処理などの環境保護で、ロシアの原子力廃棄物問題と、カリーニングラードにおける環境プロジェクトに取り組んでいます。NDEPはロシアとのこれまでで最大の単独プロジェクトである、サンクト・ペテルスブルグの排水処理場の建設という、２億ユーロのプロジェクトを生みだしました。これはバルト海環境政策史上最大の事業であり、ＥＵとロシア間の最も重要な具体的な協力事例です。処理場が完成す

Ⅰ　政治・行政

ればフィンランド湾の海水を浄化することになるでしょう。

　プロジェクトの期間に、工場運営会社のヴォドカナル（Vodokanal）は、現代的で効率的な会社へと進化しました。利用者から料金を取ることで工場の負担は埋められますが、これはロシアにおいては新しいことです。排水処理場はロシア全体の基準となり、このプロジェクトは、ロシアにおける他のプロジェクトに参加する機会を開くことになります。

　投資と協力とは別に、これは優先順位にかかわる問題でもあります。このプロジェクトによって環境改善は核心的な段階に入りました。プーチン大統領はＮＤへの支援を個人的に管理しています。プロジェクトは、ＥＵとロシアの相互協力における重要な里程標でした。その政治的経済的な意義の大きさは、フィンランド大統領、ロシア大統領、スウェーデン首相が工場の操業開始式に出席したことで明らかです。

　NEDPによって、他に例のない、効果的な国際金融モデルがノルディック投資銀行（NIB）によって開発されました。サンクト・ペテルスブルグの排水処理場プロジェクトのために9680万ユーロの資金が調達され、それらはＥＵの補助金、NIB、ヨーロッパ投資銀行（EIB）、ヨーロッパ再建開発銀行（EBRD）等の国際金融機関と、多くのＥＵ諸国とカナダからの貸付金によって構成されました。

　パートナーシップのために設立された基金は、プロジェクトのために580万ユーロを調達しました。この意義はパートナーシップが関係者に委託したやり方にあります。その結果、基金のテコ入れ効果は40倍になりました。資金調達は主にロシア側の借入金です。

　その他の主なＮＤが実施した事業は、原子力安全問題とカリーニングラードに対する支援です。最初のコラ半島の5つの核廃棄物プロジェクトは既に開始しました。次のプロジェクトグループの実施は現在開始準備中です。これらの事実は、過去にＥＵとロシアの関係に似たようなことが起きたことがあるのだろうかという問いを投げかけます。

　第2回のＮＤパートナーシップは保健・社会福祉のパートナーシップですが、

12　北方の次元・EUとロシアの協力

　これは、主にノルウェーのチェル - マグネ・ボンデヴィック（Kjell-Magne Bondevik）首相の発案によるものです。このパートナーシップは、2004年から第二ＮＤ行動計画に含まれました。それはその地域の国々の共同請負事業でした。国境もＥＵの境界線も病気が広がることを防止できません。現在ではバルト海地域の国々、フランスとカナダの13カ国がパートナーシップのメンバーです。欧州委員会とは別に、八つの国際機関がメンバーで、地域の国際移住機関、国際労働機関、世界保健機関と国連のHIV/AIDSプログラムUNAIDSも参加しています。

　2006年11月にヘルシンキで開催されたＮＤサミットは、新しいＮＤの枠組み文書を採択しました。ＮＤはＥＵ、ロシア、ノルウェー、アイスランドの共同政策となりました。

　ＮＤはいわゆるＥＵとロシア間のいわゆる四つの共通地域に連結されました。新しい文書は、今後行われる実際の業務に政治的な基盤を提供します。ロシアがＮＤに以前よりも専念しているということは、さらに多くの共同プロジェクトが生まれつつあるということを意味します。

　新しい枠組み文書は新しいパートナーシップの可能性を開くものです。それには十分な数のパートナーの明確な政治的参加と専念が必要となります。フィンランドは輸送とロジスティックスのパートナーシップを設立する目標を目指しています。これは特にインフラストラクチャー、輸送、ロジスティックスがＥＵとロシアの共通経済空間の焦点となると考えられたからです。もう一つのテーマはエネルギー効率化における輸送協力です。

　私は、国際的な金融機関、ＥＵ委員会、ロシア、その他の関係各国、特にドイツ、ポーランド、スウェーデンとバルト海諸国が、特別の内容と目標を持つパートナーシップの提案の推進を継続することを望んでいます。そして、米国とカナダがオブザーバーとしての地位をこれからも積極的に活用し、現在と未来のプロジェクトとパートナーシップに参加することが期待できるでしょう。私たちは、パートナーシップと平等の精神をもって、ロシアと共に我々の協力における未来の優先順位を作る必要があります。

Ⅱ 社会政策

13

社会政策としての住宅供給

マルッティ・ルヤネン
環境省審議官

　第二次世界大戦後、フィンランドでは深刻な住宅不足が起こり、これに社会構造の変化がもたらした都市への移住が拍車をかけました。当時は銀行の住宅ローン貸付けにも制限がありました。この問題を解決し、社会政策的な住宅建設を推進するために、1949年にアラヴァ（ARAVA）と呼ばれる制度が作られました。

　この制度の重要な目的は、銀行が非常に消極的だったリスクの多いローンをこの制度によって提供することでした。この制度の資金は、当初は国の予算に組み込まれていましたが、1990年代以降は一般の金融市場から得ています。

　1950年代および1960年代には、住宅を所有することがブームになり、住宅建設も進みました。住宅政策上の目標の他に、国民が貯蓄活動に積極的になるように、住宅のための預金を推奨するという目標もありました。貯蓄が、国民経済の継続的な成長と銀行システムの強化のために重要と考えられたからです。

　金融機関からの最初の住宅ローンを受けた後に、住宅購入者の自己負担が不当に高くならないようにするために、妥当な利子での公的なローンが必要であるというのが基本的な考え方でした。この制度の社会的な意義は、この制度によって中間層のみならず、平均所得よりもかなり低い所得の給与労働者も住宅所有が可能となったことでした。比較的短期間に住宅所有率は70％以上に上昇しました。こうしてアラヴァ制度は、何十万というフィンランド人に住宅所有の機会を提供し、社会的地位を向上させたのでした。この制度は教育制度と同

様に、平等な社会の建設という国の政策の重要な柱の一つでした。

アラヴァ制度の内容は、国の妥当なローンを提供する役割だけでなく、作られた住宅の建築学的な質と建設された地域の機能に特に配慮したので、建築の質と価格に大きく関与するものとなりました。今日でも最も優れた住宅地域の多くは、アラヴァ住宅制度によって設計された地域です。

アラヴァ住宅地域は、当初から社会的構造の観点から多面的に設計されました。地域には民間の住宅も建設されるように設計され、多様な住宅のタイプが混在するように計画されました。集合住宅は比較的低層に抑えられ、ほとんどが例外なく3階もしくは4階建てでした。

1950年代と1960年代のアラヴァ住宅は大部分が分譲住宅でした。1970年代になると、フィンランド経済構造の急速な変化の影響によって、賃貸住宅建設が主力となりました。この時期には、同じ地域に分譲住宅と賃貸住宅の両方が建設されるように設計されました。質の良さを確保することだけでなく、建設費用も、できる限り妥当なものとなるように設定されました。1970年以降は、建設会社が入札するしくみになりました。

アラヴァ住宅は価格に比べて品質がよい上に、他の市場の住宅よりも安価なので、最初の購入者だけが、これらの特典を享受することがないように配慮されました。あとから住宅に移ってくる人たちにも、特典が及ぶ必要があります。そのために、所有住宅は、自治体または自治体の指名する人にしか売ることができないようにされ、価格も貨幣価値のみを考慮したものになるよう事前に設定されました。

このような制度にすることで、闇の価格が付けられることを防ぎました。売り手が買い手を選択できればリスクが生じます。制度の長所は、自治体が、賃貸住宅以外に妥当な価格の分譲住宅を、住宅市場では不利な立場になりがちな、初めて住宅を買おうとする若い人達に提供することを可能にしたことです。さらに賃貸住宅の売買も制限されました。それは特に妥当な価格の賃貸住宅のニーズが常にある、都市部の発展地域の住宅数を当初の計画どおりに保つためです。

Ⅱ 社会政策

　1970年以降、アラヴァ住宅制度は、住宅の修復や保全に力を入れてきました。同時に建物の省エネルギーにも注意が払われています。1973年以降は、すべてのアラヴァ住宅に少なくとも三重のガラスの窓が整備されていますが、これは民間の住宅よりもかなり早い時期に実施されています。
　1980年代末に金融市場が緩和した後は、アラヴァ制度にも大きな改革が行われました。その主な改革は、国の住宅基金の創立で、基金は必要なファンドの一部を一般の金融資本市場から調達することができるようになったことです。もう一つの重要な改革は、利息補助ローン制度の導入で、国がデベロッパーに、市場からのローンに対して利息補助を提供するようになりました。
　1949年から2005年の間にアラヴァ制度によって約95万戸の住宅が建設され、25万戸の住宅が新しく改修されました。アラヴァ住宅の約半数が分譲住宅で、残りの半数が賃貸住宅です。全住宅のうち賃貸住宅の占める割合は約17％で、それらの60％以上は、自治体が直接または間接的に所有しています。残りの多くがNPO等によって所有されています。それらの一部は高齢者、学生またはそのほか困難な立場にある人たちが暮らしやすいような住宅として使われています。このようなNPOの活動の意義は、年々重要なものとなっています。

14

スラムのない
ヘルシンキ市の住宅政策

ペッカ・コルピネン
ヘルシンキ市副市長

　ヘルシンキは456年の歴史がありますが、幾度もの大火を経て、1809年になってから本格的に建設されたといえるでしょう。旧い地主や貴族の屋敷を除いては、ヘルシンキでは富裕階層のために開発された地域はありません。たとえば、クルーヌハカ（Kruununhaka）やウッランリンナ（Ullanlinna）のような高級な集合住宅地の中にも、小さな賃貸住宅は、裏庭に面していることが多いのですが、必ず存在していました。

　ヘルシンキ市を訪れる外国の訪問客の多くが、ヘルシンキのスラム街はどこですか、という質問をします。そして、そのようなものはありませんと返事をすると、疑うような反応を示します。

　フィンランドでスラム地域が発生しなかったのは、諸外国と比べても所得格差が小さいこと、北欧型福祉国家が形成されたこと、外国からの移住者が比較的少ないことなど、経済の発展に関わる要因によります。しかしながら、ヘルシンキの住宅政策もスラム防止に大きく貢献しているのです。

　第一に、他のヨーロッパ諸国と比較して、フィンランドの都市には課税権を含む大きな自治権があります。次に、ヘルシンキ市は歴史的政治的な理由により大地主であり、ヘルシンキ市内の土地の70％を所有しています。またフィンランドでは、土地利用計画は完全に自治体に任されています。このような理由で、ヘルシンキ市は強力な住宅政策を推進することが可能なのです。

　過去50年の間、ヘルシンキ市は非常に社会政策的な住宅政策を推進してきま

Ⅱ　社会政策

した。その結果、過去数年間、近隣の自治体の税収入の伸びがヘルシンキをはるかに超える現象が起こったほどです。

　ヘルシンキ市が新しい地域全体の計画を作るときには、まず例外なしに、その地域の住宅にはあらゆる社会階層の住民が住めるようにします。富裕層も貧困層も隣同士に住み、社会政策的に建設された住宅は、質的にも外見的にも民間の高級住宅と大差がないようにつくられています。

　ヘルシンキ市の住宅政策は、当然ながら国の住宅助成やその他の指導の影響を受けています。ヘルシンキ市は歴史的に裕福な都市でしたし、住宅建設に対する国の補助金は大きなものでした。しかし、1990年代の初頭から国の補助金は徐々に減らされました。同時に国は、ヘルシンキ市の企業が支払う税の取り分を削減しました。こうしてフィンランドの全自治体は、いわゆる"優良納税者"の獲得競争に駆り出されたのです。

　今後、ヘルシンキで行っているような住宅政策が、このような外部からの攻撃に耐えられるかどうかは、将来を見なければわからないでしょう。社会的階層をミックスするという原則は、重要なソーシャルイノベーションであると考えられるでしょう。居住地や住宅に関わる格差は、社会的排除や不利な境遇の世代間継続を生みやすいものですが、少なくともこれまで、ヘルシンキ市は、この現象が発生するのを防止することができました。

15

Y財団・
ホームレスへの住宅供給

ハンヌ・プットネン
Y財団事務局長

　社会の一員として普通の生活を営むためには、妥当な住居と安全な環境が必要となります。住居とは自分の居場所であり、安全を保障するものですが、それ以上の意味もあり、社会的に受け入れられる生活の鍵となるものです。住宅と適切な援助が提供されれば、ホームレスの人達のほとんどは自立生活を送ることができるようになります。つまり、社会的リハビリテーションと支援のある住宅があれば、ホームレスの人達は自立した生活を始めることが可能になるのです。

　支援のある住宅での生活は、社会保健サービスに投資することで効果が現れます。若い人向けの支援住宅は、彼らの生活に対する投資となるでしょう。手ごろな住宅の供給は、社会の安定と統合に欠かせないものでもあります。

　ホームレス問題と取り組むことはお金がかかります。しかし、この問題を長期に渡って放置することの負担は、経済的にも、社会的にも、犯罪においても、どのように計算しても大変高くなります。ホームレス問題を根絶するためには、住宅、社会・保健サービス、補助サービスと社会政策的な住宅供給が必要なのです。

　Y財団は、1985年にホームレスの人々と亡命者に住宅を供給するために設立され、最も具体的にフィンランドのホームレス問題に取り組んでいます。Y財団の創始者は、フィンランド精神保健協会、フィンランド赤十字、フィンランド国教会、フィンランド建築産業連合、建築産業労働組合、フィンランド自治

Ⅱ　社会政策

体協会、ならびにフィンランドの5大都市であるヘルシンキ市、エスポー市、ヴァンター市、タンペレ市、トゥルク市です。

　Y財団は、集合住宅のワンルーム住宅を購入し、賃貸住宅を建設します。これらの賃貸住宅は、社会的分離とスラム街の発生を回避するために、一般住宅群の中に設置されます。そしてこの社会的な統合方法は、新しい集合住宅を建設する場合にも用いられます。Y財団の最も重要な目標は、普通の永住用の住宅の提供であり、一時的なシェルターや寮ではありません。だれもが人並みの生活を送る権利を持っているのです。住宅供給の財源は、主に国と金融機関の融資、フィンランドスロットマシーン協会RAYからの助成金と自己資金によって賄われています。

　Y財団は自治体，教会、NPOと協力し、住居者のサポート活動とサービスを実施しています。地域のネットワークを利用することによって、行政やNPOの力が最大限に発揮されます。ホームレスの人達へ提供されるリハビリテーションサービスや補助サービスが、多くの提供機関・団体の間でコーディネートされる時、これらのサービスは、適切で長期的な居住を促進する役割を果たすようになります。

　1987年のフィンランドには、約2万人のホームレスがいました。しかし、今日ではその数字は激減し、8000人程になっています。2005年にはY財団は52の自治体に5300戸の住宅を所有しています。

　Y財団は国際的なネットワークに積極的に参加しています。国連のHABITATプログラムとヨーロッパのホームレス対策組織連合であるFEANSTAに加盟しています。(注：Y財団の事務局長がFEANSTAの委員長です。)

16

学生専用住宅

ウッラ - マイヤ・カルフ
フィンランド学生住宅会社社長

　フィンランドのすべての大学所在地域には、学生住宅の建設、保守、運営を目的とする財団や協会が存在します。フィンランドには2006年に4万戸の学生住宅が存在し、6万人の学生が住んでいました。調査研究によると、フィンランドには現在十分な学生用住宅があるとされています。おかげで、せっかく大学に合格したのに、手頃な値段の賃貸住宅がないという理由で入学を諦めるというような、社会的な移住を妨げるような状況は起こらなくなりました。

　学生住宅を運営する組織は、国が1966年から学生住宅建設に補助金を出すようになった後、1960年代末から1970年代の初めに結成されました。学生組合は財団型の学生住宅供給組織を設立し、都市自治体は株式会社型の供給組織を設立しました。事業形態にかかわらず、学生住宅組織の執行部には必ず学生、賃借者、市の代表が参加しています。

　学生住宅の運営は、典型的なフィンランド的問題解決法の見本です。約30年前から、学生住宅の建設は、少ない資金にもかかわらず各地で始まりました。国からの融資によって住宅建設は進展し、自治体の指定する土地に住宅が徐々に建設されました。30年を経て、住宅建設は完成し、ローンの返済は進み、古い住宅は修復されて学生の住宅状況は改善されました。

　学生住宅の建設が開始された時に、学生組織と学生住宅組織の間に、住宅建設と運営事業に関わる共通の原則についての契約が結ばれました。これらの原則は今日でも守られており、ここにフィンランドと他のヨーロッパ諸国の慣習

II 社会政策

との違いを見ることができます。

どの都市にも結成された学生住宅組織は一つのみで、それがその地域の学生住宅の建設と保守に責任を持ちました。つまり、教育機関は住宅の建設と保守には関与しません。

一方で学生住宅が教育機関から独立した関係にあり、他方で国からのローンが使われているため、これらの学生住宅は、義務教育終了後に進学するすべての学生たちに開放されていました。ヨーロッパ諸国の多くでは、学生住宅は大学生のみに限られています。また、学生家族は、学生住宅以外のところに住んでいることが多いのですが、フィンランドでは学生住宅の3分の1が学生家族用です。

フィンランドでは、ある有名な例外を除いて、大学キャンパスが建設されることはありませんでした。学生住宅は普通の住宅地域に作られました。フィンランドの学生住宅は寮ではなく、一般と同じ賃貸住宅です。住宅は普通2～3人用で、何人かで分けて住むか、家族で使うのに適しています。

手頃な家賃で、学校に近くて安全な学生住宅の供給という目標は、ほとんど達成されたといえるでしょう。学生住宅協会は誇りを持って、教育機関の国際化戦略に参加することを決定しました。フィンランドは、ヨーロッパの中でも二番目に交換留学生の多い国です。英語で授業を行っていることもその理由の一つですが、整備された学生住宅制度が貢献していることも確かです。地域の学生住宅協会が留学生に住宅を提供しています。

17

サービス付き住宅

イルッカ・タイパレ

フィンランド議会議員 1971～1975、2000～2007

　私は、これまで何百回も「どういう人たちが一番多くサービス付き住宅に住んでいると思いますか。」と、一般の人たちに質問してきました。サービス付き住宅とは、24時間のサービス、または見回りのある少なくともトイレ、冷温水道、キッチン設備と部屋のある住宅を指します。高齢者と答えた人が多く、中には刑務所の独房にいる服役者と答えた人もいましたが、この質問にだれも正しく答えられた人はいません。

　正しい答は「私たち家族」です。家庭では、妻からは「何時に帰ってくるの、冷蔵庫は空っぽよ、猫のご飯がなくなってるわよ、誰とビールを飲みに行ったの、昨日飲み過ぎたんだから今日は控えなさいよ」等々、非常に強い監視がありますが、同時に、朝起きたら、一時間かけてオーブンで煮込んだライ麦のおかゆが待っているという素晴らしいサービスがついているのです。でも独り暮らしの人、家族のいない人はどうでしょうか。誰が彼らのことを気にするのでしょうか。

　1980年代に、フィンランドでは、それまでの世界で最も施設中心のケアから地域ケアへの転換が始まりました。高齢者人口が増加し、老いて弱くなった人たちが増えた結果、老人ホームの建設が始まり、続いてケアホームが作られ、それから高齢者用住宅が作られました。これらの住宅にサービスが徐々に付け加えられ、最終的には24時間ケアとなっていったのです。

　一方、65歳以下は忘れられてしまいました。精神病院の縮小が進み、ベッド

II　社会政策

数が2万床から6000床に削減された結果、患者は設備のあまり整っていない賃貸住宅、またはケアホームやリハビリホームへ移されました。同じようなことが知的障害者にも起こりました。アルコール依存症者は、刑期を終えた服役者のように、彼ら専用のみすぼらしい寮やグループホームに移動させられました。

スウェーデンに20年遅れはしましたが、1970年代に学生住宅の建設が開始されて、それまでの下宿という慣行がすたれた時期に、未だに下宿生活をしていたのは精神病患者、知的障害者、一部の認知症高齢者、一部の神経障害者でした。彼らの数は数千にもなりました。

1988年に障害者サービス法が施行されて、重度の障害者の住宅環境は1992年までに大きく改善しました。このようにして、身体・視覚・聴覚障害者については、彼らの所属する障害者団体が、何千もの独立した単身用の住宅を建設したので状況は好転しました。ただ、障害者サービス法は、精神障害者や知的障害者には適用されなかったので、これらの人達の住宅環境は、彼らの社会的地位と同様、満足のいくものではありませんでした。また若くして障害を負った人は、国民年金しか所得がありませんでした。国民年金は老齢のための生活保障であって、若者らしい生活するのには十分とはいえなかったのです。

サービス付き住宅は次の三つのグループの人達の生活に貢献します。

1．独りで暮らす人達の一部：約10％の精神障害のある人達は、一人で暮らすことができません。
2．サービス付き住宅のネットワークによって、何千人という施設入居者の生活を普通の人たちと同じものにし、しかもその公的負担を軽減することができます。
3．フィンランドには年老いた親と同居している成人が約7万人います。彼らの中には、公務員も学生も親のケアをしている独身の人達もいますが、多くは何かの理由で自立できない男性（85％）と女性（15％）です。

これらのグループについては全体の調査は行われていませんが、オイヴァ・アンティ・マキ（Oiva Antti Mäki）は、親と同居している知的障害のある3500人の成人について博士論文を発表しました。論文の題名は「子供より1日長く

17　サービス付き住宅

生きたい」というものでした。調査対象となった人達の多くは、サービス付き住宅に暮らしたいという希望を持っており、独り暮らしは無理で、かといってグループホーム、ましてや施設には入りたくないと考えていました。

　精神障害者のために少なくとも2000戸のサービス付き住宅、そして知的障害者のためにも同数のサービス付き住宅が必要と見込まれています。その一部は神経障害者、アルコール依存症者、服役を終えた人達へも提供されるべきです。フィンランドでは、サービス付き住宅の建設をしなければ、ホームレス問題は解決しません。これらの建設費用として、施設を建設しないので節約できた費用を充てることができるでしょう。しかしながら、問題は建設することだけではないのです。サービス付き住宅を建設するか否かの決定権は、地方分権によって約400以上の自治体にあるのですが、これらの自治体の多くが、あまりレベルの高くない民間のグループホームまたはサービス付き住宅に入居させることを好む傾向があることが問題なのです。最も重要なのは設備の整った住宅が提供されることで、サービス供給者は民間であっても構わないのです。

　スロットマシーン協会（RAY）、Y財団、住宅サービス財団（ASPA）、その他の民間財団（例えば、ニエミホーム財団、ヘルシンキ市のニエミホーム協会、タンペレ市のスオムスヴオリ協会、ハメーンリンナ市の特別住宅財団など）、全国の知的障害者の特別ケア地区（注：全国を15地区に分けた法定の自治体組合が知的障害者のケアを提供する）、そのほかの障害者団体は、ゆっくりではあるけれども着実に全国にサービス付き住宅の建設を推進しています。

　しかしサービス付き住宅を必要とする65歳以下の人たちのニーズはまだ25％以下しか満たされていないので、今後早急に対処することが必要でしょう。

18

ロマニ人の地位

キュオスティ・スオノヤ
准教授　ロマノミッション会長 2004 ～ 2006

　ロマニ人（注:以前ジプシーと呼ばれた人達）は、1500年代の終わりにスウェーデンとロシアからフィンランドに移住してきました。他のヨーロッパ諸国と同様、フィンランドにおいても彼らに対して偏見がありました。彼らの生活慣習、文化、言語は、フィンランド人にとってもなじみのないものだったのです。1637年に制定された絞首刑法によって、追放令を破ったロマ人を絞首刑にすることは合法になりました。1600年代には教会がロマニ人の状況の改善に乗り出し、彼らの戸籍登録を開始しました。聖職者は洗礼を通じて、ロマニ人を社会に受け入れられる人にするように努力しました。すべての住むところのない放浪者は労働施設に入れられ、1863年に制定された法律によって、放浪するロマニ人はハメーンリンナの牢屋に入れられました。1900年にロマニ人の地位の検討を行った委員会においても、その目標は彼らを国民の大多数に融合することでした。融合させるために必要とされた方法は、子供の養育と登録でありました。つまり、ロマニ人は、養育し監視すべき子供として取り扱われたのでした。

　ロマニ人についての国レベルの審議が再開されるまでには時間がかかりました。内閣は1953年にジプシー委員会を設置し、ジプシーの問題、特に、普通の社会生活への適応化、就労、義務教育を受けることを検討させました。さらに内閣は1956年にジプシー問題審議会（現在はロマニ問題審議会）を設置し、ロマニ人の社会的状態の改善の監督、追跡調査、必要に応じた提案を行うことを命じました。この審議会はロマニ人の福祉を守る全国レベルの組織です。

1960年代のラディカリズム運動は、排除されている人々、貧困者、疾病者、少数者の声を代表しようとし、弱者の生活の不公正さを声高く叫びました。この運動に関してとくに「11月運動」に言及しなければなりません。1967年には、社会的に意義のある機関紙『強制管理 (Pakkoauttajat)』が発行され、これによって例えばロマニ人等の弱者の社会的排除についての公の議論が初めて行われたのです。

1960年代のラディカリズム運動の意義は、1967年に国会で「ジプシーの人達の問題の解決のための委員会設置と、実施事業のための公的資金の交付」の嘆願が提出されたことにあります。これはロマニ人の利益の監視と、そこに参加することが「少数者の権利」であることを初めて明白に強調したものでした。この時にロマニ人は、初めて自分たちの代表を審議会に送ることができるようになったのです。

ロマニ問題は、現実には住宅問題となって現れました。1975年に特別住宅法が時限立法で制定され、特別な財源措置が行われました。この法の目標は、1980年代の終わりまでに、ロマニ人の住宅状況を一般の人達と同じ水準まで引き上げることでした。

法律の時限は1年延長されました。特別住宅法は、特定の人口グループに他の人口構成グループと比較して特別の権利を与えるという、ある人口グループだけに限った特別法です。つまり肯定的な差別の例です。ロマニ人の住宅状況が大きく改善したにもかかわらず、特別法によっても、最も悪い状況に置かれているロマニ人の状況を改善することはできないということが、次第に明らかになりました。法律の目標は全体としては達成されませんでした。ロマニ人の住宅状況を改善するための特別法より有効な方策は、例えば公営の賃貸住宅の建設を増やすことでしょう。

新しいロマニ問題審議会は、ロマニ問題についての原則的な報告書を作成しました。その中で、ジプシー問題は、いつも社会の多数を占める国民の観点から判断されており、一度もジプシー自身の独自の文化の観点からではないことが指摘されました。これが変わったのは、1992年にフィンランド基本的人権委

Ⅱ　社会政策

員会の報告書が、すべての人には等しく法の保護を受ける権利と自分の言語と文化に対する権利があるという原則に基づいて書かれたときであります。

　1995年に、フィンランドの政体法（旧憲法）の基本的人権に関する改正が行われました。その中で特に重要な条項は排除を禁止するもので、何人も容認できる理由なしに、性別、出身、言語、宗教、信条、意見、健康状態、障害、またはその他の個人に属する理由によって差別されてはならないとあります。出身とは国民的、または民族的な社会的な背景を指します。出身という言葉は、人種や肌の色を含むと解釈されています。

　今日の憲法では次のように定められています。「先住民族であるサーメ人およびロマニ人および他のグループは、自分たちの言語と文化を維持し育てていく権利がある。」このように、憲法には特別に、フィンランドの歴史ある二つの少数民族であるサーメ人とロマニ人が明記されているのです。しかしながら、憲法の規定は伝統的にフィンランドに居住している少数者にのみ限っていません。

　母国語は、非常に重要なアイデンティティーの形成要因であります。母国語を教えることに関する学校教育法によって、母国語がサーメ語、ロマニ語、または手話、さらには移民者の言葉であっても、生徒は、少なくとも週2時間、母国語の教育が受けられることになっています。1996年には母国語研究センターにロマニ語委員会が設置され、ロマニ語の開発、維持、研究を行うことになりました。保育に関する法律においては、今日では、ロマニ人文化の代表者達と協力して、ロマニ人の子供たちが独自の言語と文化を学ぶことを補助するような目標が置かれています。同じ指針が、義務教育法、高等学校法、成人高等学校法にも盛り込まれています。

　今日では、フィンランドのロマニ人には完全な国民の権利と義務があります。フィンランドのロマニ人は、フィンランド人であり、同時にロマニ人であって、自分たちもそのように認識しています。彼らの多くは都市に住んでおり、大多数は定住しています。放浪生活は過去のものとなりました。ほとんどのロマニ人が福音ルーテル教会に所属しています。ただ、ロマニ人は、他のフィンラド人と比べて教育水準が低いので、経済的社会的に低い地位にあります。法律は

18　ロマニ人の地位

平等ですが、社会の中では未だに不信の目で見られている部分があります。ロマニ人に対してすべての扉が開かれているとは言えません。教育程度が低いことはロマニ人の生活に反映されており、世代間で受け継がれていく可能性もあります。ロマニ人にとって次の一歩は、自分達の中央組織を作ることでしょう。そのためには、ロマニ人全員の意見の一致と、自分達の力を信じることが必要となるでしょう。

19

建物株式会社・集合住宅運営制度

マルッティ・ルヤネン
環境省審議官

　集合住宅の所有と管理の問題を効率的に行うのにはどうすればよいのでしょうか。この問題は、ＥＵの新しい加盟諸国の集合住宅民営化の過程で強く提示されました。特に注目が集まったのは、屋根、壁、階段など共通の建物部分と、エレベーターや上下水道や電気配線などの技術的な部分等の継続的な保守と、全面改装をどのように管理運営すべきかについてでした。

　この問題にはＥＵの古くからの加盟国の多くも関心を持っていました。というのは、集合住宅の中の所有住宅については、法的な解決は存在しないか、またはしていても効率的なものではなかったからでした。

　法的な根拠として多く適用されていたのは、いわゆるコンドミニアム方式で、この方式では、住宅を土地所有のように所有し、建物の共有スペースと建物自体はその建物内の住宅所有者が共有するということになります。この方式では、住宅所有者組合が作られることが多いのです。

　コンドミニアム方式の問題としては、住宅所有者たちは共有スペースの維持や修繕を、その目的のために作られた機関を持たずに、互いに協議して実施するということになることが挙げられます。このような方式では、実施するために多くの問題がおこることは明らかです。

　上記の方式よりもはるかに優れている方式は、コンドミニアム方式を住宅所有者組合と連結させることでしょう。しかしながら、この方式にも明らかな欠点があります。共有スペースをどうするかについてはっきりした決定を行えな

19　建物株式会社・集合住宅運営制度

いことが多く、決定も遅れがちです。特に共有部分の修理のためのローンを組むことは、実際、大変困難ことになります。というのは、普通、ローンを組むには、すべての所有者から個別の保証書を取り付けなければならないからです。つまり、ローンをとるために所有者全員のサインが必要となるのです。

　フィンランドでは、この問題はすでに1920年代より、集合住宅・テラスハウス（注:隣家と壁でつながっている長屋タイプの住宅）所有方式を取り入れたことで解決されています。この方式は、建物は建物株式会社（taloyhtiö）が所有し、その会社の株はその建物の中の住宅に所属するというものです。この方式の実現のために特別の法律の制定が必要でした。

　建物株式会社（住宅株式会社 asunto-osakeyhtiö ともいう）の所有は株を所有することによって成り立っており、株を所有することによって、株主つまり住宅の所有者はその建物内の特定の住宅の所有・管理の権利を得ます。建物内の個々の住宅に個々の株証書が作られ、この証書は、その所有者が住宅ローンを組むときにも担保として使用できます。

　この株式会社の最高決定機関は総会で、普通年2回行われます。株主は所有する株証書に定められている投票権に従って投票することができます。一般に、投票権は住宅の面積の大きさによって定められます。

　総会では、予算を承認し、その中にある住人から徴収する月々の管理費の額を承認します。また建物の大規模な修繕について決定し、決定事項を執行する役員を選出します。総会の決定は多数決で行われるのが一般的です。

　役員会は、管理費の徴収や会計を行う建物管理者（isännöitsijä）を選出します。管理者は建物の様々な修繕の見積もりを取って役員会に提出し、役員会がどの下請にするかを決定します。

　管理者の多くは建物の管理を行う会社に所属しており、これらの管理会社は、普通少なくとも10件以上の建物管理を引き受けています。

　建物の中のそれぞれの住宅物件に所属する株証書は、住宅を購入したり、修繕したりする時に借り入れるローンの保証書として利用できます。一方で建物株式会社は、抵当担保をつけてその建物の修繕のために金融機関のローンを組

71

むことができます。このため市場から非常に有利な条件でローンを得ることが可能になります。

　建物株式会社のローンと利子の支払いは、毎月入る管理費から支払われます。管理費はその建物の管理、保全や暖房を賄える程度の高さに設定されています。もし住宅の所有者が、支払うべき管理費や建物の修理のために組んだローンの利子を支払わない場合は、建物株式会社は必要な期間、その住宅を所有者から取り上げ、そこを賃貸することによって未支払い分を埋めることができますが、所有者は所有権を失うことにはなりません。

　建物株式会社方式には多くの長所があります。まず、決定権にかかわる責任の所在が明白であり、建物の共有部分については、確実に一人の所有者が存在することになります。次の長所は、建物の修繕についても、その中の個々の住宅の修繕等についてもローンを組むことが保障されることです。また意思決定過程が透明であるため、共有スペースと建物自体が継続的に保全され、必要な修繕や改造を実現することが可能になります。そのため住宅の価値は維持され、快適さも保たれます。

　株所有者としては、個人でも法人でもかまわないことになっています。個人はその住宅に住んでもよいし、賃貸してもよいのです。法人は、企業でも、自治体でもNPOでも構いません。このような建物株式会社方式によって、所有住宅と賃貸住宅をそれらが所属する建物に統合することが可能になり、分離するのを防止することができます。

20

労働年金制度

カリ・プロ
イルマリネン年金保険会社取締役社長 1991～2006

　労働年金の必要性はフィンランド人の発明ではありません。すべての先進国では国民の大多数は給与労働で生活しており、老齢になった時や労働能力を喪失したときには労働年金を受けるようになります。労働年金は労働で所得を得ることができなくなった時のための保険なのです。

　年金制度の基本的な仕組み（給付と保険料の仕組み）または年金財源の技術的な方式（積立方式か賦課方式）またはそれらの中間の方式さえも、フィンランド人の発明ではありません。

　労働年金と労働市場の密接な関係も、フィンランド人の創りだしたものではありません。フィンランドと同様に、多くの国が、若年労働者の雇用を推進するために高齢労働者に早期退職年金制度を活用してきましたし、その結果この制度がもたらす好ましくない行動モデルや態度の問題も認知してきました。

　年金制度についてのフィンランドのイノベーションといえることは、年金制度の労働年金に多様な選択の可能性があり、それらが非常にうまく機能している一つの統合体を作り上げていることです。もう一つのフィンランドのイノベーションは、意思決定の方式であって、それによって制度が全体として、どのような社会の状況にも適合し、社会の変化にもかかわらず制度の基本的概念を保持でき、社会の変化はどのグループに対しても平等に影響するということです。

　労働年金は給与所得の代替となるものです。年金額は定められた給付に基づ

Ⅱ　社会政策

き、現役時代の給与の約60％が目標水準となっています。すべての人に年金保障はあるべきなので法律によって定められており、誰もが恩恵を受けます。法律で定められているので、職場が変わっても年金は保障され、このため年金保障制度は、ＥＵの提唱する四つの自由の一つである労働力の自由な移動に貢献しているのです。

　労働年金が少なくとも消費物価指数にリンクしていないと、インフレーションが起こった時に役に立ちません。そのためインフレ率と同等か、それ以上の指数が必要となります。インフレは保険をかけられるリスクではないので、指数のコストは賦課方式によって賄われています。こうして、指数を保障することが可能となるのです。

　部分的な、しかしながら重要な完全積立方式は、世代間の保険料レベルの格差を解消します。これは国民経済上非常に重要な積立であり、GDPの3分の2に当たる1000億ユーロにもなります。積立金の存在により、年金の保険料率は年金支出率よりかなりゆるやかに上昇します。

　年金保障の執行は分立型で、年金保険会社、年金財団、年金基金が行います。どこの年金機関が取り扱っても給付に差がないので、積立不足の給付やそのために徴収された保険料は、すべての年金機関の間でプールされるようなシステムが必要となります。プールの手法については、制度の設計当時から非常に機能的な解決および負担分配の手続きが定められています。

　分立型は年金機関の間である程度の競争を可能とします。しかし問題は法律で定められた年金の実施に関わることなので、競争については一般の企業活動ほどの余裕はありません。しかしながら、分立型は一般に、法律で定められている年金制度よりも投資活動、サービスの質、効率性において競争の余地があります。また分立型であることにより、国民経済にとって重要な多額の資金が非常に危険なリスクにさらされることがないといえるでしょう。

　被保険者の観点からすると、分立型はさほど複雑なものではありません。この制度は、最後の保険機関の原則に基づいているので、被保険者は一つの年金機関との交渉（注：年金生活に入る直前に加入していた年金機関がその人のすべての年

金の責任を持つ）でよいのです。

　我が国の労働年金制度はフィンランドのソーシャルイノベーションを代表するものといえるでしょう。これは、この制度がさまざまな要素をバランスよく集成し、どの時代においても社会のニーズに応えられるように、協力によって開発されたからです。

21

保育制度

ヴァップ・タイパレ
スタケス総裁　社会保健大臣　1982～1984

　第二次世界大戦後のフィンランドは貧しく、戦争の痛手を受けていました。フィンランド人の女性は戦時中に男性に代わって労働市場で働いていましたが、それは男女平等の伝統に基づいた行動でもありました。戦後も女性は給与所得者であり続けました。小規模農業従事者の国であったフィンランドは、1960年代に若者が都市に仕事を求めて、または勉学のため移住して行き、ヨーロッパで最も急速な都市化を経験しました。このことは、女性が労働市場で働くことにさらに拍車をかけました。しかし当時は保育制度はまだ整備されていませんでした。

　1973年に保育法が制定され、自治体は保育を提供し、国はそれに対して補助金を給付するというように定められました。この法律の準備にあたって「子供の施設化」か否かという議論が盛り上がりました。右派は、母親が家にいて子どもをケアすることが大切だと法案に反対し、左派は、現実の労働市場の状況が保育制度を必要としていると法案を擁護しました。この法律によって、フィンランドにはソーシャルイノベーションが生まれ、家庭保育士の職業が生まれたのです。家庭保育士とは、自宅で自分の子の他に、他の子供を受け入れ全部で5人まで保育する人を指します。自治体と親が保育士の給料を支払い、年金も付きますが、家庭保育士として働くためには講習を受けなければなりません。

　1980年代には、保育制度は需要に見合うほど改善されませんでした。このころ育児休暇は9か月の長さになり、特に中央党（Suomen Keskusta）の政治的主

21　保育制度

張によって、家庭保育給付制度が取り入れられ、親が家庭で就学前の幼児の保育をする場合には、給付金が支払われるようになりました。この制度については、左派は女性を罠にはめるものとして反対しました。つまり、女性が労働市場から家庭に戻り、労働市場での女性の地位が低下すること、さらに年金を失うことを恐れたわけです。1984年に政治的妥協によって、もう一つのソーシャルイノベーションである、1990年までに段階的に幼児保育を実現させる法律が作られました。

　保育法によって、親は育児休暇（当時11か月）後、自治体の提供する保育（保育所または家庭保育士による保育）か、家庭保育給付を受けて子育てをするかを選ぶ権利を得ました。この権利は3歳以下の子供の家族に適用されました。法律の趣旨は、すべての幼児の生活を特に保障するものでした。自治体にとっては短期間での保育所の整備が義務付けられたわけでしたが、国からの補助金によって対応することができました。

　ＯＥＣＤ諸国の中でも最も深刻な不況の状態にあったフィンランドの経済が、1990年代の中頃に急速に成長期に移行した時に、子供の保育問題がまた議論されるようになりました。この時、国会では非常に面白い現象が起こりました。すべての政党の女性が結束し、就学前の全幼児を対象に、1996年から保育を実施することを決定したのです。こうして次のソーシャルイノベーションが創られました。これによって、すべての子供のいる家族は自治体が提供する保育を利用できるようになったのです。自治体は、すべての子供のために保育の実現が義務付けられ、保育の中には民間の保育所の利用も取り入れられました。

　フィンランドにおいては、就学前の幼児の保育所利用は、ＥＵ諸国の平均より少ない45％です。3歳以下の子供の70％が家庭で保育されています。家庭保育士の保育を受けている子供は約25％です。今日では、6歳児は就学1年前に、保育所か小学校で就学前教育を受けられます。保育制度はフィンランドの社会サービスの中で最大のものの一つです。さまざまな調査が、保育制度はそれにかける費用の価値が十分あることを示しています。

22

家庭保育給付

マリヤッタ・ヴァーナネン
社会保健大臣 1982～1983

　家庭保育給付は、3歳以下の子供を、自治体の提供する保育施設に預ける権利を行使せず、家庭で保育する家族に与えられる家族政策上の給付です。初めて家庭保育給付制度の提案が行われたのは1950年代の末でしたので、実現までに何と30年の年月がかかりました。
　すべてが始まったのは、私が学業を終えて職業生活を送ったのち、3人の子供と家庭でしばらくの間過ごしたいと思った時でした。その時に励まされたのは、子供が健全に成長するには、生まれてから2年、できれば3年間は、同一の保育者のケアを受けることが望ましいという小児心理学者の意見でした。保育施設では保育士はしょっちゅう変わりますから、乳児や幼児にとって望ましくないと考えられたのです。昔そうであったように、家庭で子供を見てもらうために雇う乳母のような人は、1950年代にはいなかったのです。一方労働市場における女性の占める割合は、スウェーデンが26％でしたが、フィンランドは40％に達していました。
　実際のところは、母親が家庭に戻り子供を見るとなると、家族の収入が減り、消費水準が落ちるという問題がありました。子供が保育所に通っていれば、母親は労働を続けられ給料が入ってきます。家族は保育料を収入に基づいて支払いますが、その支払いは実際かかる保育の費用の一部でしかありません。働く母親の年金は増えますが、子供を自分で育てる母親は年金さえも失ってしまいます。私は、若い家族が、国民として期待されている貴重な子供を育てること

によって、不利な立場に置かれると考えました。

　ジャーナリストとして、私はこの社会的な不公平さについて書き始めました。さらにこの問題を人口政策に関わる協会の役員会に提出しました。協会は、フィンランドの出生率が問題になるほど低下し始めたので、この問題に関心を持ってくれました。私はこの問題を自分の所属する中央党へも持って行きました。中央党は1962年に、その当時「母親のサラリー」と呼ばれた子供の家庭保育給付を党の計画に入れました。そこで家族政策作業部会を設置し、法案の骨格となる案を作成したのです。

　私は、ソ連の革命後に設置された保育制度について勉強しました。幼児の母親は新しい社会と制度をつくるため働いていたので、子供たちは国の保育施設に入っていました。私たち家庭保育給付の推進者は、民主主義の中には、家族は子供をどのように保育するか選択する自由があるべきだと考え、そのために社会は、平等という名のもとに、家庭保育も経済的に支援しなければならないと考えました。この問題を取り扱う国の委員会では家庭保育給付は支持を得ましたが、政府内審議では連立のパートナーが反対を表明しました。1976年に中央党が少数派政府を組んだ時に、家庭保育給付は実験的に実施されることになりました。

　普通に考えれば、改革は簡単に賛成を得ると思っていましたが、そうならなかったのです。最大の反対者は社会民主党（SDP）で、彼らの意見は、実際に働いている女性にこそ給付を与えるべきだというものでした。中央党が推進している家庭保育給付は、いずれにせよ、家庭にいる農業従事者の女性に給付を与えるためのものだと批判したのです。しかしながら、毎年生まれる約6万人の子供のうち、農家の出生数はたった数千人に過ぎませんでした。また、学歴の高い女性の組織も家庭保育給付に反対でした。その理由は、女性の社会進出を妨げるというものでした。

　この問題は何年も議論され、特に二大政党の間で、議会議員や政府内でも議論が戦わされました。私も同僚であった、ヴァップ・タイパレ大臣と激しく議論したものです。1986年に、家庭保育給付は最終的に承認されました。給付は

Ⅱ 社会政策

　育児休暇給付の終了後に、3歳以下の家庭保育を受ける子供に支給され、家族の他の6歳以下の子供も給付を受けることができました。1990年に社会民主党の主張であった、すべての3歳以下の子供の保育の主観的権利が確立しました。これによって政治的対立は解消しました。児童心理学者によると、特に3歳以上の子供が発達するためには、保育所での保育が必要であるということでしたが、これでもよいと思いました。

　家庭保育給付額は1990年代の初めが最高で、この頃は15万の家族が受給しました。不況期になると給付額は5分の1減額しましたが、不況期を過ぎても最高の時期に戻ることはありませんでした。2004年にはフィンランドで家庭保育給付を受けた家族は13万8千でした。3歳以下の幼児には月額294ユーロが支給され、家族の他の3歳以下の幼児（注：子供が2人以上の場合）には84ユーロ、就学前の子供（注：3～6歳）には50ユーロ支給されます。2歳以下で給付の対象となっている子供は全体の60％で、6歳以下は約30％です。

　子供の家庭保育と保育所保育の関係については、フィンランドと家庭保育給付のない他の北欧諸国との間には興味深い違いが見られます。フィンランドでは2歳の子供の半数以上が家庭で保育されていますが、デンマークとスウェーデンではその割合は13％なのです。

23

父親休暇

ヨハンネス・コスキネン
フィンランド議会第二副議長　法務大臣 1999 ～ 2005

　数年前、英国の女性組織が「私はフィンランドで母親になりたい」というキャンペーンを打ち立てましたが、「私はフィンランドで父親になりたい」というテーマのキャンペーンも可能なのです。
　EU諸国における親であることにかかわる給付を検証してみると、北欧諸国が、特に父親に与えられる給付において群を抜いていることがわかります。北欧諸国以外では、子の出生時に父親を対象とした休暇や給付があることは稀だからです。
　父親であることの意義は1970年代に強調されるようになり、父親は様々な講習に参加させられるようになりました。男性を、ただ単に扶養者とか精子提供者と考えるだけではなく、活動的な親として捉えられるようになったのです。1980年代になると、男性が出産に立ち会うことが一般化してきました。妊婦や幼児のための保健所や、子供の検診時にも、父親が参加することが求められるようになったのです。
　フィンランドでは、父親休暇の権利は1978年から保障されていました。それ以前には新しいジェンダー論の影響も受けて、10年かけて議論が続けられました。1985年には、母親給付は育児給付（注：フィンランド語の直訳は親給付）と名前が変更され、その一部は、母親の承認があれば父親が受けてもよいことになりました。1990年代には、父親が制度を利用しやすくなるように、育児休暇制度の全面的改正が行われました。1991年に父親独自の6週日の有給休暇制度が

Ⅱ　社会政策

施行されました。深刻な不況の時期の1993年には、育児休暇全体が短縮されましたが、子供の出産時の父親休暇は、育児休暇の給付期間を減らさずに取ることができるようになりました。1997年からこの父親休暇は出産時よりも後に取ることが可能になりました。

　フィンランドでは、育児休暇給付は現在263週日について支払われます。そのうち最初の105日分は出産給付として母親に支払われ、出産休暇となります。残りの158週日は育児休暇となり、給付は父親または母親のどちらかに支払われます。

　父親は、最高18日までの父親休暇給付を、出産休暇または育児休暇の期間中いつでも受け取ることができます。父親休暇は4回まで分けて取ることができます。この他に、父親休暇を育児休暇の最後の12週日に取る父親は、育児休暇が終わったあとにおまけの12週日の父親休暇を受ける権利を有します。つまり父親休暇が延長され、ボーナス休暇がもらえることになるのです。

　1990年代以降、父親が育児休暇を取る割合は安定しており、その権利のある父親の約3分の2が父親休暇を取っています。2003年には約44,500人の父親が

father給付を受けました。その休暇の長さは平均14週日です。父親休暇を取るのは、中流階級、ホワイトカラー、社会福祉・保健と教育分野の専門職についている父親が群を抜いて多いのですが、技術者や工場労働者も休暇を取っています。民間セクターで働いている男性は、自治体や国の公的セクターで働いている男性よりも、父親休暇を短く取る傾向が見られます。一般的に３週間の目一杯の休暇をとるのは、社会福祉・保健分野の職員、または農業従事者です。

　調査によると、男性が取る権利がある育児休暇を全部取らない理由は、収入の消失に比較して給付額やボーナス額が低く、育児休暇を取ることが出世または仕事に良くない影響を及ぼすためであると、父親達自身が回答しています。

　私は、パーヴォ・リッポネン（Paavo Lipponen）内閣時代の法務大臣の任にあったときに、２度父親休暇を取る喜びを得ました。（リッポネン首相自身も父親休暇を取りました。）二人の娘が生まれた直後に約１週間の父親休暇を取ったのです。残りの18日の休暇は、夏季休暇と結びつけて育児のために使いました。私にとって、休暇を取ることで問題となったことは全くありませんでした。それよりも、平等に親になれたと実感しております。

24

母になる人への贈り物パック

シルパ・タスキネン
スタケス研究開発部長

フィンランドの「母になる人への贈り物パック（母親パック）」は、その対象領域と内容において世界にも例がない、重要なソーシャルイノベーションであります。外国でも母親に対して、赤ちゃんのケアに必要ないろいろな給付が、現金や品物の形でありますが、普通、その品物は1枚ずつの衣類セットであることが多いのです。フィンランドでは、いろいろな物品が不足していた戦後の1940年代から、出産給付はこのようなパックの形で作られるようになりました。お金を使っても、これだけのものを買うことはできなかったのです。この時に、出産給付は「国からのフィンランドの母となる人達への贈り物」となり、本当に必要とするものを充たすものとなったのでした。

当初は、自治体の福祉委員会が、どのような形で給付を申請者に与えるかについて決定を下しました。当時パックは3種類ありました。一つ目は母親と子供に対してで、二つ目は子供の必要とするもの（おくるみ布と臍帯）、三つ目は母親が必要とするシーツ、タオル、裁縫道具などでした。

1949年に母親給付の対象が広がり、すべての母親が所得に関係なく受けられるようになりました。例外は施設または刑務所にいる母親でしたが、彼女達にも1977年に受け取る権利が与えられました。

はじめはすべての子供の衣料は布で作られ、フリルが付けられていました。1950年代になると、母親パックにはパンツとロンパースーツが付け加えられ、1960年代に登場したのは赤ちゃんの帽子、スリーピングバッグ、紙おむつでし

た。1970年代になると、普通の布でできた衣料はなくなり、そのかわりにストレッチのロンパースーツや、その他のストレッチ製品が使われるようになりました。それまでは母親パックの衣料は、すべて白か無漂白の木綿で作られていたのです。1980年代になると、パックには靴下、ジッパー付きの毛布、乳母車用スリーピングバッグなどが付け加えられました。この頃になると、それまで品質さえよければよしとされていたパックの内容について、そのカラーコーディネーションにも関心がもたれるようになりました。過去10年の間には、ベビー服の流行とともにカレッジウエア、セーター、部屋着、長持ちするおむつ、ボディスーツ、タイツ、キルトスーツなどが母親パックに含まれるようになりました。

　衣類の他にも、パックには他の赤ちゃんのケアに必要な製品が入っていました。最もフィンランド人の記憶にあるのは、おそらく浴室や洗濯機が普及する以前の赤ちゃんや赤ちゃんの衣類、時には両方を洗うために使われたエナメルの桶でしょう。桶は1970年代にパックから除外されました。また父親に対しても、品物やパックと共に配布されるパンフレットなどが配慮されるようになりました。例えば「母親への贈り物パック」という名前も変更するという計画も作られました。1980年代には、すでにパンフレットの名前は「お母さんに」から「私たちに赤ちゃんが生まれる」というように変えられました。

　1980年代に社会福祉庁（Sosiaalihallitus）がパックを管轄するようになると、パックの全体の質だけではなく、子供の心理的発達を促進することに注意が払われました。市場には乳児に合った絵本がなかったので、独自の「私たちの赤ちゃん」という本がパック用に作られました。さらにパックには赤ちゃんの玩具、黄色い布でできたガラガラが付け加えられたのです。

　母親パックはフィンランドの社会を変える力がありました。パックを受け取る条件として、妊娠4か月になる前に母子保健所に通うことが義務付けられたのです。実際、このことによって、すべての妊娠している女性が保健ケアの対象となったのでした。1950年から出産時の母子死亡率は際立って減少していきました。フィンランドは、その後継続的に母子死亡率の世界で最も少ない国の3位以内に入っています。母親パックの魅力がなければ、これはきっと成功しなかったでしょう。

25

無料の学校給食

キルシ・リンドルース
教育庁総裁

　フィンランドでは小中学校ならびに高校と職業学校の生徒達は、学校で無料の温かい給食を食べることができます。フィンランドの給食には長い歴史があり、100年以上前に制定された法律もあり、2000年代になっても、学校給食は義務教育計画の柱になっており、生徒達への福祉の重要な部分です。
　フィンランドでは学習能力向上のための給食の意義は、すでに1600年代から知られており、田舎では地元の人達が生徒達に食べ物等を与えていました。ラテン語をうまく学習するために、給食調理場が必要だという意見もありました。学校給食問題は1896年の国民学校会議で初めて検討されました。1913年になると国が学校給食を補助するようになりました。
　1930年代に新しい法律が制定され、当時の学校庁の国民学校の生徒の栄養摂取についての冊子には、学校給食が必要であることは疑いもないと書かれていました。
　フィンランドでは1943年に世界で初めての「学校給食を生徒に無料で提供することに関する法律」が制定されました。生徒達は授業時間外に、学校給食調理のために、適当と思われる程度の食糧の生産と確保が義務付けられました。目標としては、5年以内にすべての義務教育の生徒に、無料の学校給食を提供することでした。これが実現したのは1948年で、今日では約90万人の児童や生徒が、通学日には毎日無料の給食を食べています。
　その後、数回に渡る学校教育に関わる法律の改正によって、学校給食の実施

と内容についての指導が行われました。学校給食によって、生徒達の通学日には、バランスのとれた無料の食事をとることが実現されました。それによって生徒達の健康を管理し、同時に学校という共同体全体の福祉を保障したのです。給食、間食、特別食を必要とする生徒の健康管理は、当然のことながら生徒のケアの一部です。

　フィンランドの学校給食は多彩でバランスがとれており、食事は生徒の年齢や状態を考慮して、健康、発育、発達を促進するように考えられています。給食は児童や生徒の毎日必要とする栄養の一部を補給し、他の食事を補う役割を果たしています。健康的で多彩でおいしそうな、献立と食材を用意する努力が払われています。さらに学校給食を楽しめること、また食事をする環境の清潔さと快適さが保たれ、静かに食事することにも力が注がれています。生徒達は、食堂の用意を手伝ったり、年下の学年の生徒を指導したり、実習の時間に調理場の職員の仕事を学びながら、学校給食の実施に参加することができます。こうして生徒達は、給食実施に参加することによって、食事を大切に考えることや共同責任について学びます。

　学校給食は、フィンランドの食文化の一端を担っています。給食は原則としてフィンランドの普通の食事で構成されています。よい給食は、温かい食事、

Ⅱ　社会政策

サラダ、根菜やフルーツの一部かおろしたもの、パン、マーガリン、飲み物で構成されています。献立は生徒、職員、親と共同で作られ、フィンランドの食材、地方の食材、季節の食材が取り入れられています。テーマ給食やフィンランドの伝統的な行事の料理が、学校給食に可能な限り取り入れられています。また国際的な食事や食習慣が、取り入れられることもあります。

　給食は生徒の授業時間に合わせて組み込まれています。今日では給食について、授業時間の都合で必要となる場合は、生徒に栄養のある間食を、快適な環境で食べられるようにさせたいという意見が出ています。代案としては、学校で無料または有料の間食を提供すること、もしくは家からおやつを持たせることが検討されています。朝と午後の活動に参加する生徒には間食が提供されています。

　学校給食は、学校が家庭との協力で行う教育と養育の重要な一部です。学校給食は、人生における重要な鍵でもありますが、これは年少の頃に学んだ食育は、人の一生の健康に影響を与える可能性があるからです。2000年代には生徒の肥満が問題になっています。肥満は防止すべきで、そのために学校教育の役割があります。リズムある日常生活、栄養摂取、運動のバランスを取るように指導することによって、幸せな学校生活と学習、さらにはフィンランドの児童の日常生活全体を促進すべきでしょう。このように、無料の温かい学校給食は、学習と能力開発、そして健康で幸せな生活をつくる一つの重要な要件であります。

26

勉学補助制度

エリナ・カリヤライネン
フィンランド学生組合連盟（SYL）社会政策部長 2002～2005

　フィンランドの勉学補助(opintotuki)制度の歴史は、国が保証する奨学金ローン（注：返還義務がある奨学金、学生ローン）制度が開始された1969年にさかのぼります。1972年には奨学金ローンの他に、勉学手当制度が導入されましたが、その当時の額は奨学金ローンと比較すると非常に小さく、そのためローンを組むことが必要でした。奨学金ローンの借り入れがあまりにも大きくなっていったので、1970年代の中頃になると銀行がローンを認めなくなりました。この結果、交渉が行われて1977年に奨学金ローンの額が縮小され、その代りに、居住にかかわる経費のみを対象とした給付である住居補助が学生に支払われるようになりました。
　大学生を対象とした食事補助は1979年に施行されましたが、これは当時のケッコネン大統領が、半分以上の大学生が、彼自身よりも体力がないということに気付いたからです。ローンの返済にも支援が必要であると考えられたので、利子補助が1983年に開始されました。つまり奨学金ローンは、高等教育への投資に対する自己負担分というわけです。投資が、たとえば就職というような期待される結果を生まない場合にも、国はローンの返済を補助しました。
　大規模な勉学補助制度の改正が1992年に実施され、奨学金ローンと比較して勉学手当の割合が増加しました。同時に勉学手当は課税の対象となりました。また利子補助の付いた奨学金ローンは、市場の提供する奨学金ローンに代わりました。さらに勉学手当支給の決定に、大学生の親や配偶者の所得や財産の影

Ⅱ　社会政策

響はなくなり、最大の支給期間（月）制度が取り入れられました。大学生でない学生（注：例えば職業学校の生徒）の勉学補助についても同じような大きな改正が1994年に行われました。最後の改正は2004年と2005年に行われました。勉学補助の住居増加分の上限が252ユーロとなり、奨学金ローンが税控除の対象となりました。現在のところ、大学生は月額最大811ユーロの勉学に関する補助を受け取ることができますが、その内訳は、252ユーロが住居補助、259ユーロが勉学手当、そして300ユーロが奨学金ローンです。

　勉学補助は、ニーズによって支給されるもので、勉学が進展していないと、補助は支給されませんし、他の収入が十分ある場合は、支給された補助を返済しなければなりません。勉学補助は学生が勉強するための費用であり、他の収入を補うものではなく、学生を金持ちにするためのものでもありません。その本来の目的は、市民が教育を受け、職を得る権利を保障するものなのです。勉学補助は合わせてGDPの約2％に相当するので、この制度を擁護する側と反対する側は、激論を戦わせています。擁護側は、この制度は、フィンランドの社会の競争力を維持するためには正当な制度であると主張します。大きな負担ではありますが、その負担によって、若者が自分の望む職業に就くために勉強する権利の実現を可能とするのです。500万人程の小さい国では、最上の構成員を失う危険を冒すことはできません。このようにして、勉学補助制度は正当性を得ています。フィンランドの規模の国では、誰もが勉強する可能性を持っています。学生への補助は安定した税収入を可能にし、それによって福祉国家を維持することができるのです。フィンランドの競争力は、高水準の教育、平等な教育制度、そして教育程度の高い労働力によって生み出されています。

27

傷痍軍人のケア

ヴェリ‐マッティ・フィッティネン
戦争障害者病院名誉院長

　第二次世界大戦後にフィンランドには10万人近くの傷痍軍人がいました。1939年から1945年にかけての戦争で、20万人を超すフィンランド人が負傷しました。彼らのうち9万5千人以上が戦争障害の後遺症があり、傷痍軍人法による補償を受けることになりました。戦争直後の人口は400万でした。
　国が、まず最初に実施しなければならなかったのは、9万4千人の戦死者の家族のケア、ソ連に割譲した国土からの約50万人の引き揚げ者への住居の提供、重い戦争賠償金の支払いでした。傷痍軍人の継続的な治療は優先順序からいうとその次でした。病院でケアできる能力の何倍ものケアの需要があったからです。
　1944年の中間平和条約におけるソ連の要求は非常に厳しいものでした。フィンランド政府は、もとの敵国から占領または他の厳しい要求を突きつけられる可能性を回避するために、条約の内容を充たす努力を最大限払わなければなりませんでした。国が傷痍軍人をケアする可能性は、このような政治経済状態において無きも同然でした。
　1940年に傷痍軍人同胞連盟（Sotainvalidien Veljesliitto）が、戦争障害者の利益を守り、ケアを行い、当事者を組織化するために設立されました。最初にこれらの事業のために法律の作成が必要でした。ケア、リハビリテーション、管理システムは、ゼロから作り上げねばなりませんでした。これらの事業に必要な施設の建設または購入も必要でした。事業のために財源の確保が必要で、募

91

Ⅱ 社会政策

金も集めねばなりませんでした。

　傷痍軍人同胞連盟は、国がその運営費に責任を持つという公約を取りつけ、重度障害者のケア施設を建設しました。このようにして1946年にカウニアラ戦争障害者病院を設立しました。この施設は、現在も傷痍軍人同胞連盟が運営する戦争障害者病院として存在しています。

　フィンランドの法制定の傷痍軍人のケアとリハビリテーション制度は、世界でも高く評価されています。当事者組織が、法律が制定される以前（傷痍軍人法は1948年制定）から現在に至るまで、当事者の必要とするリハビリやケアサービスを提供しているのは例がないことです。傷痍軍人ケアはフィンランドの社会政策の中で、様々な意味で前例となりました。

　フィンランド人は、冬戦争（1939～1940）、継続戦争(1941～1944)とラップランド戦争（1944～1945）を防衛戦争と考えているので、これらの戦争のために捧げられた犠牲は大切にされています。冬戦争以前のフィンランドでは、障害者の社会的地位は低かったのですが、戦争障害者に対する肯定的な考え方が、一般の障害者に対する態度を変えていきました。彼らに関わる障害者福祉法は、戦後間もない1948年に改正されました。傷痍軍人同胞連盟の果たしたパイオニア的事業は、フィンランドの障害者の歴史の中心的な地位を占めています。

　冬戦争以降、傷痍軍人同胞連盟は他の団体組織と協力して、傷痍軍人の職業的リハビリテーション、職業訓練コース、職業斡旋を実施しました。職業リハビリや職業訓練においては、「我々は仕事に復帰する。暇なことは身体に毒だ。仕事が必要だ。」というスローガンを掲げました。傷痍軍人達が、戦争障害者病院入院から回復し、職業生活に復帰したということは、フィンランドの社会の中で最も輝かしいサバイバル物語でありましょう。この奇跡の背景には、フィンランドの社会が戦後の復興のため労働力を必要としており、当時の恩給も社会保障全体のレベルも低かったことがあります。以前なら、重度の障害者が給与生活をするなどということは考えられなかったことでした。しかし傷痍軍人達は、他の人達の情けで生きることを拒否しました。彼らは頑張ることによって、徐々に、いわゆる五体満足な人達と同等の働きをするようになり、戦後は

27 傷痍軍人のケア

フィンランド社会の他の人達と共に、福祉国家の建設に参加したのです。
　傷痍軍人同胞連盟は、戦争で負傷した普通の兵士であった人達が設立したものでした。マンネルヘイム（C.G.Mannerheim）元帥が彼らの強力な支持者でした。若い元兵士達は自分達の地位や将来に不安を持っていましたが、彼らを団結に導いたのは戦場や戦争病院で培った同胞愛でした。
　連盟は、メンバーに対して必要不可欠なサービスを提供し、新しい活動モデルを開発し、それらの実施に専念しました。これらのケアの財源については、本来責任を持つべきだった国に次第に移管されました。これは、今日行われている国と自治体が、社会福祉や保健のサービス供給を民間のサービス提供者（NPO）に委託する第三セクター方式と対極的です。
　国には傷痍軍人の長期ケアを実施する計画がなかったので、傷痍軍人同胞連盟は自分たちで計画を提示しなければなりませんでした。こうして連盟が設立したのは、特に脊椎障害者ケアのためのカウニアラ病院と、二つの脳障害者のためのリハビリテーション施設、戦争で結核を患った人たちのための職業リハビリテーションセンターでした。1950年代に連盟は、手足を切断した傷痍軍人のために独自のリハビリテーションセンターを設立しました。歩行訓練と義肢の装填講習は、後に年配の傷痍軍人の日常動作能力維持や自宅での自立生活の維持のためにリハビリ内容に取り入れられました。
　傷痍軍人同胞連盟の事業については、社会の制限が課せられたことも、世論の意見の相違もありませんでした。またすべての傷痍軍人が、異なる社会的地位や政治的意見にもかかわらず、連盟の会員となっていました。後には軽度の戦争障害者も会員となり、重度障害者の同胞を助けました。配偶者会員として、傷痍軍人の配偶者と戦争未亡人が認められました。会員の同胞意識はいつの時代も強く保たれていました。傷痍軍人同胞連盟は同胞という名を含むように、同胞であることの意義を強調しています。
　2006年2月現在、フィンランドには15,500人の傷痍軍人が生存しています。彼らの平均年齢が84歳であるにもかかわらず、85％の人たちが依然として自宅で暮らしています。今日では、連盟の大切な使命は、法で定められているケア

Ⅱ　社会政策

と補償保障の改善と相談事業の継続です。
　傷痍軍人同胞連盟は、今日では第三セクター組織として積極的に活動しています。特に力を注いでいる事業は、傷痍軍人とその配偶者が自宅で暮らすことの支援、ホームヘルプサービスの提供、傷んでいる住宅の修繕です。連盟の支援事業プログラムを通じて、約5000人の傷痍軍人とその配偶者に、ホームヘルパーを派遣しています。サービスには毎日の家事サービス、庭の手入れ、外出の手伝いなどがあります。社会的な触れ合いもサービスの重要な部分です。現在これらのサービスを提供するために400人以上の長期失業者を雇用しています。

28

アビリス財団・
発展途上国の障害者支援

カッレ・キョンキョラ
アビリス財団理事長　フィンランド議会議員 1983〜1986

　アビリス財団の業務は発展途上国の障害者とその組織を支援することです。そのこと自体には特に変わったことはありませんが、この財団の持つ意義を明らかにしていきたいと思います。

　1970年代に学生達が、障害者の人権団体であるキュンヌス（注：フィンランド語で敷居を意味する）協会（Kynnys ry）を設立したときに、私も設立者のひとりでした。その後間もなく、私はアメリカ合衆国に、障害のある学生と彼らの障害者運動について学ぶために旅行しました。そこで、障害のある人達がどれだけ誇り高いか、そして障害があることを全く恥じていないかに強い感銘を受けました。このことは若者だった私に大きな影響を与え、それ以降、国際的な活動を、草の根運動的な活動と同じように重要だと考えるようになったのです。

　1980年に障害者の世界的組織であるDPI（Disabled Peoples' International）が設立され、私は積極的に参加しました。1990年に私はDPIの開発を担当する副委員長に任命され、1994年に会長に選出されました。こうして障害者の組織を知るために世界中を回るようになりました。

　フィンランドでは開発協力に参加していた障害者団体は、協力してフィンランド障害者国際開発協力協会FIDIDA（Finnish Disabled People's International Development Association）を設立しました。協会と協会に参加していた団体は、障害者支援プロジェクトの実施・管理を行いました。

　フィンランドでは、国、つまり外務省が、認められた費用の80％（現在では

Ⅱ　社会政策

障害者を対象とするプロジェクトには92.5％）を支払うことによってNGOプロジェクトを支援していました。このシステムは優れていましたが、同時に時間がかかり、硬直していました。

　私は、発展途上国の障害者団体が、私たちキュンヌスも創立当初は同じような状況でしたが、どのように財政的困難を乗り越えるためにがんばっているかを見てきました。キュンヌスの最初の予算は30マルカ（600～700円）で、次の年は300マルカでした。小さいお金にも意義があります。また私は（悪いタイミングで楽に手に入った）大金が多くの障害者団体をダメにしたのを見てきました。ヨーロッパの団体はお金をたくさん持って往復しますが、そのお金が現地でどのように使われたのか、はっきりした痕跡を残すことができていないこともあります。汚職があるからです。

　1990年の中頃に当時のペルッティ・パーシオ（Pertti Paasio）外務大臣は、フィンランドの開発協力事業の評価調査を行い、新しい財政支援方法を提案しました。私はこの話を聞いて喜びました。それまでどのようにしたら最も効果的に発展途上国の障害者団体を支援できるかについて考えていたからです。そして、財団を設立して途上国の障害者団体を直接支援し、その資金は外務省が負担するという案を作りました。当時の開発協力担当の大臣であったペッカ・ハーヴィスト（Pekka Haavisto）がこの案に賛成したので、外務次官補であったキルスティ・リントネン（Kirsti Lintonen）に会いに行ったところ、「このような財団が設立されれば外務省は支援します。でも設立資金は自分で確保してください。」と言われました。

　ここでどのようにして資金繰りをしたかについてお話しするつもりはありませんが、それにはたくさんの時間と労力がかかり、多くの友人が必要でした。こうして資金が集まり、アビリス財団が設立されました。

　アビリス財団は個人の人達が設立したものです。理事会の役員には主に障害のある人達や障害者組織の活動家がなり、基本的な考え方としては、障害者が障害者を支援するというものでした。組織として最も適切な形式を考え財団としました。それは財団が、定款に書かれていること以外の活動を行わず、協会

のように乗っ取られる可能性もなく、資金が定款に記されている目的以外に使われることもないからです。一方で、途上国の障害者を支援する活動を確保するには、民主主義的ではないシステムともいえます。

　アビリス財団は支援活動について独自の基準を定めています。その中心となるものは、発展途上国の障害者組織への少額の支援です。初回の支援額は最高10,000ユーロです。それ以上の額の支援は、私達がそれまでの経験でよい成果を出したと評価する組織に提供します。私達は普通一回限りの支援を提供し、継続することはめったにありません。特に、女性達自身の活動、人権の改善、様々な教育訓練活動、収入につながる活動の開始等を支援しています。

　手続きは非常に簡単です。途上国で活動している障害者組織が、アビリス財団に連絡を取って申請書を受け取り、提出するのです。財団の事務所で申請書を審査し、偽りはないか確かめます。その後、事務局の提案に基づき、役員会で承認し、支援を開始します。支援費は最初に50％、その後40％を支払い、最終報告書の提出後に残りの10％が支払われます。

　簡単に聞こえるかもしれませんが、支援を受ける人達は、草の根運動の人達が多いので、実際はそうでもないのです。教育と経験不足、途上国特有のインフラの未整備などの問題があります。アビリス財団は友好的な援助者で、現地組織が避けることができない官僚主義に対処することも支援します。財団が作成したガイドブックは何カ国語にも翻訳されています。

　調査報告によると、支援費は大部分が正しい申請目的のために使われ、小さいながらも成果は見えています。それらの成果を評価する方が困難です。例えば、小さい村に小さい養鶏場、障害のある若い女性に2頭の牛、人権講習会、インターネットカフェ等の成果のすべてが、障害者と障害者組織にとって意義があるのです。私たちの原則としては、障害者が初めから参加しているプロジェクトを支援します。他の組織や機関が支援しているプロジェクトもありますが、それらのプロジェクトでは障害者を支援はしていますが、障害者自身がその計画や実施に参加していない場合が多いのです。

　2006年にアビリス財団が受けた補助金は100万ユーロで、2007年は110万ユー

II　社会政策

ロです。これは大きい額で、多くのことができます。2005年の終わりには、170のアビリス財団の支援するプロジェクトがありました。ヘルシンキにある財団本部には5人が働いています。アビリスはインド、ウガンダ、カザフスタン、ニカラグアにも事務所があり現地の人達が運営しています。現地のパートナーがいるため、申請が本物でプロジェクトが実現可能かどうか判断しやすいので、財団の活動はある程度これらの国に集中します。しかし時にはあえてリスクを負っても、困難なところにも支援の手を差し伸べます。そういうところこそ、最も援助が必要であるからです。

29

親族介護給付

パイヴィ・ヴォウティライネン、レイヤ・ヘイノラ
スタケス研究開発部長

　人類の長い歴史の中で、家族や親族は病気や障害を持った人のケアをしてきました。社会が、これまで家族や親族が一手に引き受けていたケアの責任を担うようになった今日においても、彼らのケア提供者としての重要性は変わることはありません。人々は今までと変わらず、必要な手助けやケアの多くを、身近な人達や家族から受けています。この、いわゆるインフォーマルケアといわれるケアは、その人間的で必要不可欠でかつ感情的な理由において、強力な規範性があります。このようにして、インフォーマルなケアはプロフェッショナルなケアと比較してかなり異なっています。家族内の、そして世代や性別による文化の規範や合意は、彼らの提供するケアに反映しています。親族介護は、人々の間の特別で個々の人間関係に基づくものであり、その関係の中に構築された感情や絆によってつくりだされる義務であります。親しい人間関係は、ケアにおいて最も重要な動機であり、必要不可欠なものです。その人間関係は、ケアのニーズによって生まれるものではなく、むしろ、それに関係なく存在するものなのです。

　高齢の人、病気の人、障害のある人たちを家族が家庭でケアすることについて、近年新しい見方で検討されるようになりました。親族ケアは、自宅でのホームケアを補助するもので、費用負担からしても、集中的に行われるホームケアや施設ケアより安価であると捉えられています。

　フィンランドでは、高齢者と障害者の家庭介護給付（社会福祉法710/1982）

Ⅱ　社会政策

が開始された1980年代の初めに、親族介護にかかわる議論が交わされました。実際にこの制度に対する関心が盛り上がったのは、1990年代の不況期に、ホームケアや施設ケアサービスが削減され、親族介護給付やサービス付き住宅が増加した時でした。1993年から親族介護給付（omaishoidontuki）は法律で定められている社会サービスとなり、社会福祉法と親族介護給付施行令（318/1993）によって定められていましたが、2006年初めに親族介護給付法（937/2005）が施行されました。

　親族介護給付は、被介護者に提供されるサービス、親族である介護者に対する報酬、自由時間と介護を支援するサービスによって構成され、内容はケアサービスプランによって決定します。報酬の最少額は月額300ユーロです。最高額は、重度のケアが必要な段階に移行し、介護提供者が短期間職場から休暇を取らなければならない場合で、少なくとも600ユーロ以上となっています。もし親族介護者が24時間ケアをしなければならない場合には、毎月少なくとも2日間の休暇を取る権利があります。

　親族介護給付は、①もし疾病、障害、その他の同様な理由で行動能力が低下し、ケアまたはその他の援助が必要となった時、②親族または他の介護者が、必要なサービスの助けを受けつつ、ケアの責任を取れる時、③介護者の健康状態と能力が親族介護の規定に見合う時、④親族介護とその他の必要な社会・保健サービスによって、被介護者の健康、安全等、望ましい状態が確保されると考えられること、⑤被介護者の自宅が、健康やその他の状況から判断して、そこで提供される介護にふさわしいと考えられ、親族介護給付の決定を行うことが被介護者の利益となると判断された時に決定されます。

　しかしながら、実際にはいろいろなレベルはあるものの、親族介護を行う親族数は親族介護給付受給者数よりもはるかに大きいのです。親族介護をしている人たちの数は、フィンランドでは把握されていません。予測では60歳以上が15万人とされていますが、すべての年齢層を入れると全体で30万人以上になるとされています。

　親族介護給付は1980年代の制度となったイノベーションであり、サービス制

度に付加価値をつける効果をもたらしました。親族介護は、今日の高齢者サービス制度の大切な一部となりました。公的なサービスの中に親族の介護を加えたことで、個人と社会の相互の権利と義務を新しいやり方で定めることができたのでした。

　現在では、親族介護について多くの調査研究が行われていますが、これは好ましいことです。それらの研究プロジェクトによって、親族介護を行っている家族それぞれに相応しい新しいモデルが研究されています。研究開発におけるNPOの役割は大きいものです。親族介護に対するさまざまな支援は、自治体、NPO、教会、営利サービス提供者の間の連帯と協力によって実現するからです。

30

スタケス・フィンランド国立社会福祉保健研究開発センター

ヴァップ・タイパレ
スタケス総裁　社会保健大臣1982～1984

　フィンランド国立社会福祉保健研究開発センター（STAKES　スタケス）は、社会福祉保健分野で、政策に関連する情報と知識、調査研究結果、開発プロジェクト、統計を自治体，県、国、国際レベルの政策決定者に提供する機能を備えた、フィンランドのイノベーションです。

　スタケスは、フィンランドの政府機関の大幅な改革が行われた1992年に誕生しました。特にそれまで国の政策決定とノルマを課すという大きな権限を有していた中央政府の庁が改革の対象となったのです。スタケスの前身は、20年の歴史を持つ社会福祉庁と1878年に設立された保健庁であり、この二つの機関の合併が1991年に行われ、社会福祉保健庁となりました。しかし一年以内にさらなる再編成が行われ、スタケスが誕生しましたが、スタケスはもはや行政機関ではなく、社会福祉保健分野の研究機関となりました。

　フィンランドは明確に組織化された国レベルのイノベーションシステムを有しています。このシステムは首相が率いる学術審議会（the Science and Technology Council）によって監督されています。フィンランドアカデミー（The Academy of Finland）とテケス（TEKES）は基礎および応用研究を対象に補助金を提供します。分野ごとの研究機関はその分野の政府機関（省）の管轄下で，その省が必要とする情報を用意する役目を果たします。フィンランドの社会保健省は、世界の水準からいうとかなり小さい規模ですが、四つの大きな付属研究機関を有しています。それらは、国立国民保健院、国立労働衛生院、放射線・原

30 スタケス・フィンランド国立社会福祉保健研究開発センター

子力安全庁とスタケスであります。スタケスは社会保健省の下部機関であり、年次計画については省と交渉しますが、研究事業に関しては完全に独立しており、学術的レベルの高い、戦略的かつ応用研究を行っています。

　スタケスの何がイノベーションなのでしょうか。スタケスの独立した機能は、社会福祉・保健分野の活動について評価とモニターを行い、政策決定に役立つ知識を提供し、サービス供給システムを開発し、さらに同分野の統計管理機関の役割を果たしています。フィンランドにおいては、市民は調査研究に対して肯定的で、大規模な世論調査やインタビューに参加する傾向があります。フィンランドでは、統計資料は個人番号がついて集められるので、保健ケア活動、社会給付、児童福祉等についての広範囲に及ぶ統計とその他のデータベースをスタケスが管理しており、これは世界でもほとんど類のないものとなっています。今日の法律では、これらのデータは、特別の許可手続きを取得した上で、研究目的のためにのみ使用できることになっているので、ハイレベルの個人情報保護とデータ保護が確保されています。統計と登録に基づく研究は、ケアの方法や設備を正確に評価（ベンチマーク）することができるので、研究の生産性、効率性および成果を特別の患者または患者グループにまで適用することができるのです。

　多くの利用者がスタケスが作り出す情報を使用しています。スタケスは、元来、社会保健省のために存在するのですが、他のすべての省庁も、スタケスの専門的意見を利用しています。運輸通信省はバリアフリー問題に関して、教育省は生徒と学校の福祉について、そして貿易産業省は福祉テクノロジーについての専門意見を必要とします。

　スタケスは情報提供を、フィンランド議会、自治体、政府にも野党にも行っており、さらには多様なNPOや市民も、スタケスの情報を利用することができるのです。情報は経済の変動や政治の変化に左右されるものであってはならず、フィンランドの生活状態とサービスについての批判力のある公平な評価も入手できなければなりません。さらに、スタケスは、社会・保健サービスにおける新しい手法の作成に加えて、現在使われている手法の評価も行っています。情

Ⅱ　社会政策

報は、伝統的な開発プロジェクト、書物、報告書等で発表されますが、同時に相互影響が可能なウェッブ・ポータルにおいて，例えばソーシャルワーカー、保育従事者の人たちにも提供しています。

　『ディアロギ（DIALOGI）』は、スタケスが作成している社会福祉保健ケア分野の職業従事者のための定期刊行物ですが、2006年の読者の調査によると、専門職従事者全体の3分の2に当たる20万人が読んでいます。読者は最新の情報が記載されていることを特に評価しています。

　世界においても、これほど幅広い活動を行い、政治過程や政策決定に直接関与している機関は存在しないでしょう。もちろん、多くの同じような活動をしている協力パートナーとなる機関は存在します。結論として、スタケスは世界に広く知られており、協力のパートナーとして求められている機関なのです。

104

31

貧困の防止

マッティ・ヘイッキラ
スタケス副総裁

　経済的な貧困は、福祉国家であるフィンランドにおいては伝統的にほとんど無いといってもよい現象でした。貧困防止の中心的な戦略は、高い雇用率の保持、生活保護が必要となるリスクの防止、積極的に所得格差を解消するように意図された所得保障と税制度でした。

　1990年の終わりまで、給与所得が途切れた時には、給与所得をベースとした保険制度に基づく社会保障が妥当な消費水準を守っていました。しかし、失業期間が長期になるにつれて、多くの人たちは、給与所得ベースの所得保障から基本的保障を受けるのみの生活に落ちてしまいました。この結果、驚くべきことではありますが、新しい世紀を迎える頃の社会政策上の大きな課題として、基本的保障の妥当性の検討と貧困対策が取り上げられるようになりました。貧困対策が意味することは、普遍主義モデル（注：北欧型モデル）の福祉国家から残余的モデル（注：アメリカ型モデル）の福祉国家の方向に向かうということであります。

　ヨーロッパ人の観点からすると、フィンランドの最低所得保障の段階的な制度化と最低所得保障を社会的基本権として認めていることは、重要な社会的イノベーションです。

　フィンランドにおける最低所得保障としては、例えば失業などの理由に基づく社会保障の最低所得保障、生活保護、そしてそれを補足する住宅手当があります。これらはすべて法律に定められています。これらの最低所得保障による

Ⅱ 社会政策

生活水準が十分であるかないかについては常に議論されています。また最低所得保障による生活は、一時的で短期のものであると考えられています。

　フィンランドの基本的保障のイノベーションとしての要素は立法によるものです。フィンランドでは、1983年から生活保護給付は、段階的に均等化されました。これによって自治体における裁量権が段階的に縮小しました。基本的権利については、1995年に重要な基本権についての憲法改正が行われました。フィンランドでは、最低所得保障の権利については、憲法第19条にいわゆる強力な主観的権利（注：国民の一部グループに特定して保障される権利）として規定されています。自治体は、法で制定されている最低所得保障を、社会の状況や支援を必要とする理由にかかわらず、その権利を有する者に対して提供しなければなりません。

　もう一つの1990年代の最低所得保障についての改革は、国の最高機関である議会が保障の水準を直接決定するということです。さらに憲法の規定は、最初に受ける生活保障は、それを受ける市民が生活保護を申請しないで済むようなものでなければならないと解釈されました。しかし実際には必ずしもこの通りにはなりません。

　社会保障の最低レベル、すなわち生活保護給付は、フィンランドの政治行政における貧困線を表します。それは議会の見解に基づく、それ以下には誰も落ちる必要がないという物質的な福祉の水準なのです。

　近年、社会保障の最低所得保障水準は、中位所得の60％というＥＵの定める貧困リスクの限界より明らかに低くなっています。フィンランドにおけるこの傾向は、所得配分方法と所得格差の拡大に起因します。大多数の人たちの所得レベルが上がれば、中位所得の水準も上がりますが、同時に貧困リスクの状態で生活する人々の数も増加するからです。問題は所得配分による貧困といえるでしょう。

32

債務整理と保証財団

レーナ・ヴェイッコラ
保証財団事務局長

　聖書にさえ、「貧しい人たちは常にあなたと共にいる」と書かれていますが、1980年代の終わりにフィンランド福音ルーテル教会は、どのようにして、例えば元受刑者、薬物依存者、アルコール依存者、施設にいた人達等、社会の中で最も貧しい人といわれる人達を助けるための方法を開発したのでしょうか。その当時は、高度経済成長期で、国民の誰もが非常に景気良く暮らしていると考えられていた時期でした。しかし実際はそうではありませんでした。貧しい人たちはより貧しくなっていました。どの銀行が刑務所を出所したばかりの人にお金を貸したでしょうか。

　教会は偏見を持たずに、保証財団の設立を提案しました。財団が保証人となり、銀行から債務整理のためのローンを受けて負債を支払うのです。一本化した借金を支払う方が、数多い異なる種類の多重債務を支払うより楽です。しかも、銀行のローンの利子も強制執行の利子より安くなります。

　教会の提案は、フィンランド精神保健協会、アルコールクリニック財団と犯罪者ケア協会の賛同を得て、財団が設立されることになりました。財団の定款は並々ならぬ速さで作成されました。

　ここまではうまくいったのですが、問題が起こりました。教会は、新しい財団の保証基金の準備を、毎年行っている共同募金で行うことにしました。ところがこれはフィンランド人に受けませんでした。今まで募金活動をした人達は協力を拒否しましたし、募金者も逃げました。誰が服役者や犯罪者の借金を返

Ⅱ　社会政策

済するために、お金を寄付したいでしょうか。フィンランドでは不況が始まり、そうでなくとも助けなくてはならない人達がいたのです。このように1991年の募金活動は、それまでの募金額を大きく下回る結果となりました。

　それでも保証財団は1992年の春に事業を開始しました。プロの職員が問題を抱えている顧客が債権者達と債務整理の交渉をするのを手伝い、財団が返済のためのローンの保証をしました。当時の事業は小規模でしたが、注目を集めました。1993年の債務整理法が、特に借金の保証人と児童のいる家族に不利なものになったときに、社会保健省から保証財団に、活動範囲を広げ、これまでの貧困者以外の人達にも保証を認めるようにとの要請がありました。そうすれば負債問題が、負債のある人だけでなく、社会の他の人達にも広がるのを防ぐことができるからです。財団はこの要請を受け入れ、活動は大幅に広がりました。今日、保証財団の保証事業は、借金を自由意思で整理しようとするときに大変役に立ちます。約3万人のフィンランド人が、財団の支援で負債問題を解決しました。財団が保証した債務整理の総額は10億ユーロを超えています。

　保証財団は、我が国の社会福祉行政に新しい方法を生みだしました。事業開始時には、財団は実験プロジェクトとして公的融資を開始しましたが、これは、現在では法制定の事業となっています。私たちは負債調停プログラムを開発し、これによって不況期に借金を作った約1万人の債務整理ができました。財団は、1995年には多重債務者のために無料の電話相談を開始しました。

　私たちは見通しのきく立場にあるので、例えばテキストメッセージによるサラ金や、過度に長期で、かつ過大な住宅ローンなど、負債問題の要因となりそうなものを予測できます。

　保障財団のような事業を行っているような組織は、おそらく他の国にはないのでしょう。私たちは外国から何度も財団の事業についての講演に招かれています。私たちの定款に書かれているように、正義のもう一つの面は公正なのです。

33

公的融資

マリアンネ・リカマ
ヘルシンキ社会福祉局生活・債務相談部長

　1990年代にフィンランドでは、法律を制定し、不況時の多重債務者の援助を行いました。個人の債務整理に関する法律は1993年に制定されました。しかし法律の制定後に、借金問題を解決し予防するためには、生活相談や公的融資等の自由意思で行う債務整理が必要であることが明らかになりました。

　社会保健省は、1999年～2001年の間に8自治体で公的融資の実験プロジェクトを行いました。その結果、公的な貸し付けを認めることで、低所得でお金が少ない人達が経済的に困窮することを防止し、家族の自立を促進できることが明らかになりました。

　3年間の自治体での実験によって、1100以上の融資を認め、その額は300万ユーロを上回りました。このプロジェクトの研究者達は、貸付損失は約5％の貸付に起こるだろうが、その一部は利息収入で埋めることができると予測しました。例えばヘルシンキ市では、利息収入は176,000ユーロでしたが、貸付損失は合計101,000ユーロでした。

　フィンランドでは、公的融資法は2003年の1月1日に施行されました。同時に、社会福祉法と、社会福祉の顧客の地位と権利に関する法律が改正され、公的融資について記載されました。

　自治体は、社会福祉の一部として、融資のブラックリストに掲載されたり、お金がなかったり、低所得などの理由で、妥当な条件で融資を受けられない住民に、公的融資を提供する権限があります。融資は、債務整理、住宅の入手ま

Ⅱ　社会政策

たは改修目的、融資のブラックリストに載ったために、国の保証する奨学金を受けられない学生への貸付金として提供されます。

　しかしながら、公的融資は、顧客に受け取る権利がある生活保護の代わりとして提供することはできません。

　ヘルシンキ市では、公的融資は1999年から社会福祉行政が提供するサービスの一つとして、実験プロジェクトとして開始されましたが、2003年以降は法律に基づいたサービスとして提供されています。この融資によって、サービスの顧客の自立を援け、生活保護から抜け出せるように支援します。計算によると、このように融資することによって節減できる生活保護給付は、貸付事業費とその損失よりもはるかに大きいとされています。融資は社会福祉行政の生活債務相談局で行われ、そこでは、個人の自発的な債務整理も行うことができます。このように融資受給者は、特に借金の返済が困難になった場合に、柔軟性のある債務相談サービスを受けることができるのです。ローンの最高額は10,000ユーロで、最高5年で返済しなければなりません。顧客は12か月ユーリボール・インデックスに基づいた利息を支払います。その外の費用はかかりません。

　フィンランドの社会では、今日、消費者ローンの支払い困難が増加しています。公的融資は、お金に困っている人達の借金問題の解決の重要な鍵となっています。そういう人達が、消費者ローンに最も高く支払う人達なのです。

34

アルコール専売制度

ユッシ・シンプラ
スタケス部長

　フィンランドでは、禁酒法（1919～1932年）が廃止された1932年に、国民投票によって国によるアルコール専売を決定しました。このような専売は、デンマークを除く他の北欧諸国とアメリカ合衆国の幾つかの州とカナダの州に見られます。

　国によるアルコール専売は、アルコール飲料の販売を制限することによって、アルコールの弊害が非常に減少するだろうと考えられたからです。アルコールの消費全体を減らせば、アルコールが国民保健、人間関係、社会秩序にもたらす弊害も減らせます。この見解は多くの学術的な論文で証明されています。さらに、専売制度は、個人が害をもたらす可能性があるものを売って利益を得ることを阻止できます。もう一つの議論は、アルコール専売制度は効果的な税収入源になるということでした。

　1907年にフィンランドで最初に開かれた議会で禁酒法は制定されました。しかし、当時のフィンランドはロシアの支配下にあり、その行政決定の遅れにより、禁酒法が施行されたのは独立後の1919年でした。この法律の評価については意見が分かれます。法律のせいで密輸や組織犯罪、一般に法律を無視する傾向が増加し、一方では、国民の健康が改善されました。しかし健康改善の効果はさほどではなく、その理由は、フィンランドでは禁酒法以前からアルコール消費が少なかったからとされています。

Ⅱ　社会政策

　専売制度ができてからも、地方にはアルコール販売店がなかったので、アルコールの入手には依然として規制がありました。第二次世界大戦後には、個人消費者の購入に制限が付けられました。しかしながら、研究調査の結果、購入制限には特に効果がないことが明らかになったので、制限は10年後に廃止されました。
　1969年には次の大きな法律の改正が行われました。食料品店等でビールが購入できるようになり、専売公社の販売店が地方にも開かれるようになりました。この改革によって、アルコールの消費量とアルコールの弊害が1970年代に急増し、改革推進者を驚かす結果になりました。アルコール飲料の入手を規制することが、まさしくアルコールの弊害を防ぐということが判明したのです。しかしながら、規制する方向への逆戻りは、もはや政治的に不可能でした。
　フィンランドは1995年にＥＵに加盟しましたが、国のアルコール専売には変化はありません。ＥＵは、国民の健康を保護するという専売の目的を支持し、認可しています。しかしながら、ワインの販売を許可すべきという議論等、専売制度に対してアルコールの自由化への継続的な圧力がありますが、これまでに大きな改革は行われていません。
　2004年のアルコール税の改革が行われた時に、アルコール問題は再び注目を浴びました。エストニアのＥＵ加盟と、旅行者のアルコールの輸入制限を緩和するようにとのＥＵの要求によって、フィンランドはアルコール税率を下げることになりました。しかしこの改革によってアルコールの消費量が増加し、アルコールの弊害が再び憂慮されるようになりました。フィンランドの政治においてアルコール問題の占める大きさは、独立後のフィンランドの歴史において、国民投票が２度しか行われていないことから明らかです。1度目は1931年の禁酒法、２度目は1994年のＥＵ加盟の賛否についての投票です。

35

11月運動・
1960年代の人権擁護運動

イルッカ・タイパレ
フィンランド議会議員 1971 〜 1975、2000 〜 2007

　フィンランドは非常に管理主義の国であり、施設中心の制度でした。1960年代のフィンランドには、他の北欧諸国と比較して犯罪率は変わらないのに服役者は4倍もいました。精神病院には人口の0.4％も入院していましたが、これは、アイルランドとスウェーデンと並んで世界でもっとも高い比率でした。酔っ払いの拘留率はデンマークの10倍でした。兵役義務拒否をしたエホバの証人は2年7か月の収容となり、ホモセクシュアリティは刑法で処罰の対象となりました。さらに、養育費を支払わなければ、強制労働所に浮浪者のように入所させられ、アルコール依存症は強制的に治療させられました。施設内の規律は、孤児院に至るまで極端に厳しく、ホームレスは多数存在していました。
　いろいろな国の社会学者は、上記のような、管理されている人達に多く発生する、異常行動の社会学についての著書や論文を発表しました。フィンランドにおいても、驚くべき研究論文が、主にアルコール研究財団と犯罪学研究所から発表されていました。1966年にヘルシンキ大学の学生組合が、服役者、精神病患者、仕事を嫌がる者、浮浪者、ホームレス、アルコール依存症者等についての、5回連続のパネルディスカッションシリーズを開催しました。この時代にはフィンランドにも、新しい論証パンフレットの波が押し寄せてきました。そして、ラルス・D.エリクソン（Lars D.Eriksson）が編集し、社会学者、法律家、作家、医者のグループが執筆した『強制ケア（Pakkoauttajat）』が出版され

II　社会政策

ました。これは当時、起爆剤の役目を果たし、すべての報道機関が施設と強制反対のキャンペーンを張りました。その結果、当時の社会福祉政策と管理政策に非難が集中しました。他の北欧諸国では、すでに「クルム＆クリム（Krum&Krim）」という名前の、急進的な服役者の利益追求団体が設立されていました。

　1967年の11月7日に管理政策協会「11月運動（Marraskuun liike）」が、被管理者の利益の追求と、立場の改善の実施を目的として設立されました。この協会の船出は、ヘルシンキで40人のホームレスの人達が、500人を収容する宿泊所が夏に閉鎖されていたので、凍死するというスキャンダルの発生によって後押しされました。1967年12月6日の独立記念日に、11月運動協会は大きな注目を浴びました。当時のケッコネン（Kekkonen）大統領は、独立50年を祝い、大統領官邸に世界の名士を招待したのですが、11月運動はすべてのホームレスの人達を学生会館に招待し、ビールとソーセージでもてなしました。約500人が招待を受けて参加し、プログラムは熱のこもったスピーチとプロテストソングに満ちていました。このイベントはケッコネン大統領の晩餐会より注目を集めました。このイベントを企画し実施したのは3人の学生でしたが、その一人は、パーヴォ・リッポネン（Paavo Lipponen）で、後にフィンランド首相となり、その後、国会議長を務めました。イベントの開催される少し前に、古い棄てられたペンキ貯蔵庫が1000人のホームレスの収容所（通称、こうもりの穴倉）として開かれて、そこでは、社会で最も困窮した人達が、棺桶のような木の箱の中で寝ていました。国が独立記念日を祝っている中で、その無情さはたとえようもありませんでした。さらに11月運動は、独立記念日に国の管理政策の50の欠陥のリストを発表しました。

　11月運動は、分野別の作業部会を設置して、デモの組織化、資料収集、覚書作成、本の出版、調査研究、影の委員会活動を開始しました。しかし、国の正規の委員会も設立され、その中で傑出したものが「社会福祉の原則委員会」でした。運動のメンバーは、行政の重要な役職を自分たちで占めようと努力し、その一部は成功しました。加えて芸術家や政治家を施設訪問に招待し、そこで選挙前の討論会を開催しました。

35　11月運動・1960年代の人権擁護運動

　11月運動の何千人ものメンバーは、主に若い学生や研究者達によって構成されていましたが、管理主義や施設収容の対象となった人達も参加しました。

　11月運動は1960年代の一つの主張（シングル・イシュー）の運動の中で、もっとも際立ったものでしたが、その他に際立っていた運動を行った団体としては、核兵器の一方的破棄と平和運動の団体である「サダンコミティア（Sadankomitea）」、男女別の役割を図表で示し、改善を推進した「ユフディクサン（Yhdistys 9）」、第三世界の運動「トリコント（Tricont）」、自動車文化を批判し、集団交通、徒歩、自転車利用を推進した「エネミスト（Enemmistö ry.）」があります。

　1967年から1971年にかけて活動を行った11月運動は、分野別のNGOの誕生を働きかけました。そうして、1967年に「ジプシー協会（Mustalaisyhdistys）」1970年に「フィンランド徴兵連盟（Suomen varusmiesliitto）」、性的な平等を目指す「セタ（SETA）」、精神障害リハビリテーションを受けている人達のための団体「プケ（PKE）」が設立され、さらに1971年には「精神保健中央協会（Mielenterveyden keskusliitto）」、1974年に「兵役拒否者連盟（Aseistakieltäytyjien liitto）」が設立されました。ホームレスの人達のための団体の「ホームレス（Vailla vakinaista asuntoa ry.）」と、ホームレスの人達のために住宅の建設と購入を行う「Y財団（Y-säätiö）」は後になって設立されました。

　「11月運動の根底となる原則は、社会への怒りだけではなく、社会科学的に理性を信じることにあった。多くの活動家が政党に所属していたが、運動の活動においては、政党政治に左右されないものであった。」と、11月運動の原則の宣言を書いたクラウス・マケラ（Klaus Mäkelä）が後に証言しています。

　マケラは、さらに「1969年の秋に、11月運動のイデオロギーセミナーにおいて、若い世代は親の世代のプチブル的改良主義を批判したが、それはいろいろな意味で1970年代の対決を予想するものであった。」と続けています。新しい世代は、フィンランドの貧困者にのみこだわるのではなく、全世界の貧困をすぐに根絶することを欲したのです。努力して一回りしても結局は原点に戻るということなのです。

　11月運動は、新しい組織を立ち上げ、国の行政に影響を与え、世論の方向を変えるという使命をやり遂げて1972年に解散しました。

36

3％論・底辺の人達のケア

イルッカ・タイパレ
フィンランド議会議員 1971 ～ 1975、2000 ～ 2007

　警察の犯罪局が1993年にアウランゴで開催した2級殺人についてのセミナーに参加する前に、私は推理小説以外のすべてのフィンランドの殺人に関する書物を読んでいました。法務省のユッシ・パユオヤ（Jussi Pajuoja）によると、毎年約160件起こる傷害致死事件の3分の2が、フィンランドの男性の5％にあたるグループによって引き起こされます。このグループの男性とは、仕事が潤沢にある景気の良い時であっても労働生活の外にいる人達です。この働いていないグループの人達から、殺人を犯さない人達、例えば、スウェーデン語系の人、レスタディアン・ルーテル宗派の人達、裕福な階層の年金生活者、知的障害、軽い精神障害、身体障害によって年金を受給している人達を除くと、3％の男性に行き着きます。この人達の数は40,000人で、そのほとんどの人達が、独身、あるいは離婚した、一人暮らしの男性です。

　それでは、これに当てはまるのはどのような人達でしょうか。事実上、この人達は、ホームレスの人達（80％が男性）、服役者（97％が男性）、少年院などの施設出身者、孤児施設出身者、軍隊からの落伍者、景気の良い時期の長期失業者、強度のアルコール依存者、薬物依存者の大多数です。この他に、このグループには一般の人達には知られていないような、貧しく喧嘩の絶えない環境に育って、MBD（微小脳障害）やADHD（注意欠陥・多動性障害）、難読症等の障害を持っている人達が入ります。

このグループの人達は、そうでなくても、様々な悪事、疾病、緊張、警察沙汰や裁判沙汰、社会福祉や保健当局の厄介になる等、社会に大きな問題を起こしやすいのです。

フィンランド内務省が、何が最もフィンランド社会の安全を脅かすのかについて分析を行った結果、表面にあらわれたものは、インターネット犯罪者でも、鳥インフルエンザでも、HIVでも、ロシアのマフィアでも、温暖化現象でもなく、社会に何も期待しておらず、また社会からも何も期待されていない20歳から40歳の財産も住居もない貧困状況にある男性でした。

このグループの人達の周りには、20,000人の給与所得者が働いています。つまり、特別養護教師、ソーシャルワーカー、介護士、看護師、医師、救急隊員、警察官、刑務所看守、守衛、掃除人、消防士、教会関係の人達ですが、この他に、アルコール依存症クリニックのボランティアや、その他の大勢のボランティアの支援者も、彼らのために働いているのです。しかし、実際には何の役にも立っていないように見えます。グループの高齢者が死亡しても、または加齢によって生活が落ち着いても、新しい若者がグループに入って来るので常に３％は保たれます。

この人達には何が起こるのでしょうか。タパニ・ヴァルコネン（Tapani Valkonen）教授は、フィンランドには現在４番目の死亡原因の流行が見られる、と指摘していますが、１番目は戦死（兵士の６人に一人が戦死）、２番目は1950年の中頃までの結核による死亡、その後に男性が循環器系の病気で死ぬのがはやりました。今日では、ヴァルコネン教授によると、45歳以下の貧しい男性達が死んでいきます・・・死神が一人一人に鎌を持って訪れるのではなく、草刈り機でなぎ倒されるように死んでいくのです。法医学教授であるペッカ・カルフネン（Pekka Karhunen）も「解剖台に乗せられる若者が多すぎる」と述べています。この人達は、暴力、事故、アルコール中毒、自殺、喫煙等が原因で死んでいきます。この死因にどのような違いがあるかといいますと、最初の三つの死亡要因は、貧しい人にも金持ちにも起こることなので、それを防ごうとする作用が起こりますが、碁盤から出された碁石にはだれも注意を払わないよう

Ⅱ　社会政策

に、貧しい人達だけに関わる死を気に留める人はいません。

　3％論は、ビスマルク型社会政策によってこの社会から疎外されたグループに働きかけ、問題を解決に導くというものです。私たちの社会の中には多くの小さいコミュニティーがあります。その中にいる人達を礼儀正しく処遇すれば、礼儀正しさが返ってくるものなのです。

　1995年までフィンランドは、ヨーロッパで唯一、ホームレスと服役者の数を減らした国でした。

　今後、社会の秩序を保つためには、これらのグループの人達の社会的地位を改善することが大前提となります。貧しい人達と金持ちの人達が、きちんと目を合わせ、向き合うことができなければ、「目には目を」という状態になるでしょう。

　警察でさえも、殺人の件数は3分の1に減らすことができると予測しています。今日の殺人件数は、1930年代の殺人件数の3分の1に減ってはいますが、それでもヨーロッパの中の文明の進んだ国の3〜5倍の数です。

　解決の方法はあります。第一に、ホームレスを減らすために、小規模住宅やサービス付きホームを建設すべきです。次に、労働能力のない人達は、年金が受けられるように年金生活に移行させねばなりません。3番目にはワーキングプア（注：働いていても貧しいこと）を我が国から排除することです。4番目には、デイアクティビティーセンター、授産事業、青少年の授産ネットワーク等を強化する必要があります。

　この人達をケアする負担は、このグループの人達を放置しておくことから生じる弊害がもたらす負担と比べてはるかに小さいのです。

37

法律扶助と犯罪被害補償

トゥイヤ・ブラックス
法務大臣　議会法律委員会委員長 2003 ～ 2007

　啓蒙教育の理念、国際的な人権条約、フィンランドの憲法に基づき、すべての人には平等な権利があります。もしお金がなくて裁判に訴えることができない場合、または有能な弁護士の助けを借りて法廷で自分を弁護することができない場合は、この基本的権利が実現されるとはいえないでしょう。だからこそ、フィンランドでは他国と比較して遜色のない、法律扶助と犯罪被害者に対する補償制度があります。
　フィンランドでは、法律扶助制度は1800年代の終わりから発達し、見識の高い議会議員が、貧乏な人達が、費用がかかるため、訴訟を夢に見ることさえできないのを不公正であると考えたことから始まります。ヘルシンキ市は1886年に法律扶助事業を開始し、それ以降、法律扶助事務所が設置されています。最初の、通常の法律扶助に関する法律は1973年に施行されました。1998年に法律扶助事業は自治体から国へ移管され、2002年に法改正が行われ、その対象として貧しい人たちの他に、中流層のほとんどの人達も含まれるようになりました。
　今日では数少ない例外と訴訟経費保険をかけている場合を除いて、ほとんどすべての法的な問題について法律扶助を受けることができます。法律扶助とは、フィンランドに住んでいる市民（企業や法人でなく）が訴訟において、全額または一部国の負担で、弁護人を得ることを指します。法律扶助を得るためにはどのくらいの収入制限があるのか等の詳しい情報は、法務省のインターネット

II 社会政策

ページと法律扶助事務所より入手できます。

　ある種のケースにおいては、犯罪の被告は、所得に関係なく弁護を得ることができます。同じように、深刻な暴力犯罪、性犯罪の被害者は、所得に関係なく、裁判の弁護人または法律相談を国の負担で得ることができます。実は、フィンランド人はそう思っていないのですが、フィンランドには、その他の多くの犯罪についても、国際的な水準と比較してもはるかに広範囲な、犯罪犠牲者を支援するための補償と援助の制度が整備されています。犯罪被害補償法はつい最近の2006年に改正され、特に、悪質な暴力と性犯罪の犠牲者は、国から被害の補償と、ここが改正された重要な点ですが、精神的被害についても補償を受けられることになりました。

　フィンランドは、公的な法的扶助と補償に関して世界でも最も進んでいる国ではありますが、どちらの制度についても、まだまだ改善の余地はあります。法的扶助法の前回の改正時の議会の議論において、法律扶助は、敗訴側が支払うべき勝訴側の高額になる可能性のある弁護士費用には適用されないので、法律の主旨にもかかわらず中流層の訴訟の機会が改善されないのではないか、と心配する議員もいました。議会では、さらに法律扶助の財源が不足することは、現実には、誰かが得して誰かが損するゲームになり、中流層に法律扶助を拡大したことは、貧困層の法律扶助を受ける機会を奪うのではないかという声もありました。また、改革は弁護士と公的な法律相談援助者の役割を効果的に分けなかったとも批判されました。

　世論調査と国立法政治学研究所によって行われた、法改正についての調査の結果は、議会で表明された憂いは無意味ではなかったことを示しています。端的に申しますと、法律扶助制度と犯罪被害者補償制度には財源が不足しています。法行政にかかわる予算分配額は、近年の予算政策においてあまりにも低く見積もられ、このことが、これらの素晴らしい法律を日常的に煩雑にさせ、一方で、扶助や補償を受ける権利のある個人が、驚くほど多額の自己負担を強いられることに現われています。

38

犯罪の調停制度

ユハニ・イーヴァリ
スタケス研究部長

　フィンランドはヨーロッパで最初に、1983年にヴァンター市において、犯罪と小さな争いにおける被害者と加害者の調停の実験プロジェクトを実施した国です。実施には二つの理由がありました。我が国の犯罪政策においては、いわゆる新古典的な犯罪法理論が主流で、その理論では、犯罪の加害者をその行為のみによって罰することが強調されていました。個人的な特徴や社会的な地位は、罪状を考慮するにあたって意味がないという考えでした。この行為中心的な考え方によって、フィンランドの犯罪政策は非常に融通のきかない政策となり、例えば、他のヨーロッパ諸国で実施されているような、青少年犯罪者に対する、代替案的な制裁方法を採用しませんでした。ヴァンター市で実験的に試みた調停モデルは、予想に反して肯定的な結果をもたらしました。また世論の肯定的な反応を見て、ヴァンター市は、これを自治体の正規の社会事業の中に組み込みました。このモデルは、直ぐに他の大都市に広がっていきました。
　自治体の調停担当部門の行政間協力は際立っていました。80％のケースは、警察と検察当局によって調停に送られてきました。喧嘩の解決が約5％、青少年が55％、そして驚いたことに、年間を通じて犯罪責任のない15歳以下の児童が調停件数の15％を占めていました。児童についていえば、調停は犯罪の再犯防止に大変効果があることが判明しました。調停を経験する年齢が若ければ若い方が、より再犯防止の効果が表れます。

Ⅱ　社会政策

　調停は肯定的に受け入れられました。調停に送られた当事者の75％が調停を受け入れ、調停で取り決められた契約の90％が履行されました。犯罪加害者の80％と被害者の75％が調停に満足の意を示しました。国際的に見ても、フィンランドの調停の成功率は高いものであります。

　今日では、フィンランドでは年間3500〜4000件の調停が行われています。

　1995年以降は不況の影響もあり、一部の都市で調停を停止したこともあって、自治体が裁量で行っていた調停は下火になりました。しかしながら、調査研究の結果が調停の優れていることを示したので、調停を法制定し、国の予算で行うための根気よい準備作業が行われました。そして2005年の秋に、議会で犯罪と小さい喧嘩のための調停についての法律が制定され、法に基づいて調停を全国レベルで実施するため、年間630万ユーロの財源が承認されました。

　法律の実施は社会保健省が担当し、国内すべての地方において調停が受けられるように、県（注：国の地方出先機関）が運用の責任を担います。調停事業を組織化するために、県は自治体、NPO、社会福祉分野の企業、必要に応じて民間の調停サービスの提供者と、実施に関わる契約を結びます。そして法律の実施とその成果についての研究は、スタケスの責任です。

Ⅲ　保健ケア

39

保健センター

シモ・コッコ
スタケス研究開発部長

　フィンランドの一次医療ケアは独自のものです。すべての市民のために、自治体が運営する275の公立保健センターのネットワークが存在しています。自治体の住民は、予防、また治療のために保健ケアサービスを受ける権利があります。保健センターの職員としては、一般医（GP）、看護師、予防活動に従事する保健師、歯科医、理学療法士（PT）、臨床心理士、その他の職種の人達がいます。保健センターには、長期治療や急性、短期治療等、特別な治療の必要でない患者のための入院病棟が備え付けられています。
　フィンランドの保健センターは、正真正銘、イノベーションです。1972年に制定された法律で、自治体は、広範囲な保健サービスを住民に提供するように義務付けられました。この法律の目標は、公的な一次医療と病院サービスを自治体レベルで行うという野心的なものでした。この改革を立案した若い急進的な医師達は、当時個別に行われていた診療制度は、その当時のフィンランド人の健康問題を解決できるとは考えませんでした。当時のフィンランドでは、結核をはじめとする、多くの伝染病が流行していました。一方で、特に東部や北部では、若い人達が心臓病で死亡していました。この時代は予防の重要性が叫ばれていた時代でした。癌検診が非常に良い結果を示し、検診が国民の健康改善に大いに貢献すると理解されました。
　最初の保健センターは、1972年の法律の制定以前に実験的に建設されました。センターの建物には、異なる保健の職種の人達の配置と、提供するサービスの

ニーズに合うように設計された空間が備わっていました。これらの初期の建物には、仕分け部屋として使われた事務所もありました。保健センターには、一般医（GP）、保健師、歯科医が勤務し、地方の慣習であった、GPが治療を行っていた入院病棟も付け加えられていました。1950年代は、GPが勇気を持って、手術、お産、その他の住民の保健ケアを提供せねばならない時代でした。しかし、後には、入院病棟では大手術は行われなくなり、一部の過疎地以外では産科サービスもなくなりました。そして、病棟には高齢者が、長期または短期に入院するようになりました。1000人の住民に対して、4.4床の割合で保健センターの入院ベッドがあり、そのうちの2.4は短期入所用です。これは非常にユニークな制度ですが、同時に批判もされています。

1972年以降、国は新しい保健センター建設と保健サービスの普及を強力に支援しました。その後34年の年月を経て、保健センターのサービス提供は継続的に増加しました。

フィンランドの保健センターは、必ずしも国民に好意を持たれていたとは言えません。最初の頃は、民間の診療所の経営を妨害すると見られました。以前自治体と契約し協力していた民間医は、自治体から月給をもらう医師になって仕事を続けることなんてとんでもないことだと考えたのです。

最初の10〜20年の間は、新しい建物が建てられ、専門性のある職員が集められました。患者を中心とする考え方は、あまり育ちませんでした。医師へのアクセス、電話サービス、保健センターの雰囲気には改善の余地がありました。

ケアへのアクセスと継続性は、かかりつけ医制度を導入することで改善の努力が払われ、まもなく75％のフィンランド人に、かかりつけ医が付くようになりました。これによって、特に、それまでサービスが無機的でありすぎ、個人的対応がなかった都市部のサービスが改善されることになりました。携帯電話が使用されるようになった2000年になると、保健センターへの電話の接続がよくないことが指摘されるようになりました。そこで、2002年に、一次医療ケアに関する法律に、保健センターは電話に返答すること、緊急の場合でなくとも、3日の勤務日以内に患者を診るという条項が追加されました。

Ⅲ　保健ケア

　1993年に地方分権改革が行われた結果、保健センターの行政も自治体に権限が移され、それ以降、センターは地域毎で独自な発達を見せています。今日のセンターの多くは、社会福祉と保健の両方のサービスを提供しています。また地域によっては、二次医療病院が行政上も運営的にも保健センターと統合されています。保健センター制度は、歴史の中で様々な課題を乗り越えてきましたが、批判する人たちも、このイノベーションは将来においても乗り越えるだろうと信じています。
　今日における保健センターの業務は次のとおりです。
・担当地域の予防サービスと保健プロモーション（出生前ケア、児童ケア、学校保健等も含む）
・GPレベルの診断と治療サービス（今日ではGPと看護師のチームで行われる）
・歯科ケア
・GPによる病院サービス
・家庭看護
・精神衛生ケア
・リハビリテーションサービス（理学療法、手術後のリハビリ、物理的な援助等）
・救急サービスの運営（実施は消防局の個人請負者によることが多い）
・雇用主（とその被用者）、個人企業家への労働衛生サービス
・環境衛生と保健事業（食品、飲料水、伝染病対策等）
・学生の保健ケア

40

妊婦と幼児の保健所

マルユッカ・マケラ
スタケス研究教授

　子供を産むということは、100年前には危険なことでした。フィンランドでは170人に1人の母親が出産時に死亡し、100人に3人が死産児でした。赤ちゃんが出産期を無事に通過できたとしても、まだ危険が待ちかまえ、乳児期の死亡率は高く、100人のうち15人が1歳に達する前に死亡しました。1890年代の初めに、豊かなウルヤラ（Urjala）の村の農家に9人の子供が生まれました。そのうち1人が死産で、3人が1歳になるまでに死亡、1人が3歳で百日咳にかかり死亡しました。末っ子は成人になってから保健師になりました。

　初めての妊婦・幼児保健所は、1890年代にフランスのパリにつくられ、その目的は、妊娠期を保護し、乳児の栄養状態を改善することでした。フィンランドにそのアイディアを持ってきたのは、児童保護を推進する事業を展開していたマンネルヘイム児童保護連盟（Mannerheimin Lastensuojeluliitto MLL）でした。1920年に、ドイツで小児医学を修めたアルボ・ユルッポ(Alvo Ylppö)が、同連盟のラステンリンナ病院の院長職に就きました。ユルッポ院長は、直ちに、母親に乳児ケアを指導できるように、看護婦の研修を開始しました。スウェーデン語での同じような研修は、もう一つのNPOであるフォルクハルセン財団（Samfundet Folkhälsan）が行い、1927年からは研修コースを提供しました。1931年に国が保健婦の保健教育を行うことになりました。自治体が初めて国庫負担金を受けた保健事業は、助産婦の雇用でした。

　フィンランドの一番初めの幼児保健所は1922年に、妊婦保健所は1926年に

III 保健ケア

できました。この事業は外来の一次医療に限り、NPOの援助を受け徐々に広がっていき、自治体も母子の保健所を設置するようになりました。1944年に自治体の妊婦・幼児保健所についての法律により、すべての自治体が無料の妊婦・幼児保健所を設置することになりました。この時期には母親の死亡率は2500出産につき1人になり、乳児死亡率は100人につき6人にまで減少しました。乳児死亡率はその後も減少し、1960年になると2%まで下がりました。フィンランドを訪問した外国の医師たちは皆、フィンランドは人口に対する医師数がヨーロッパで3番目に低い国であるにもかかわらず、どうして乳児死亡率をそれほどまで減少させることができたのかと目を見張ったのです。この秘密は、保健婦と助産婦でした。彼女たちが保健所をほとんど取り仕切り、必要に応じて自治体の医者に相談したのです。彼女達はまた自宅訪問を行っていたので、家族の状況を把握していました。

妊婦保健所は1940年代の終わりから、母親に対して出産の苦痛に耐えるための講習を提供していました。1960年代になると心理的な準備講習が、1970年代になると父親のための出産講習が提供されるようになりました。妊娠中の各時期も様々な検診があり、昔からのものでは、母親の体重、水腫、血圧、ヘモグロビン、尿中の糖と蛋白量の検査が行われました。発見されて治療がおこなわれる病気の種類は、梅毒や結核や血液型抗体からさらに増加し、今日ではHIV、胎児の異常までも検査できるようになりました。栄養や摂食についての相談も行い、禁煙も奨励されるようになりました。

母子保健所にはほとんどすべての母親が参加しましたが、幼児保健所に十分な数の保健婦が採用されるようになったのは1950年代でした。母親に助言し、子供の成長を検診によって見守る以外の、幼児保健所の重要な役割は、伝染病の防止です。予防接種が自由意思で受けるものであるにもかかわらず、フィンランドの児童の95%以上が、就学前に予防接種をうけて、ワクチンプログラムに入っている伝染病から保護されています。

2000年にフィンランドの乳児死亡率は100人に1人以下になり、妊婦の死亡率も6000の出産に対して1人になりました。社会が豊かになり、保健ケアが発

40　妊婦と幼児の保健所

達したことの影響ももちろんありますが、一つの重要な要因として、言うまでもなく、すべての人に対して開かれている母子に対する無料の保健所を挙げることができましょう。病気の識別を行い、子供のケアと健康的な生活習慣をアドバイスするのは、教育を受けた保健婦の仕事でした。すべての住民が、住んでいる地域と受けた教育にかかわりなく、母子のための保健所に通ったのです。

41

大学生のための保健ケア財団

ヴェサ・ヴオレンコスキ
YTHS 理事

　フィンランドの保健ケア制度の一つの特徴は、他の保健ケアと別途に、大学生のための保健ケアを整備していることです。大学生の保健ケア財団（YTHS）がその役割を担っています。YTHS は大学生の保健ケアサービスを提供する団体で、思春期や勉学にかかわる健康や病気の専門家を揃え、フィンランドすべての大学の14万人を超える学生に、保健ケア、病院ケア、精神ケア、歯科ケア、外来ケアをそれぞれの大学の所在地で提供しています。社会保険院、学生組合、大学が所在する自治体と教育省が財源を負担する YTHS は、フィンランドの保健ケア制度の中にその地位を占めています。

　YTHS の業務は、大学生の勉学能力の維持、健康の促進、病気の予防と治療です。YTHS の存在理由は、若い成人が特別に必要とする保健ケアにあります。精神保健、歯科ケア、避妊や妊娠などの性に関する保健ケアは、若い成人が特に必要とするサービスです。学生の保健のニーズを深く理解することが、YTHS の事業の基本です。学生達は、事業の評価や開発作業に参加することによって、財団の運営に積極的にかかわっています。財団は1954年にフィンランド学生組合連盟（SYL）によって設立されたので、学生達の参加は当初から非常に重要なものでした。

　財団の設立に先立って、学生の保健ケアを開発することに大きな関心がもたれました。フィンランド結核根絶協会は、1932年に学生の胸部診断を開始し、1936年にはトゥルク市とヘルシンキ市で診断が実施されました。1945年には、

41　大学生のための保健ケア財団

　SYLは、学生の保健と疾病治療の実施についての検討を行うために、一度設置を試みて、戦争のために中断した大学生保健ケア委員会を、戦後になって再び設置しました。同じ年にSYLはすぐさま事業開始を決定しました。

　1946年にSYLの大学生保健ケア事務所が事業を開始し、主力を注いだのは、結核の集団検診と病気の治療でした。G.T.ハンニカイネン（Hannikainen）医師が事務所の所長となり、同時期に性病撲滅協会の出資により梅毒検診が実施されました。これらは、この財団の活動が、当初から一貫して学生のニーズに応えるものであったことを示しています。

　1947年に議会は、財源を確保するために、医者による大学生の健康診断義務についての法律を制定し、学期ごとの保健ケア費の徴収を決めました。大学生の保健ケア事務所による学生の保健ケア事業は、後に設立されたYTHS財団に移管されました。財源についてはスロットマシーン協会RAYにも申請を行うようになり、必要な建物は大学に依頼するようになりました。1955年には、初めて国の予算に財団に対する交付金が組み込まれました。さらに、財団を支援するために1956年に大学保健協会が設立され、財団のために資金の調達と事業活動を行う場所を確保するようになりました。

　1970年代に、大学生の保健ケアをすべて自治体に移管すべきかどうかの議論がありましたが、大学生の保健ケアは、財団の事業として継続されました。YTHSは、今日でも大学生の保健ケアの実施に責任を持つ団体です。それは、財団の活動に単純かつ明白な理由があったからです。学生達自身が最初からこの活動を積極的に支援していたことも、当然ながら重要なことでした。

42

国立労働衛生院

ハッリ・ヴァイニオ
国立労働衛生院総裁

　国立労働衛生院は60年前にかなり緊急に設立されました。1944年に職業病の増加とその治療と研究について、レオ・ノロ (Leo Noro) 医学博士とアルヴォ・ヴェサ (Arvo Vesa) 教授が医療庁へ意見を述べました。ノロ博士は、医師としての仕事を通して、木ガスジェネレーター中毒症の運転手や、爆薬装填所で働いている、黄疸にかかり肝臓病を患っている労働者を診てきていたので、労働と健康の関係に関心を持っていました。

　1945年の1月に、医療庁は、職業病の研究を強化するための方法を検討する委員会を設置し、委員会は同年2月には報告書を提出し、1945年4月4日にヘルシンキの病院に職業疾患科を開設しました。3人の医師、3人の看護師と2人の清掃員が職員として採用されました。

　しかしながら、このような小グループでは、職業病を予防するために必要な情報を得るための研究をすることは不可能でした。そこでノロは、研究所のアイディアを描き、そこで様々な分野の専門家が、労働生活における現象の研究、異なる労働グループの教育、患者の検査、情報の公開と啓蒙事業を行うことを考えました。この研究所は、研究成果を効果的かつ実用的なものにし、労働生活を改善するものです。

　研究所のアイディアには支援と財源が必要でしたが、得ることに成功しました。すべての労働と疾病に関係する機関、すなわち、国、産業界、保険会社と労働組合の協力が得られました。こうして国立労働衛生院が誕生しました。

国立労働衛生院は、情熱を持って、偏見を持たずに、活動を開始しました。国際的な研究舞台から学び、毒物学、疫学、後にエルゴノミーと呼ばれるようになるバイオテクノロジー、産業心理学、労働安全研究等の新しい知識を吸収したのです。最新に取り入れたものには、例えば時間生理学（chronophysiology）や神経生体工学（neuroergonomics）があり、これらの応用によって、様々な作業表のアレンジメントが居心地の良い状態につながるか、そして脳の情報付加になるかの解明が行われました。

　労働衛生事業も新しく変わっていきました。初期の段階では、重度の中毒が最も憂慮されたことでしたが、年月を経るにつれて、慢性疾患、物質に曝す影響の測定、予防活動、健康促進、労働能力の維持と職場の快適さなどとなりました。

　国立労働衛生院は、数人の専門家のグループから始まり、今日では、総合的な労働衛生の専門的な研究機関となり、フィンランド、EU、国連における、この分野の積極的な開発者の役割を担っています。そして、フィンランド人の労働衛生や職場の安全性に関わる法律の制定や、職場の健康診断サービスの開発に大きな役割を果たしています。今日の職場の安全性に関わる法律は、原則的な目的を定め、職場での安全管理に対する自発的な管理運営を強調しています。また、職場健康診断法は、雇用主が被用者に予防的な健康管理サービスを行うことを規定しています。約90％の従業員が職場健康診断サービスを受けており、受けていないのは小企業の一部です。国立労働衛生院の影響力は、例えば、世界保健機関（WHO）や国際労働機関（ILO）の労働衛生や労働安全の戦略にも表れています。

　時には、あまりにも研究活動に熱心になりすぎて、現場の労働生活の開発がおろそかになってしまうことがあります。しかしながら、今日では活動の方向は再び労働生活に向けられています。顧客や仲間とともに、労働衛生や福祉の向上にかかわる開発を行い、それによって、よい人生の一部としての労働の健全さや安全性を促進しています。今後は、グローバライゼーション化する労働生活、高齢化する労働者、変化し不安定な環境の中での労働を続ける能力、ナ

Ⅲ　保健ケア

ノ・バイオ・遺伝子テクノロジー等の新しいテクノロジーの健康への影響、職場でのアレルギー症状の増加、労働と他の生活の調和などに、注目していかなければならないでしょう。

43

交通死亡率の半減

ペッカ・タリヤンネ
運輸大臣 1972 〜 1975

　交通の安全性の確保が、長いことフィンランド社会の課題となっていました。マスメディアは、それでも航空大事故や個々の衝突には関心を持っていました。フィンランドでは、この分野の研究は1960年頃には多少はありましたが、法制定、教育、公的な議論など、効果のある行動はほとんどありませんでした。
　1960年代の終わりに、交通状況が非常に悪化し、ヨーロッパでも最悪の国となったことを統計が示した時に、政治が動き出しました。1972年の春に、内閣は議会に交通委員会を設置し、委員会は特別に交通安全部会を設置しました。当時は毎年約1200人が交通事故で死亡していました。
　このようにして、対策は開始されました。対策の最も大きな推進力になったのは、個々の事故、熱心な行政官、政治家の業績づくり、ケッコネン大統領の新年のスピーチでもありませんでした。もちろんこれらの功績もあったのですが、何より貢献したのは、交通安全部会内の、気持ちよく協力し合う精神でした。私は、この何千人もの人命と計り知れない苦痛、悲嘆、経済的な負担を減らすための作業の過程に参加することができたことを、大変嬉しくかつ誇らしく思っています。
　最初に実施したことは、道路の種別ごとの速度制限でした。私は、農林生産者組合の委員長が、私の部屋に「あんたの提案が通るのなら、首都圏には新鮮なミルクが来なくなるよ。」と怒鳴りながら入ってきて、脅かしたことを思い出します。委員長のふるさとの新鮮なミルクは、今でもフィンランドの家庭の朝

Ⅲ　保健ケア

食のテーブルに届けられていますが、ヘルシンキのお偉方は暴走を止めざるを得なくなりました。

　石油危機が起こったことも、人々が速度制限に慣れることに影響しましたが、もっと反対が多かったのは、シートベルトの着用義務でした。シートベルト着用の成果が諸外国で明らかにされていたのにもかかわらず、議会では、党派を超えての強い反対の声が起こりました。何人かの議員は、私が自由に反する意図を持っているとして法廷に訴えることを本気で考えたのです。そこで私は最後の手段として、反対者を病院に連れて行き、シートベルトをするのを忘れたために、重度の重複障害者になった人達がどのような苦しみを味わっているかを見せました。その効果があって、法案は議会で多数の賛同を得て通過しました。

　交通事故死は急激に減少しました。その理由として次の7つの手法を挙げることができます。

1．道路種類ごとの速度制限を設けたこと（最も重要）。
2．シートベルト着用義務が乗用車の前部座席に適用されたこと。
3．オートバイ走行中にヘルメット使用義務（これは10年後に実現）。
4．国道の交差点を整備。
5．緊急に市街地に600kmの自転車道を設置したので、車と自転車とが別のルートを通ることがはっきり分かるようになった。
6．都市の交通環境の整備を開始。下手に作られた交通環境は、上手に作られたものと比べて、事故の発生リスクが10倍にもなることがある。
7．鉄道との交差点の整備を緊急に行った。

交通事故が起こる要因については、以前は、第一に歩行者と彼らの行動に責任があり、次に乗り物の状態にあると考えられていましたが、今日では、一番の理由は交通環境そのものにあると考えられています。そのため、ドライバー個人やサイクリストや歩行者を責める代わりに、交通環境を改善することに最大の努力が払われました。

　その他の改善点についても、広く議論されましたが、特に学校教育の役割、

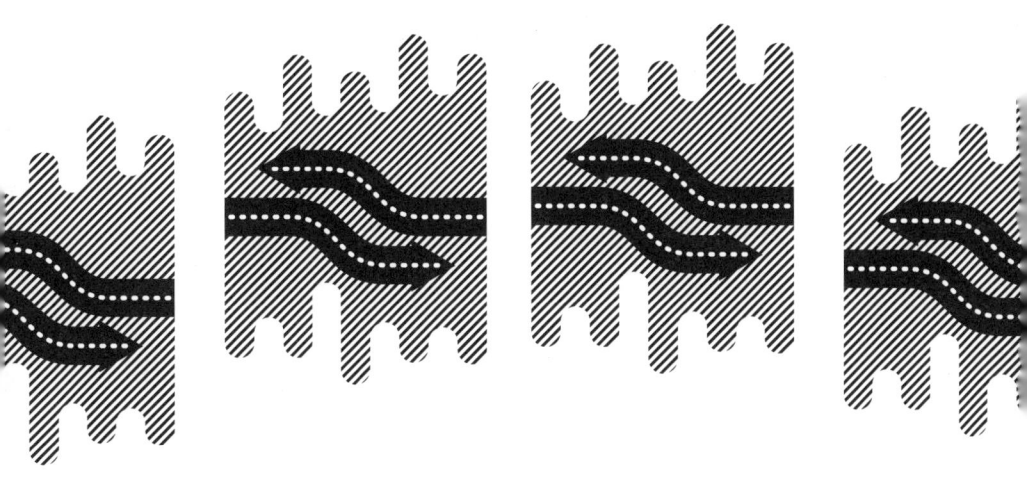

広報キャンペーン、乗り物の不良状態、未整備の道路ネットワーク、飲酒運転などについての議論が多くありました。

このように激しい議論が交わされましたが、実施された対策の結果が見え始めてきたので、より議論が高まりました。約5年間という驚くほどの速さで、交通事故死亡件数が半減し、600件ほどに落ちましたが、そこで、交通安全に関する関心は薄くなり、死亡件数も上昇し始めました。再び政治家、マスメディアと国民が「何かしなければ」ということになったのです。

そのあと、再び繰り返しが行われました。別の議会交通委員会が設置され、交通安全問題について検討され、新しいアイディアに加えて、以前使われたアイディアが再提案され、実施に移されました。驚くなかれ、旧い真実は効き目があり、数年を経て死亡件数は減少したのです。それ以降は、自動車数と交通量が倍以上に増加したにもかかわらず、状況は安定しました。

ところが、今日、統計は交通事故死亡件数がまた増加していることを示しています。こうなったら、新しくより優れた議会交通委員会を設置すべきなのか、それとも別の議会交通安全委員会を設置すべきなのか、私には、これ以上急進的な提案はだせません。

44

北カリヤラ・循環器系疾患予防プロジェクト

ペッカ・プスカ
国立国民保健院総裁

戦後、フィンランドの生活水準は急速に改善していきました。伝染病の脅威は減り、その代りに、慢性的な国民病が増加し、中でも循環器系疾患と癌が問題となりました。ケアが平等に受けられるように、フィンランドには水準の高い中央病院ネットワークが整備されました。

1970年代の初めに、国民保健の状況、特に男性の疾病率が社会問題となり、議論されるようになりました。保健ケアの展望としては、これまでよりも外来治療と疾病の予防に力を入れていくということで意見が一致し、国民保健法が制定されました。

北カリヤラ地方の男性の冠動脈疾患（CHD）による死亡率が高かったことを憂慮し、1971年にカリヤラ地方の中心都市ヨエンスー（Joesnsuu）で嘆願書が提出されました。知事が率先し、同地方の様々な代表が集合し、嘆願書に署名して、国に、この状態を強力な手段で改善するように訴えました。これが契機となり、準備作業が行われ、北カリヤラ・プロジェクトが開始されました。

北カリヤラ・プロジェクトが開始されたころ、工業国では循環器疾患は、最も一般的な死亡原因でした。予防に必要であるにもかかわらず、血管疾患の原因については、1970年代の初期にはあまり知られておらず、それまでは主に治療とリハビリテーションが主力でした。しかしながら、そのころになると疾病の原因となるいくつかの要因とされるものが発見され、新しく得られた知識が疾病の予防の可能性をもたらしました。プロジェクトの計画段階では、慢性病

44 北カリヤラ・循環器系疾患予防プロジェクト

の場合、治療は遅すぎることが多く、本当に国民保健を推進するには、予防するしか手段がないのだということが理解されていました。

このように北カリヤラ・プロジェクトは、住民のリスク要因を減らすための取り組みを一切の先入観なしに開始しました。

利用できるデータによると、リスク要因はフィンランド人に特有のもので、特に北カリヤラ地方の男性によく見られるものでありました。フィンランド人の血清中のコレステロール量の多いことは、飽和脂肪を多く、多価不飽和脂肪を少なく摂取する食生活に起因することがわかりました。野菜の消費量が少なく、バター、脂肪、脂肪分を多く含む牛乳を多く摂取していたのです。そのうち、フィンランド人の大多数に冠動脈疾患のリスクがあることが明らかになり、プロジェクトの戦略をこの事実に基づいて作成しました。プロジェクトは全国民の食習慣を変えることを目標とし、北カレリア・プロジェクトは、その地域全体に影響力のある、コミュニティーベースの予防プログラム作成を目指しました。このようなアプローチの仕方は、1970年代には新しいものでした。

プロジェクトの焦点は、国民の生活習慣、中でも特に喫煙と食生活を変えることに当てられましたが、これには農村部から強い反対がありました。プロジェクトがコミュニティーベースの戦略を取ったので、中央からの指導はなく、それぞれの地方の組織や住民自身が中心になって実施されました。プロジェクト側は、実施方法の提示、参加者に対する研修の提供と動機づけ、コーディネート、モニター作業、活動の評価を行いました。

5年計画のプロジェクトは、1972年に、調査を行うことから開始し、1977年に新しい住民調査を行うことで終了しました。結果から得られたものは、全国で積極的に使われました。北カリヤラ地方では、自分たちのプロジェクトとして、予防活動と追跡調査を1997年まで継続しました。プロジェクトの開始から25年が経過し、終了時点では、設定目標がすべて達成されました。おそらく目標以上の成果が上がったと思われます。

北カリヤラ・プロジェクトの意義は、多面的かつ信頼できる評価の作成であり、その成果を国民全体および国際的なニーズに提供できたことです。

Ⅲ　保健ケア

　プロジェクトの目標であったリスク要因の水準の低下は、男性の喫煙率の大きな減少、食生活における脂肪分の質と量の変化等に現れました。例えば、1972年には、国民の80％以上がパンにバターをつけていましたが、1995年では10％に落ち込みました。このような食習慣の変化によって、1972年には非常に高かった血中コレステロール値が、1995年には約18％減少しました。同時に、血圧も明らかに下がりました。

　国民のリスク要因のレベルが減少したのに伴い、心臓病による死亡率も急速に低下しました。1970年代には、労働年齢の男性の冠動脈疾患率の減少率は、クオピオ県もしくは全国平均よりも北カリヤラ地方が際立っていました。その後、北カリヤラ地方と全国の疾患率は均一になりました。

　北カリヤラ・プロジェクトは、間違いなく当時の目標すべてを達成しました。国民のリスク要因のレベルは大きく減少し、労働年齢の市民の冠動脈疾患による死亡率と全体の死亡率は急激に下がり、国民の健康状態はあらゆる面で向上しました。

　プロジェクトの初期の段階では、北カリヤラではリスク要因と冠動脈疾患の両方が、他の地域よりも大きく減少しました。その後は、全国と北カリヤラの傾向には差が見られず、プロジェクトが全国の傾向に影響したことは疑いありません。

　好ましい傾向は、色々な面に影響しました。冠動脈疾患による死亡率の急激な減少は、プロジェクトの初期に目標とされた3つのリスク要因の変化によることを、分析結果が明白に示しています。つまり、成果はまさしく予防の力によるものでした。

　北カリヤラ・プロジェクトは、こうして国内だけでなく、国際的にも、循環器系疾患を予防することが可能であり、価値があることを示すパイオニア的な例となりました。同時に、生活習慣を変えるという地域ベースの保健分野の相互協力によって、国民保健における今日的な問題である慢性的国民疾患を解決するという、国際的にも先例となる事業でした。

　今日では、循環器系疾患は、発展途上国においても重要な健康問題であり死

亡原因となっています。慢性疾患は、世界の死亡原因の60％も占めています。これらの約半数が循環器系疾患です。北カリヤラ・プロジェクトの成果は国際的に大きな注目を浴びました。その成果は、予防における研究協力のみならず、各国およびWHOのような国際機関によって行われるプログラムにも貢献しています。

45

統合失調症プロジェクト

ユルヨ・アラネン
名誉教授

　1980年にはフィンランドには住民1000人に対して精神病床が4.2床の割合で存在していました。この割合より多い国はアイルランドのみでした。その数年前に精神病に関する法律の改正が行われましたが、この状況を変えるほど大きな影響力はありませんでした。精神病院協会は、1979年に統合失調症ケアに関する全国的な計画を提唱しました。入院患者の半数以上が、統合失調症と診断されていました。しかも、彼らの大多数が慢性期患者で、いわゆるB精神病院（注：長期ケア病院）に入院していましたが、これらの病院では、積極的なケアやリハビリテーション活動はあまり行われていませんでした。

　精神病院協会の提唱を受けて、当時の医療庁は、1980年に専門家部会に、統合失調症の研究、ケアとリハビリテーションのための作業計画の作成を命じました。専門家部会は、積極的な開発プログラムを作成し、現場との協力による実現を提言しました。1981年の春に、作業部会は、報告書形式の「統合失調症の研究、ケア、リハビリテーションの全国開発計画」を作成し、その実施は、医療庁、病院連合、精神病院連合の協力によって開始されました。この事業は画期的なものでした。というのは、一つの疾病に特化した開発計画は、フィンランドではじめてで、統合失調症ケアにおいては、世界でも例がなかったからです。

　全国統合失調症プロジェクトは、1981年から1987年にかけて実施され、1992年にその成果の追跡調査が追加されました。重要な量的目標として、新しい統

合失調症患者数と、以前から入院中の慢性期患者数を、10年間で半減させることが設定されました。その方法として、主に家族や環境を中心とした、新しい、積極的なケアとリハビリテーションの開発が重視されました。3番目の目標としては、外来ケア（開放型ケア）と、それに付随する活動の量的かつ質的開発を行い、それによって、量的目標の達成のために新たに生じる責務に取り組むようにすることを決定しました。目標の実現については、別途に、患者数情報に基づく地区別の追跡調査が行われました。

プロジェクトには、フィンランドのすべての精神病ケア地区が参加しました。それらの地区の連絡役の代表は、プロジェクトの目標、実施方法、追跡調査等のセミナーに参加しました。活動の中心として、急性期の統合失調症患者のケアの開発（USPプロジェクト）と慢性期患者のケアとリハビリテーションの開発（PSPプロジェクト）に係わる、広範囲にわたる小プロジェクトが作成されました。前者には6の精神病ケア地区、後者には8地区が参加しましたが、そのうち4地区が両方に参加しました。その他、4地区が独自の狭い範囲のプロジェクトに取り組んだので、全国21の精神病ケア地区のうち、14地区、つまり3分の2の地区が開発プロジェクト作業に参加したことになります。

すでに開発されていた有効な活動方法に基づき、プロジェクト事業を開発することになりました。トゥルク市では、ユルヨ・アラネン教授が、同僚とともに、公的な保健ケアに応用できる、急性期の統合失調症患者のための心理セラピー的で、かつ当事者および家族中心のケア法を開発しました。アラネン教授は、USPプロジェクトも指導したので、必要なケアモデルは、全国に普及しました。特に奨励されたことは、ケアミーティングを開くことで、つまりケアチームが患者本人、家族または親族とともに、治療の開始と治療の必要性について話し合いを持つことでした。このケアモデルは、他の北欧諸国にも広がり、その他の国々からも関心が寄せられました。

一方、エリック・アンティネン（Erik. Anttinen）教授が、仲間と、タンペレ市のソピムスヴオリ（Sopimusvuori）協会を現場として開発した慢性患者のリハビリテーションも注目を浴びました。アンティネン教授は、全国開発計画のプ

Ⅲ　保健ケア

ロジェクト作業部会に所属しており、PSPプロジェクトの指導者の任にありました。相当数の慢性入院患者が、ソピムスヴオリ協会でリハビリを受けて病院から退院しました。

　プロジェクト作業部会は、別個の複数の作業部会を設置しましたが、その中には「統合失調症と基本的保健ケア」の報告書を作成する部会、疾病の予防に関する問題を研究する部会もありました。

　全国統合失調症プロジェクトは、全部で15の刊行物で報告が行われました。最終報告には、開発計画の経緯に係わる根拠のある勧告が10項目に分かれて記載されました。それらは、予防、ケアの規則、リハビリテーション、ケアシステム、質的な治療能力、基本サービスへの権利、教育訓練、開発事業、調査研究、法制度であります。

　1985年に発表された中間報告では、特に慢性患者のリハビリテーションの進歩が速かったこと、特にプロジェクト開始の初期段階で進歩したことが報告されました。病院には、比較的軽度の統合失調症患者が入院していたので、彼らを迅速にリハビリし、退院させることが可能であったことが明らかになりました。新しい慢性患者の数を減少させることは、より長い時間を要し、ケア方法を変更せざるを得ないこともしばしばありました。プロジェクトが開始されたことによって、今まであまり陽の当らなかった精神保健分野も世間の注目を浴びるようになり、その結果、職員も熱心になり、病院の雰囲気も変化しました。

　プロジェクトの量的目標は、優れた結果を以て実現しました。追跡調査によると、1982年から1992年の間に、新規の慢性期の統合失調症の患者数は60％、古い慢性期患者数は67％減少しました。病床数は51％減少、人口1000人に対して1.9プロミリになりました。さらにオープンケアの開発も進展しました。1982年に住民10,000人に対して2.7人のケア職員だったのが、1992年には5.1人に増加しました。新しいケア方法が開発され、病院の外にリハビリホーム、グループホーム、支援住宅などが多く作られるようになりました。

　この傾向は1990年代の不況期に大きく後退しました。病床が減り続けたのにもかかわらず、オープンケアが進展せず、その削減さえ行われたのです。しか

しながら、調査によるとフィンランドでは患者の放置までには至りませんでした。2000年代の中期の状況としては、回復傾向に向かっています。

　統合失調症プロジェクトの患者本位で人道的な伝統は、現在でもフィンランドにおいては、一部では強く、他方では弱くはありますが、確実に根付いています。一部の地域では、投薬を重視し過ぎ、外部から接する傾向のリスクがあるといえるでしょう。

46

自殺予防国家プロジェクト

ヨウコ・リョンクヴィスト
国立国民保健院研究教授

　自殺は非常に深刻な国民健康上の問題です。世界中で毎年数百万人もの人が自殺をします。その数は、ヨーロッパでは10万人以上で、EU諸国では6万人、北欧諸国では4000人です。フィンランドの2004年の自殺件数は人口10万人に対して、20.4件でした。

　フィンランドでは、1986年から1996年にかけて、世界で最初の国家レベルの自殺予防計画戦略が作られました。この国家プロジェクト開始に先立って、前年に起こったすべての自殺について徹底的な調査が行われました。研究者は何千時間もかけて調査に打ち込み、1397件の自殺について、自殺原因の心理学的報告を作成し、保健ケア、社会サービス、警察の資料を収集し、どのような状況で自殺が起こったのか理解するために、自殺者の担当医、ケア職員、友人、家族、雇用主と面接しました。

　熱意のある予防プロジェクトのもとで、全国で自殺の調査研究と予防事業が行われました。このプロジェクトは世界でも類を見ないものでした。この事業の結果、最も自殺リスクの高い人達を助けることを目標とした勧告が作成されたのは、初めてのことです。

　国家計画は1992年から1996年の間に実施され、1996年から1998年にかけて国際比較が行われました。このプロジェクトの間に自殺件数は15%減少し、その後も減少が続いています。自殺件数が最も多かった1990年には、フィンランドでは人口10万人に対して30.3でしたが、2004年には20.4に減少しています。

つまり30％の減少に成功したのでした。このレベルであったのは、50年も前のことでした。それ以降1980年代の終わりまで上昇傾向にあった自殺率を、国家計画は減少に導いたのでした。

　自殺行動の原因についてはよく知られるようになりましたが、その予防事業の自殺件数の減少に対する影響力については、十分明確には把握できていません。しかし自殺予防の必要性は明らかです。近年、効果的な予防方法としては、医師の教育と自殺用具（武器、薬）の制限が挙げられています。また、主にリチウムや抗鬱剤の投薬ケアから良い結果が出ていますし、ある程度心理療法も有効です。スクリーニングプログラムによって、特に生徒や学生の中の、自殺リスク要素を持っている人達を見分けることができるとの報告もあります。

47

性病の管理対策

オスモ・コントゥラ
准教授　フィンランド家族連盟（VÄESTÖLIITTO）主任研究者

　フィンランドの性病の流行は、西ヨーロッパの中位程度でした。この点では、我が国の状態は、東の隣国ロシアよりよい状態にあるといえます。ロシアでは梅毒と淋病は我が国の100倍も流行しているからです。HIV罹患率については、フィンランドは2004年に、100万人について24で、ドイツとともにヨーロッパの最も低い国でした。他の北欧諸国はフィンランドの2倍で、ロシアは10倍、エストニアでは20倍でした。フィンランドでは、1990年から2001年の間に、18人の20歳以下の青少年がHIVに感染しました。他国と比較すると、エストニアでは748人、スウェーデンでは68人です。フィンランドでは、例外的に、成人、青少年の両方のHIV感染の防止に成功しています。
　それでは、フィンランドでは、どのようにして性病とHIV感染の予防に成功したのでしょうか。それは教育を通じて行われたのです。若者たちは自分と自分のパートナーに責任が持てるように教育されています。義務教育における性教育は1970年に義務となり、1972年には、保健センターにおいて避妊に関するサービスを提供することが、法律で定められた業務となりました。学校に保健師が常勤するようになり、青少年の性教育指導を行うようになりました。コンドームの使用は、フィンランドでは1960年代の終わりに広く普及し、当時、初めて性交渉を持つ青少年の半数が、コンドームを使用しています。エイズが流行する前に、フィンランドは、世界で日本に次いでコンドームの使用が普及した国でした。

47　性病の管理対策

　性教育と性保健サービスの質については、初めのうちは改善の余地が多く見られましたが、指導員に対する継続教育が行われ、性に対する姿勢がリベラルになるにつれて、重要な職業的事業となっていきました。追跡調査によると、1970年から1990年までの間に、青少年の性知識のレベルと国民の避妊用具の使用は年々向上して行きました。この結果、望まない妊娠と中絶は、性病とともに、年々減少しました。淋病は1990年代にさらに10分の1に減少しました。

　フィンランドでは注射による薬物の摂取が、一度も近隣諸国のように流行しなかったことも影響しています。この流行についても、近年には被害の減少に真剣に取り組みが行われ、新しい注射針の無料提供などの対策が取られています。

　他の北欧諸国と同じように、フィンランドが、多くのヨーロッパ諸国と異なっていることは、我が国においては男女間の平等が非常に進んでおり、道徳上のダブルスタンダード（男女別のモラル）も消滅していることです。女性の地位が高く、自己決定権が強いということは、性病感染の減少に好ましい影響を与えています。女子は男子と同じように堂々とコンドームを使用しますし、安全な性生活を楽しむ権利があることを知っています。よいパートナーに求められるレベルは年々向上し、裏切らないこと、そしてパートナーの性的な期待に応えることが、互いに求められています。このような展開の中で、性病感染の予防は以前よりも効果的になっています。

　どの程度まで、性の欲求がバーチャルセックスの安全な世界に向かっていくかは、時間が経てば明らかになるでしょう。そこでは性病はありません。独身やパートナーのいない年配者が増加しているので、バーチャルセックスが実際のセックスに代わることが実現するかもしれません。人々は、性的な欲望を全く満たすことができない生活には満足できなくなってきています。情報産業の先進国として、フィンランドは、この分野でヨーロッパにおける先駆者となるかもしれません。

48

たばこ法

メルヴィ・ハラ
フィンランドASH協会事務局長

　フィンランドで行われている喫煙を減らす運動は、メディアキャンペーン、国民保健を促進するプログラムと立法の3つの柱からなる幅広い禁煙政策によるものです。これらの他に、たばこの価格政策、禁煙への支援、長期の追跡調査研究が大きな役割を果たしています。中でも、喫煙の普及を継続的に長期にわたって調査した研究は、プログラム開発のための非常に貴重なデータを提供しました。

　たばこ製品の危険性については、1960年代の初めに知られるようになり、議会は、政府が喫煙の害を減らす手段をとることを全会一致で決定しました。これは重要な第一歩でありましたが、喫煙を減らす法律が制定されたのは15年後の1976年でした。

　その時代において最も進歩していたたばこ法では、たばこの広告とたばこ製品に、たばこが健康にもたらす害についてはっきり見える警告をつけること、16歳以下へのたばこ製品の販売禁止、学校での禁煙、一部の公共交通機関、および公共の屋内空間における禁煙を定めていました。

　1980年代になり、空気中のたばこの煙が、健康に害を及ぼすことが明らかになると、フィンランドでは、国民がその害に曝されることを予防する法律の制定作業を開始しました。1995年にたばこ法の改正が施行され、職場全体と顧客のための空間での禁煙が実施されました。唯一の例外がレストランでした。法律は、学校内、役所、交通機関の禁煙空間を増加することも定め、主に18歳以

下の児童が使用する校庭は禁煙となりました。さらに、法律の改正によって、間接的なたばこの宣伝が禁止され、たばこを買う年齢制限が16歳から18歳に上がりました。

　2000年には新しい改正が行われ、従業員の健康を守るために、レストランとバーの禁煙を段階的に実施することになりました。移行期には、例えば2003年の12月までには半分のスペースを禁煙とすることが定められていました。法律によると、たばこの煙が禁煙のスペースに広がることは禁じられていました。フィンランドは、2000年の7月に空気中のたばこの煙を、癌のリスク要因リストの一つに加えましたが、これは世界で初めてのことです。

　しかしながら、喫煙は行われており、他人の喫煙による消極的な癌の危険性があり、法律は実際には守られていなかったので、2005年の12月に、政府は議会に、すべてのレストランと飲食店を禁煙とする法律の改正を提案しました。喫煙は、別々に換気扇が整備され、ウエイトレスやウェイターがいない喫煙室でのみ許可となります。法律の施行は2007年の夏で、実施には移行期間が設けられています。

　2006年の初めから、ニコチン代用品（NRT）が薬局以外にも、たばこ販売店、キオスク、ガソリンスタンドなどで入手できるようになりました。

　喫煙を減少させるための費用は、国の特別予算によって賄われています。2006年には国家予算の0.74％で、見込まれるたばこ税収が当てられます。たばこ法の実施、指導と監視は保健行政の担当です。

　ヨーロッパにおける最初のたばこ会社に対する訴訟はフィンランドで1988年に行われ、2001年に最高裁判決が出るまで継続しました。原告は年金生活者のペンティ・アホ氏で、1941年に16歳で喫煙を始めました。彼は1980年に喫煙による慢性的な気管支炎と気腫となり、1986年に喉頭癌を発症し、1992年に死亡しました。

　被告は、レッテイング（Oy Letting Ab）社とフィンランド・タバコーBATノルディック社（Suomen Tupakka-BAT Nordic OY）でした。会社が命にかかわるような製品を、法律に反して無害なものとして製造したこと、さらに会社は製

III 保健ケア

品が原因となる健康被害を隠し、消費者に積極的に嘘をつき、外部の者が彼らの顧客に警告を与えることを妨害したという訴訟内容で、製造物責任を問う訴訟でした。

　ヘルシンキ地方裁判所、高等裁判所、最高裁判所は訴えを棄却しました。最高裁判所の判決は、たばこ会社の警告を発する義務も否定しました。

　2005年3月に軽いシガレットに関する訴えが起こされました。相手はアメル社（Amer Oy）とフィンランド・タバコーBATノルディック社で、両社は、シガレット製造によってニコチン中毒を引き起こし、シガレットを販売するにあたって、両社は1950年代から例外なく継続的に自社の製品が中毒を引き起こすかもしれないことを隠し、かつ否定したというものです。審理は2006年末に開始され、2008年の初めに判決が下される予定です。

49

キシリトール

マリヤッタ・サンドストロム
リーフ・スオミ社（Leaf Suomi OY）キシリトール広報担当

　フィンランドの研究者は、1970年代の初めにキシリトール（Ksylitoli）を歯学研究の中で発見しました。トゥルク大学の歯学部で、キシリトールの歯垢に対する効果についての初めての研究が開始されました。この「トゥルク砂糖研究」と呼ばれた研究の成果は1975年に発表されました。同年に世界で初めての、健康を促進する食品の大発明となる、キシリトールで甘味をつけた製品の、キシリトール・イェンキ・チューインガムが発売されました。その後キシリトールについては、フィンランドおよび国外の歯学研究機関のクリニックで、研究が行われるようになりました。

　キシリトールは自然の甘味料です。それはプラム、イチゴ、カリフラワー、木イチゴに最も含まれています。人間の身体も1日に5〜15グラムのキシリトールを生産しています。工業的には、キシリトールは、白樺の繊維であるキシラーネから製造されています。

　キシリトールが歯にやさしいのは、虫歯の原因となるバクテリアは、キシリトールの栄養を効果的に使うことができないからです。キシリトールを規則的に使うと、口の中の害となるバクテリア量を減らし、歯垢を簡単に歯ブラシで除去できるようになります。キシリトールは直ちに有害な酸を中和します。

　トゥルク大学の歯学部では、1990年の初めに母子を対象とする研究を開始しました。その中で、母親がキシリトールガムを規則的に噛んでいると、カリエスバクテリアの母から子への感染が減少し、子供の乳歯の衰えが70％減ること

III 保健ケア

が明らかにされました。
　今日では、キシリトールの研究は、他の医学でも行われています。オウル大学の小児科で行われた研究では、キシリトールガムを噛むことによって、明らかに中耳炎にかかりにくくなることが判明しました。キシリトールは、唾液の質と量に良い影響を与え、口の中の渇きの治療に効果があります。
　キシリトールの持つ力は、おいしい味で、快適なやり方で、健康を促進することができるということです。大切なことは、歯のケアを、人生の中で、やりがいがあり、楽しく、難しいものではなくするということです。口の中の衛生を心がけること、フッ素入りの歯磨きペーストを使って歯を磨くこと、健康的で規則的な食事の摂取、キシリトールガムとキャンデーは、私たちが口腔の健康を保つ大切な方法です。

50

医師のハンドブック・EBM

イルッカ・クンナモ
EBM編集長

「GPのハンドブック（注：後に医師のハンドブックと呼ばれようになった。英語ではEBMガイドラインEvidence-Based Medicine Guidelines）」とそのデータベースは、一般医（GP）が、担当範囲の疾病や症状を幅広く記載してあるハンドブックを求めていることから、開発されました。このハンドブックは、最初は1989年にフロッピーディスクの形態で公開されましたが、次に1991年にはCD-ROMになりました。内容には何度も修正と改良が施されています。

この医師のハンドブックは全部で1000の記事を収録しており、膨大な画像のコレクションがあります。簡潔に記載されているので、楽に読め、実際的なガイダンスとなります。約400人の主にGPからなる専門家が、このハンドブックの編集を担当しています。GPと病院専門家が共同でその内容を作成したので、このハンドブックは広く受け入れられています。ハンドブックは、一次医療に従事する医師の能力と役割を強調します。フィンランドにおいては、一次医療の担当範囲は、保健の促進と疾病の治療まで広く、一次医療の医師は、診断のため多くのテクノロジー機器を使いこなさねばならないので、ハンドブックは、それらの使用方法の指導も記載しています。

初めから電子形態で作成した内容には、治療の推奨と、それに付随して、必ずその根拠となるデータの詳細が記載されています。証拠はその強さによって、4段階に分けて記載されており、その情報源は国際的なコクレーン・ライブラリー（Cochrane-library）です。

III 保健ケア

　ガイドラインは、初期の段階でCD-ROMを使用したので、2000年に発表されたインターネットバージョンの使用が急速に増えました。その結果、国民保健ネットサイト（www.terveysportti.fi）が生まれ、医師のハンドブックは、そのネットサイトのデータベースの一部ですが、2005年に7百万回以上も検索されています。フィンランドの医師数が17,000人であることを考えると、この検索数は医学データベースとしては世界記録です。

　医師のハンドブックは2000年に英語に翻訳され（www.ebm-guidelines.com）、国際的な出版社のJohn Wiley & Sons社が、2005年に発売しています。英語の他にも、ドイツ語、ロシア語、ハンガリー語、エストニア語に翻訳され、その他の言語への翻訳も進んでいます。

　医師のハンドブックの携帯版は2001年につくられました。現在では1000人のフィンランドの医師が、ノキア社製の携帯電話で、約1メートルの高さに積み上げられた本に値するデータ量を持つデータベースを利用しています。

　医師のハンドブックと治療の推奨に関わる次の開発段階は、医学の知識と電子化された患者の診断記録を結びつけ、個人ごとの治療推奨を行うサポートを可能にすることでしょう。

Ⅳ　教育・文化

51

フィンランド文学協会

トゥオマス・レフトネン
フィンランド文学協会事務局長

　1831年2月16日にエリアス・ローンルート（Elias Lönnrot）は、フィンランド文学協会（Suomalaisen Kirjallisuuden Seura）の創立日の議事録に次のように記録しています。「会議の中でフィンランドの書物、フィンランド語について、さらには、どのようにして文学に活用することができるかについて話し合った。何といっても一人でするよりも仲間で行う方がやりやすい、という結論になり、協会を設立する必要について話し合った。・・・」この実際的な目標は、まもなくフィンランドの国民意識の形成を実現するものとなっていきました。
　啓蒙主義、ロマン主義とナショナリズムの影響を受けて、フィンランド主義（fennomania）のプロジェクトが生まれ、その中にはフィンランド語の改良、文学の創作、民族伝統の記録化、歴史の記録、フィンランド民族のアイデンティティーの構築が含まれていました。
　フィンランド文学協会のプロジェクトでは、新語の創造、大国語辞典の編纂、民族伝統の収集、文学賞の創設、カレヴァラ（Kalevala）やカンテレタル（Kanteletar）の発刊、芝居、小説、中でもアレクシス・キヴィ（Aleksis Kivi）の『7人兄弟（Seitsemän veljestä）』と、歴史的書物の出版などが行われました。端的に述べますと、協会は、近代フィンランドが必要とする学術活動と国民教育を行っていたのですが、これらがなければ、フィンランドは、近代工業国にも市民社会にもならなかったことでしょう。改革の活動は、次第に、すべての市民に、学術知識と文化に接すること、政治的影響力を行使することを保障する

社会の構築を目指すようになりました。

　フィンランド文学協会の努力によって、伝統的に暗記されていたり、語られたり、聞かされた説話や文化の創造、記録保存、伝承活動が、文学の形態を得るようになりました。この結果、フィンランド社会は読み書きができるようになり、知識の伝承と保存にのみ効力を発したのではなく、知識を創造し、現実についての理解を文書化するようになったのです。

　1800年代には、フィンランド文学協会の周辺に、あらゆる主要な人文学的なフィンランド語の学術的協会や研究所が誕生しました。また、文学協会は、国立劇場、フィンランドのビジネスライフ、資本、政党制度の誕生にも影響を及ぼしました。1890年に文学協会は、首都に美しい建物を建設し、ヘルシンキのエリート紳士階級が運営をしていましたが、それでも、フィンランドの社会と文化を突き破る軸となり、その反対側には、地方の民俗の伝承者が同等に存在していたのです。

　年月が経つにつれ、協会の役割は社会の建設者から学術的な記録創造の組織へと変容し、175年の活動の間に、フィンランド人の自己理解を促進し、国内外においてフィンランド文学の存在を喚起し、大量の貴重なフィンランドの小説、知識、学術作品を出版しました。

　文化組織として、言語とアイデンティティーは協会の活動に思想的な刺激を与えてきましたが、言語やアイデンティティーを構成しているものを研究し、これら二つの概念を構成している理念、伝統、歴史現象を調査し評価を行うことも、同じように重要でした。

　フィンランド文学協会の目標は、これまでも、そして現在でも、フィンランドの文化を、フィンランド人自身と他の国の人たちに理解しやすくすることなのです。

52

図書館制度

カーリナ・ドロンベリ
文化大臣 2002 ～ 2003

　フィンランド人の図書館利用率は世界の最高記録です。フィンランド人は月に1度以上図書館に行き、20冊以上の本やCDやその他のものを借ります。どうしてフィンランド人は図書館を熱心に利用するのでしょうか。
　図書館はフィンランド人の生活の一部です。知ること自体が大切なことと考えられています。また知識の競争も人気があり、辞典は記録的な数字で売られています。
　図書館が利用されるのは人間のニーズを満たすものであるからです。学校やマスメディアは、出来上がった情報のパックや人生経験を与えてくれますが、図書館は個人の質問に答えられるようにできています。質問が難しいものであるほど、図書館のほうが、インターネットの検索サイトより優れている検索の手伝いをしてくれます。今日ではすべての自治体に公共図書館があります。それらの業務は、いわゆる本の貸し出しセンターというよりもはるかに大きく拡大しています。図書館では、音楽やビデオも借りることができ、コンピューターへの接続も可能です。図書館は、情報の内容を質的評価によって体系的に分析します。そして、学生達や熱心な住民や、だれでも知りたいと思う人には、求めている知識や情報の検索を手伝うこともします。さらに、童話の読み聞かせ会、美術展や映画会も開催しています。
　フィンランドでは図書館サービスは無料です。国民はどこに住んでいても、平等に知識や文化に接することができます。これは、フィンランドが国際PISA

学習比較で高い評価を受けたことの要因の一つと考えられます。

　フィンランドの公共図書館の強みは、いろいろな要素がありますが、重要なことは、国が当初から1990年代まで、図書館制度に力を入れたことでしょう。フィンランドにおける公共図書館は、他の多くの国と異なり、自治体の予算に依存していませんでした。図書館の司書は高い教育を受けています。すべてのフィンランドの図書館はネットワーク化されていて、欲しい資料が一つの図書館で手に入らなかったら、学術図書館からでも公共図書館からでも入手できます。資料の共通利用には、密接な協力やコーディネートが必要になります。今日では、それをインターネットによって実施しています。

　フィンランドの図書館戦略の基本方針は、業務を合理的に、地域レベル、地方レベル、国レベルに配分し、各レベルが配分された業務に専念できるようにしています。たとえば、住民に最も近い地域レベルの図書館では、地方レベルや国レベルでつくられた資料をインターネットによって入手できるので、顧客サービスに専念できます。この最も優れた例は、リナックスの概念で運営されている新しい検索サイト「知識検索の門（Tiedonhaun Portti）」です。これは、セマンティック・ウェッブ（Semantic web）の概念に基づいて、図書館とインターネット資源を革命的な方法で結びつけます。

　社会的な観点からすると、情報社会は、国民の創造的な能力を活性化しなければなりません。一方で、容易に情報や知識に接することができれば、すべての国民が社会の発展に参加することを可能にします。図書館は、この二つの目的のために作られた、質が高く、利用者にとって使いやすい道具です。それだからこそ、図書館の充実は、政府計画と政府の情報社会政策計画に取り入れられているのです。フィンランドでは、図書館に力を注ぐことは、民主主義と開発に力を入れることになると受け止められています。

53

義務教育制度

エルッキ・アホ
学校庁総裁 1973 ～ 1991

　100年以上もの間、フィンランドの教育担当者には義務教育制度の夢がありました。その夢が実現したのは1960年代でした。伝統的な農業国が、急速に工業国に変容していったのです。企業は国際競争をせざるを得なくなり、質の高い製品を生産するには教育が不可欠となりました。同時に、フィンランドは北欧型福祉国家の建設を開始し、そのために公的セクターに高い教育を受けた労働力が必要となりました。サービス産業は急速に進展し、産業社会という言葉と並んで、サービス社会といわれるようになりました。社会のダイナミックな発展のためには、すべての秘められた才能を開花させねばなりません。

　経済的な要因の他に、解決すべき課題として、社会の平等の問題が、政治の重要な目標となりました。1960年代の中頃、政治の展開があり、左派政党が中央党の支持を受けたことにより、義務教育制度を実現するための強力な政治的基盤ができたのです。1968年に国会は、居住地や親の所得にかかわりなく、すべての児童が高い水準の9年の義務教育を受けられるようにする法案を可決しました。これ以前の義務教育は4年の短さで、その後の教育は国民学校と中学・高校の二つの進路に分けられていました。

　本質的なことは、法案の準備段階で、義務教育は重要な人権として捉えられていたことで、この改革によって、すべての身体的または知的に障害がある児童にも、成長し発達する権利が保障されました。

　教育制度を改革するには、教員教育の改革も必要となります。教員教育の改

革は、義務教育制度改革と同時に進行し、教員の教育は大学へ移され、修士レベルの学術的な教育となりました。過疎地域にも高い水準の教師を確保できるように、北フィンランドと東フィンランドを含めた7の大学で教員教育が開始されました。

　新しい義務教育制度の運営と継続的な開発の責任は自治体にあります。教育が自治体の供給する基本サービスであるということが最も重要な意義で、そのサービスについての決定は住民に最も近いところで行われます。地方自治と国民の教育の関係には100年以上の歴史があります。フィンランドには約420の自治体が存在しますが、学校の地方行政には何千人もの学生の親が参加しています。このように義務教育はフィンランドの民主主義の一部であり、自治の具体的な実現でもあります。

　義務教育の開発には長い時間がかかりました。それは、教育が常に社会の政治、経済、文化の発達と結びついていることを示しています。フィンランドの生徒達が国際的比較において優れた成績を上げていることは、色々な要因が重なって達成されたのです。

　義務教育制度は、まさしくフィンランドのイノベーションです。二極化しつつある社会では、今まで以上に国民を結びつける力となっています。義務教育は国民のアイデンティティーを確かなものとしつつ、一方で国際的、または異文化間の相互影響力を高めます。

　フィンランドの義務教育制度は、今日では我が国の高水準の教育制度の旗艦です。その基盤の上に、質の高い中等教育や高等教育の建設が可能になります。政治的、文化的、そして経済的環境が常に変化しているので、義務教育の開発作業は継続しています。カリ・ウーシキュラ（Kari Uusikylä）教授の言葉を借りると「良い学校とは、毎日新しく作るべきもの」であるのです。

54

無料の高等教育

ソニヤ・コスネン
国会議員秘書

　フィンランドの教育制度は強力で、よく機能している制度です。その基本となる特徴は、全国どこでも教育は無料であること、すべての児童と青年には教育を受け学ぶ権利と義務があり、教育の水準が全国でも均等に保たれていることです。
　教育制度の最も重要な土台となることは、教育がすべてのフィンランドに居住する児童と青年に、彼らの社会的または経済的な背景に関係なく提供されているということであります。幸いなことにこの点についての政治的影響力はなく、無料の教育を提供する義務は、フィンランド社会の価値観を支える重要な柱の一つであると考えられています。義務教育はすべての児童に保障され、教育の質の評価は継続的に行われています。質の管理と全国教育計画の履行により、教育レベルが均等に保たれているので、義務教育後の進学については、どの地域で義務教育を受けたかは影響ありません。
　教育政策における平等に学ぶ権利を重視する姿勢は、今日でも実を結んでいます。義務教育と中等教育を提供する教育機関に対する補助金は、フィンランドの生徒や学生が自立し、健康な大人に成長していくことを支援します。義務教育への投資は、教育の水準と生徒たちの能力を高め、OECDが実施するPISA（Programme for International Student Assessment）比較調査結果に現れています。フィンランドの中学3年生は、数学と国語と自然科学で最優秀の成績を達成したので、効果的で高い水準の中等教育へ進学することが可能になるでしょう。

義務教育終了後は、高校か職業学校へ進学することが奨励されています。中等教育後は、フィンランドか外国の大学、または職業大学校に進学が可能です。職業教育では、教育指導と職業訓練を行い、学生が労働生活に移行する社会的な基本的準備を行います。職業訓練は労働市場のニーズに結びついているので、多くの学生が卒業後に直接労働市場に移行します。

　フィンランドの職業教育は、無料で質が高いものです。教育と学習の水準が高いことの例として挙げられるのは、フィンランドの普通高校卒業生が大学進学検定試験を受けて進学するのと同じように、職業学校からも、その卒業証書があれば、成績次第で、大学または職業大学校への進学が可能なことです。つまり、すべての成績が良く学業に熱心な学生には、扉が開かれているのです。学生を支援するのは、勉学補助制度で、これはフィンランドの教育政策の最も重要な成果であります。この制度は今後も継続すべきです。

　中等職業教育の水準が高く、労働市場が職人を必要としているのにもかかわらず、若者たちの間では職業教育の地位は低く人気がありません。義務教育の進路指導担当者や他の指導教員は、職業分野ごとの労働力年齢構造の動き、若者の間で流行していることや彼らの好みについて理解しなければなりません。高校進学は必ずしも正しい選択であるとは限りません。先ずは、私達の言葉の裏にある、職業教育に対する隠れた偏見を正すことが先決です。無料の職業教育を受けることは、素晴らしく勇気のある選択で、これこそ、今日の社会が価値あると認めていることです。私達はまず何を望んでいるかを知り、実行すべきです。職業学校に進学した生徒達は、人生の早い段階で将来の選択ができますが、大人が助ける必要があります。

　フィンランドの高等教育は、緊急に国際化することが求められています。2001年から2006年の間に、職業大学校に進学する学生数は2780から4500へと倍増しました。大学は3300人の学士号取得を目指す外国人学生を受け入れる予定ですが、これは2001年より740人も増加しています。フィンランドの大学や職業大学校で勉強する外国人学生数を増やすために、様々な戦略が練られていますが、そのうちの一つは修士課程修了者をフィンランドで就職させることで

Ⅳ 教育・文化

す。一方で、学費を有料化する案もありますが、現状では学生からの強い反対があり、これは平等な教育という考え方に反すると考えられています。フィンランドの無料の教育制度はうまく機能し、評価を受けて国際比較でもその優秀さを示しています。私達は自分達の足元を覆すようなことはしないでしょう。

　義務教育後のすべての生徒に開かれた無料の中等教育によって、フィンランド人の職業能力が維持され、次の世代へと受け継がれていくのです。大学教育や職業大学校教育も無料であることが教育制度の基本となっていますが、これは教育の平等の一部となるものであり、フィンランド人が誇るものであります。どのようなことがあってもこの制度は維持すべきです。無料の教育制度こそ、次の世代が私たちに感謝してくれることとなるでしょう。

55

フィンランド児童の読解力

ユッカ・サルヤラ
教育庁総裁 1995〜2002

　OECDが行った国際的な学習能力の評価調査PISAは世界の注目を集めました。これまでに2回公開された調査（読解力と数学）においてフィンランドの生徒達は一番の成績でした。PISAの影に隠れてしまいましたが、1950年の終わりから国際教育評価IEA（The International Association for the Evaluation of Educational Achievement）が開始されました。参加した最後の年の1991年に行われたIEA調査では、フィンランドの9歳の学童と14歳の生徒の読解力は31カ国で一番でした。フィンランドの成績は、平均値が高いだけでなく、偏差値が小さく、最も不出来な成績でも比較すればよい水準だったという点で、注目に値するものでした。PISA調査においても同じような結果が出ました。

　PISA結果が公表されてから、外国から多くの学校行政担当者や研究者が、フィンランドを訪問するようになりました。同じようにフィンランドの専門家も講師として招かれています。外国人が聞くのは、同じ質問です。「どうしてフィンランド人の読解力は優れているのですか。」

　この単純な質問には、単純な回答はありません。優れた読解力はその要因が重なって得られるものです。要因とは、学校制度の構造（同じ年齢層を9年間一緒に教育する）、地方分権と学校の教育方法についての決定権の移譲、生徒中心の教育、学習困難がある生徒のために長期にわたって開発された特殊教育、生徒のケア、その他の教育を支える事業（学習指導、通学ヘルパー、学校ソーシャルワーカー、学校保健ケア）であります。

Ⅳ　教育・文化

　単に学校に関わる事実を述べても、学習成績を説明することはできません。学校の周囲の社会の状況も見る必要があります。フィンランドの学習能力の高さの背景には、読み書きを大切にする文化と読むことを教える長い伝統があります。何百年もの間、教会はフィンランドの初期の教育を提供し、フィンランド人の教育に大きな役割を果たしてきました。プロテスタントの教義では、すべての人は聖書や他の宗教本を読めねばならず、このことは二つのことに影響しました。一つは、国語で書かれた聖書を持たねばならないこと、もう一つは国民が読めるようにならなければならないことです。最初のフィンランド語の本は、1500年代の中頃に出版されたABCの教科書でした。
　国民の読解力の向上に大きく貢献したのは1660年代に出された布告で、結婚するためには、多少でも読むことができねばならないというものでした。教会は国民を教育するために学校職員を雇用し、教区の事務員には本来の職務の他に、読み方教室を開き、その成果を確かめる役割が課されました。読むことができるようになることは、決してすべての人にとって楽なことではなかったのですが、結婚したければ読めねばならなかったので、当時の布告は、進歩の遅い人に対して読解力をつけさせるには非常に力がありました。
　フィンランドには全国に図書館のネットワークがあり、その上、都市部でも地方でも図書館バスが住民の近くまで本を届けます。読書熱の高さは、9歳のフィンランド児童の80％が、少なくとも月に1回本を借りるという調査結果が示しています。一度も図書館から本を借りたことがないと回答したこの年齢の児童は4％に過ぎません。

56

大学所在地の分散

ヤーッコ・ヌンミネン
教育大臣 1970　教育省事務次官 1973〜1994

　1920年代の初めまで、フィンランドの大学教育はヘルシンキに限られており、1950年代の終わりまで首都圏中心でした。首都圏では、すべての学部を備えている総合大学であるヘルシンキ大学、単科大学であるヘルシンキ工科大学、ヘルシンキ経済商科大学とスウェーデン語の経済商科大学、社会学大学と獣医科大学がありました。美術大学も設立されつつありました。
　トゥルク市では、1919年にスウェーデン語のオーボ・アカデミーが、そして1922年にフィンランド語のトゥルク大学が設立されました。しかしながら、1950年代の終わりには、ほとんどのフィンランドの大学生はヘルシンキで学んでいました。
　1960年代になると、フィンランドの大学制度の整備が集中的に行われました。ウルホ・ケッコネン（Urho Kekkonen）大統領の主導で、幅広い連立内閣が高等教育機関の整備に関する法律の制定に動き、この法律によって、大学機関の段階的な拡大が可能になりました。同時に学生への勉学補助制度が設計され、複数の新しい大学を設置することによって、大学は分散されたものになりました。
　オウル大学の授業は1959年の秋の新学期から開始され、ユヴァスキュラ大学の伝統的な師範学校は、段階的に大学として整備され、1966年の法律で、クオピオ大学、ヨエンスー大学、ラッペーンランタ工科大学、タンペレ工科大学が設置され、内閣の決定によりヴァーサで大学教育が始まりました。さらに新しい制度によってロヴァニエミにラップランド大学が設置され、1979年秋に教育

Ⅳ 教育・文化

が開始されました。大学の一部はサテライト教室を近隣の市に設けました。この進展の結果、2000年代には首都以外の都市で多くの学生が学んでいます。

フィンランドの大学の分散は、ヨーロッパ諸国の中で最も急速かつ急激に実施されました。しかし、これはいろいろな意味でよい結果をもたらしました。大学が分散されたことにより、フィンランドの若者にどの地域に住んでいても、平等な高等教育を受ける可能性を提供したのです。一方で、大学の助けにより、社会は分散している隠れた才能を探り出し、国のために役立てることができるのです。

戦後には、音楽教育も同様に開発されました。幅広く全国を網羅する音楽学校のネットワークを整備したことは、フィンランドが国際的な音楽分野で成功している一つの重要な要因でありましょう。

地理的に分散している大学制度によって、国の各地方は、あらゆる分野の高水準の学術教育を受けた労働力を獲得できました。新しい大学都市であるオウル、ユヴァスキュラ、ヴァーサ、クオピオ、ヨエンスーとラッペーンランタ市の発展は、何よりも大学に負うものです。大学がなければ、これらの古い中心都市は衰退していたでしょう。

分散している大学によって、広範囲で、かつ機能する、学術と文化分野の国際レベルの交流が可能になります。大学の所在がフィンランドの南部のみに限られているのであれば、北スカンジナビアに所在するトロムサ大学やウーマヤ大学、北ロシアのペトロスコイ大学、アルカンゲリ大学、シュクトヴカリ大学、さらにサンクト・ペテルスブルグ大学、北米大陸の大学センターと、活性的で革新的な交流を行うことは不可能でしょう。ヨーロッパ大陸の幅広い大学と交流するには、複数の主役が必要になります。

さらに、EU内では、ヨーロッパ内の地域の直接的な交流が強調されています。フィンランドの異なる地方に所在する大学は、このような交流を有効に実現することができるのです。

近年、分散された大学教育は、ある狭い産業や生産のニーズに基づくものであって、フィンランドの国益および国民の幅広い教育の観点から正しくないと

いう意見があります。これらの批判が忘れているのは、まさにこの大学制度によって、フィンランドの高水準の教育制度が可能になり、技術教育の水準も高く保たれているということであります。

　実際には、近代的な建物と設備を備えた大学機関は、十分な資源を得て、大学間の連絡を密にし、経済界とネットワーク作りができたら、我が国に新しいイノベーションを開発する可能性を提供するでしょう。そして、学術分野間の国際的な交流を促進し、世界の諸国から多くの学生を受け入れるようになるでしょう。

her
57

シトラ・
フィンランド独立記念基金

エスコ・アホ
シトラ総裁　内閣総理大臣 1991 〜 1995

　フィンランドの独立記念基金 SITRA（シトラ）は 1967 年に設立されました。その目的は、フィンランドの経済成長を加速し、産業の国際的競争力を高め、フィンランドの通貨であるマルカの価値を高めることでした。基金の補助金は、設立直後に新しい技術の開発、商品化、社会全体の未来についての研究や調査に交付されました。
　シトラの設立についてはフィンランド銀行がイニシアチブをとり、基金の設立資本として 1 億マルカ、2007 年の物価に換算すると 1 億 4000 万ユーロに値する額を寄贈しました。その他に、基金は、特別に強力な満場一致の政治的支持を得ることができました。
　シトラの業務は当初から非常に大きく、その実施についても例外的に大きな自由が与えられていました。シトラは 1990 年の終わりまで、フィンランド銀行の管理下にあり、その運営は、中央銀行の最高決定権力を有するフィンランド議会の銀行議会委員に監視されます。実際には、どのようなプロジェクトが支持を得られるかは、シトラ自身の専門能力にかかっています。1991 年に施行されたフィンランド独立記念基金に関する法律において、シトラはフィンランド議会の管轄下に置かれる基金となりましたが、これはシトラの自由裁量の幅を狭めるものではなく、反対に広げるものでした。中央銀行は基金に 4 億マルカに増額した基本資本を寄贈し、シトラはその運用については、法律に定められている原則に基づき、完全に独立して決定できることになりました。

シトラは1960年の末には重要な公的機関であり、国内における発明、新技術開発、それらに付随する企業、大学、研究所で行われる研究事業に対して補助金を交付していました。この他に、社会に関わる研究、調査事業も開始しましたが、当時もそれらに対する補助は、技術開発方面への補助より小さいものでした。

　公的な製品開発への財政支援が増加し、特にこの財政支援は1983年に貿易産業省の管轄下に設立された技術開発センター・テケス（TEKES）が集中して行うことになったので、シトラは事業に新しい分野を見つけなければならなくなりました。製品開発への融資の他に、市場の自由化の影響で、シトラは1980年代の終わりに、テクノロジー会社の設立と拡張を容易にするためのリスク融資を開発しました。こうしてシトラは、フィンランドのベンチャーキャピタルの創始者となりました。1991年の行政改革で、シトラの公的なベンチャーキャピタル事業運営の可能性が向上し、続いて1992年に、その資金は国の所有しているノキア社の株で強化されました。携帯電話会社の株価は急速に何倍にもなり、シトラの資金もそれに伴って増加しました。当時は、シトラがフィンランドで行われたベンチャーキャピタルの約半分を占めていましたが、この分野が1990年代末までに開発されて成熟するにつれ、その割合は徐々に縮小しました。その時期に、シトラは、民間のベンチャー会社に発見されていない、設立されたばかりの会社やバイオテクノロジー等の分野に、投資の的を絞るようになりました。

　2004年にシトラは戦略を更新し、ベンチャーキャピタル事業と社会的な活動を時限のプロジェクトに限定し、分野も定めました。環境、新しい保健ケア、または健康的な栄養関連のプロセス化と製品化のプログラムが基金の継続的な事業となり、それにロシアとインドのプログラムが国際的な事業として加わりました。

　新しいテクノロジー、イノベーションと企業への投資者として、シトラはフィンランド社会全体の利益を熟慮するソーシャルイノベーションであります。平均的には、基金の投資の約4分の1が公共的なプロジェクトへの支援です。

Ⅳ　教育・文化

　この原則を打ち立てたのは1967〜1972年に初代総裁であったクラウス・ヴァリス（Klaus Waris）でした。経済学者で銀行人であったヴァリスは、1957〜1967年の間、フィンランド銀行総裁を務めました。彼は、基金に、開かれた競争経済を向上させる役割の他に、社会の均衡のとれた全体的な発展を長い将来まで保障する役割を見たのです。

　シトラの多くの公共的なプロジェクトは、テクノロジー的、経済的、社会的な目標を統合したものです。シトラの初期の大型プロジェクトは、例えば環境汚染とその防止に関する基本的な調査で、製材加工産業による水資源の汚染に特に注目して行われました。また、基金は、フィンランドにおける未来学の研究とテクノロジーの評価を行っていますが、その中で、歯を守る白樺糖のキシリトールの工業化を支援し、国民の保健に貢献しました。教材開発プロジェクトにおいては、シトラは、平等なフィンランドの義務教育を可能にする条件を整備しています。ケアの現場と手術作業の効率性に関する研究においては、シトラは何十年も進んだ研究を行っています。

　特に重要なシトラの役割は、フィンランドのコンセンサス制度における役割です。シトラは1978年に、国、経済界代表、労働者が参加した、思想の壁を越えた研修と対話のフォーラムを開催しました。エネルギー危機やそれに続いた経済不況を国が乗り越えるために必要とされる、経済政策の最高決定者の研修を行うには、シトラは十分に中立的で能力のある機関と見なされたのです。均衡のとれた社会の発展を保守するイノベーション基金であるシトラにとっては、これはまさしくふさわしいことでした。研修により、経済政策の目標についての相互理解と手法が増幅し、その結果、重工業中心であった国が、テクノロジー政策を改革し、急速に、新しい情報とコミュニケーションテクノロジーを開発、応用する国へと変容することを援けました。同じように、シトラは、国の分野毎の最高政策決定者を集めた、戦略変更の研修である「フィンランド2015プログラム」を開催し、フィンランドを揺るがした1990年代前半の不況を乗り越え、フィンランドをグローバライゼーション化する世界に導く役割を果たしたのです。

58

テケス・フィンランド技術庁

マルッティ・アフ・ヘウリン
テケス副総裁

　イノベーションについては、以前はあまり話題になっていませんでしたが、過去10年の間に、この用語は広く使われるようになりました。使われ過ぎのきらいもあります。しかしながら、社会的なものであれ、その他のものであれ、イノベーションは創り出されてきました。変容する世界の中で改革の必要性が大きかったからです。グローバライゼーションがもたらす挑戦とフィンランドの経済的社会的開放が、改革を促進したのです。

　テケスが1983年に創立されたことは、フィンランドにとって重要なソーシャルイノベーションでした。テケスの創立については、明らかな社会的な要求があり、経済界の要望であり、政治的な要望でもありました。新しいやり方で研究開発事業に力を注ぎ、協力して発展し、相互作用を強化することが望まれていました。目標は革新的で成長性のある経済活力の創造であり、フィンランドの安寧の強化でした。

　より多くの投資と新しい行動手法によって、結果を生みだす努力が払われました。過去25年の間にフィンランドのイノベーション投資は著しく増加しました。公的セクターは研究開発への投資を拡大し、同様に企業による研究開発投資も大きく増加しました。1983年にはフィンランドの研究開発投資は国民総生産の約1％強でした。今日では3.5％という世界最高のレベルで、同時にGDPも平均より速い勢いで成長しています。

　研究開発を推進し拡大させること自体がソーシャルイノベーションですが、

Ⅳ　教育・文化

それは公的セクターが資金供給することが、企業による資金供給の増加を奨励するからです。特に注目すべきことは、研究の強化は水のような特質をもつということです。それはあらゆるところに流れて行き、広範囲に潤します。研究投資については、それが外部へもたらす影響力の方が、研究を行っているユニットに対する影響力より大きいことを、研究者は明白に示しています。このようにして新しい知識の社会的な普及の意義が増大します。

　新しく創出された行動手法は、ソーシャルイノベーションの最も重要な次元を有しています。フィンランドでは、戦略的に重要である、全体的な、共有のテクノロジー計画に力を注ぐことが必要であるということが認識されていました。経済界と政治指導部は、公的セクターと民間セクターが、共に新しい計画の内容と行動手法を規定することが重要であると考えました。テケスの設立によって、これらの新しい行動手法の開発と資金供給の拡大が可能になりました。80年代の初めに、最初の計画が情報技術とマイクロ・エレクトロニクスの分野で開始されました。これらの計画によって知識基盤が構築され、この知識基盤からフィンランドのエレクトロニクス産業もその後成長しました。

　計画のテーマは、テケスがコーディネーターとして企業と研究者と共同で作成しました。80年代と90年代の計画は、明白にテクノロジー分野の計画でした。それ以降、計画は、内容的にも行動手法においても他分野のイノベーションである研究開発にも拡大されました。この傾向は、計画の中にある社会的な相互作用を大きく広げることにもなりました。その際立った例としては、社会福祉・保健分野のイノベーションに関わるテケスの計画があります。これらの計画は、特に社会保健省との協力において作成されました。

　何がこのフィンランドにとって重要なソーシャルイノベーションの核なのでしょうか。第一に、フィンランドでは新しい資金供給の重要性について強力な見解の一致がありました。これについては、経済界、政治決定者、労働者組合と経営者組合の代表、公的セクター、民間セクターも一致して支持していました。第二に、産業界とその組織においては、その産業分野の発展を確保するために、協力して行動する強い伝統がありました。このような背景があるので、

革新的なテクノロジー政策の実現は可能でした。これはまた、新しく成長する相互作用に対しても、競争力と安寧を促進させる基盤となりました。テケスは企業と協力し、非常に公開性のある協力、並びに秘密性がある協力と相互作用の全体像の創立に成功しました。第三に、フィンランドにおいては、基礎的研究開発、テクノロジー化、サービス化、ビジネス化の様々な段階におけるイノベーション活動が力強く均衡がとれている全体像を構成しており、さらに公的サービス全体は、協力の精神をもって、顧客と社会のニーズに奉仕するためにあるのです。

59

音楽学校

ミンナ・リントネン
フィンランド議会議員

　フィンランド人は音楽が大好きです。音楽はフィンランド人に最も好まれている趣味で、日常生活に活力を与え、なくてはならないものです。このために、数十年の間に、フィンランドには約100の音楽学校が設立されました。音楽学校間には、世界でも例のない際立ったネットワークが整備されています。過去数年の間に、音楽学校の活動のお陰で、フィンランド人の音楽水準は向上し、国際的にも評価されるようになりました。

　フィンランドの国は、創造力を育成するために、学校外のカリキュラムで児童や若者を対象とする芸術の育成を支援してきました。この教育は、目標を持った芸術教育で、上にあがるように段階的に水準が設定されており、生徒に自分を表現する能力を発揮させ、その分野のプロとなるため教育や大学進学を準備させるものです。芸術の教育は、公教育におけるすべての生徒に提供される一般の芸術教育に代わるものではありませんが、生徒達が能力や技術を上達させることを可能にするものです。フィンランドでは、義務教育の生徒の10％以上が特別の芸術教育を受けています。その教育の大部分が音楽学校で行われており、6万人の児童や青少年が学んでいます。国は、年間4700万ユーロの助成を行っています。音楽教育の目標は音楽家の育成だけではありません。音楽教育を受け、音楽のある生活をすることは国民の基本的権利で、それによって想像力を養い、自分自身をより深く知ることが目標です。

　フィンランド人はメランコリーな民族で、伝統的に感情を歌や楽器で表現し

ていました。また、一緒に歌うことが好きで、今日では、多くのフィンランドの家庭にはカラオケの装置が備わっています。音楽はだれにとっても身近な芸術の形であり、私たちの人生に深くかかわっています。フィンランド人は、新しい考えは創造力や自己を知ることなしには生まれてこないということを自覚しています。

　人間的な能力を養うことは、文化や芸術と常に接することなくしては不可能です。文化は社会の力であり、芸術のある生活は児童や青少年を育てます。幸いなことに、この原則を実現する努力が近年払われてきました。しかしながら、フィンランド人は文化の伝統の中では若く、文化が育っていくには長い年月がかかるでしょう。音楽学校はフィンランド人を牽引し、未来に向かわせるイノベーションなのです。

60

自由な生涯学習制度

ユルキ・イヤス
フィンランド国民学校協会事務局長

　北欧の国民教育運動は、生涯学習に関する法律に記載される以前から、生涯学習の思想と、行動的かつ責任ある市民の理念の原則に基づいて始められました。デンマークの生涯学習運動では、3つの観点、すなわち哲学的、政治的そして実践的な観点から生涯学習運動を見ています。生涯学習学校「生きている言葉と人生の学校」は教養のためであって、他の人によって勉強させられるものではありません。このように生涯学習運動の哲学的な原則は、人間の価値と教養が必要であることを自覚する人間の能力に対する尊敬に基づいています。政治的な観点とは、教養が民主主義の基本であるからです。教養のある市民は、自分の人生に関わることに影響を及ぼし、他の国民に対する責任を感じます。
　社会の変容に伴って、生涯学習の「国民教育の目標」は、民族のアイデンティティーの創造から国による国民の育成に変わっていきました。北欧における生涯学習の中心的な目標は、今日では、異なる民族社会間の多元的文化と多元的価値の相互影響の促進、移民者のアイデンティティーと市民意識を強化することにあります。従って、一つになった生涯教育の使命は、今日ではグローバルな市民意識にあるといえるでしょう。
　ヨーロッパで議論される生涯学習の可能性については、日常における学習の意義とその認識が強調されています。ヨーロッパの諸国の中では、教育と労働の形態に多少の差があっても互いに馴染み易い関係であるにもかかわらず、北欧の、市民社会の教養への欲求に基づき社会が運営している施設化された非正

規の教育は、ヨーロッパ型の「日常生活における学習」の定義とは必ずしも一致しないのです。

フィンランドにおいても、自由で非正規の学習運動の歴史的な学校的（施設的）構造は、今日の社会情勢が必要とする成人教育の前提であるのか否かが議論されました。施設的な構造と非正規な成人教育の使命の評価において、忘れてはならないことは、フィンランドの市民教育運動は、市民社会の教育への欲求に基づいており、市民運動が設立し維持しているものであることです。運営方式の異なる学校間の協力は可能であり、今後も増加するでしょうが、学校を廃止することは、運営者がそう望まない限りしてはならないことです。

自由な成人教育法のもとに、当時全国に400あった成人学校のネットワークが含まれ、これは5つの運営方式に分類されます。それらは、①市民学校と労働者学校（kansalais- ja työväenopistot 約230校）、②国民学校（kansanopistot 91校）、③教育センター（opintokeskukset 11）、④スポーツ教育センター（liikunnan koulutuskeskukset 11校）、⑤夏季大学（kesäyliopistot 20校）です。今日では、毎年百万の市民がこれら成人学校の教育サービスを利用していますが、これは世界の水準からしても際立っています。

市民学校と労働者学校は、主に自治体が運営しています。市民学校数は1960年代に2倍になり、最も多い時には280校もありました。今日でもすべての自治体がこのサービスを提供しています。事業に関しては差があるのは当然です。このような市民のニーズに基づく公立の学校は世界のどこにも見られません。

自由な成人教育法は、国民学校を、独自の価値観、思想的背景、教育目標を強調する寮制の学校として位置付けています。すでに1890年代に大学の学生組合が、フィンランド国内に、16のフィンランド語の、そして6つのスウェーデン語の国民学校を設立しています。これは地方とその住民の学びたいという欲求に応えたものです。フィンランドの独立時には、学校の数は36に増加し、そのうち2校は、キリスト教信仰に基づいたものです。次の時代の復活運動や教会の運動によって、フィンランドにキリスト教の学校のネットワークがつくられ、1920年代には、労働組合運動と青少年協会運動も自分たちの学校を設立し

Ⅳ　教育・文化

ました。

　国民学校運動は、フィンランド最大の私立学校のネットワークであり、それらの学校の経営者達のネットワークは、フィンランド社会の多元的価値観と二つの母国語を代表しています。

　組織化された生涯学習の場である教育センターの活動は、フィンランド社会の中の平等と多元的価値観を推進するという目標があります。教育センターは、自分たちの組織の会員の教育的ニーズを満たすことを第一義としています。教育の考え方としては参加、自己指導、対話が重視され、組織としては柔軟性を持っていて、学ぶ人がいるところで活動します。教育センターの最大の学習分野は、市民活動と組織活動です。いくつかの教育センターでは成人教育や社会的文化的な活動を会員外にも提供していますが、国民の20％が勉強会に参加するスウェーデンほどではありません。フィンランドでは年間25万人を超える人たちが教育センターで学習しています。

　スポーツ教育センターは、市民運動や、一部は思想的運動によって設立されました。女性体操者の団体は、タンペレ市にヴァララ学校（Varala opisto）をすでに1909年に設立していました。スポーツ教育センターが、スポーツ分野の学校として認められるようになったのは1961年です。

　夏季大学も、地方の住民の教育に対する欲求と、市民のアイデンティティーの確立のためにつくられました。最初の夏季大学協会は、1912年にユヴァスキュラ市に設立されました。トゥルク市は1922年から夏季講座が始まっていましたが、夏季大学ができたのは1936年になってからです。他の夏季大学は、地方の大学協会によって1950年代と1960年代に設立されました。今日では、140の地域で夏期大学講座が開催されています。夏季大学によって提供される講座の約3分の1が自由な生涯学習の講座です。

　このように、すべての自由な非正規の生涯学習教育は、学びたいと願うフィンランドの市民社会によってつくられました。フィンランド議会の成人教育作業部会の指針に記されているように、市民社会を強化し、平等に参加することを可能にするのが生涯学習教育の最も核心となる目標です。スウェーデンでは

この目標を達成するために今日では年間4億クローネの補助金が追加されていますが、これはフィンランドの非正規の生涯学習に対する補助金の30％を上回る程度です。

61

演劇や博物館への助成

イルメリ・ニエミ
名誉教授 教育省文化局審議官 1990〜1996

　フィンランドの文化には多くの、劇場、オーケストラ、博物館、美術館等、芸術を提供する施設があり、1800年代の末から国の裁量による補助金を受けています。演劇や音楽はフィンランド人にとって重要な芸術の一つで、アマチュアとプロの集団が数多く存在し、フェスティバルも多く開催されています。入場料収入は経費の3分の1弱を占めています。

　1990年代になると国から自治体への助成には大きな変化が起こり、包括補助金制度が導入されました。新しい演劇とオーケストラに関する法律の背景には、当事者としてまたは聴衆として、一般の人々が劇場やオーケストラに参加できるような、ヨーロッパで発達した文化政策の原則があります。重要な考え方としては、誰も、経済的または地理的な理由によって文化を楽しむ機会を失うことがなく、すべての年齢の人たちが興味を持てるようになるように、劇や音楽の内容は豊富に構成されています。

　何十年もの歴史の中で、演劇は自治体が直接運営、または自治体の下部組織によって運営される市立劇場となりました。それらの多くが伝統ある劇場で、周辺の地域に影響力を持っています。1960年代と1970年代には自由な民間の劇団が多く誕生し、若い俳優、監督、脚本家等が集まり活動しています。一方、国立オペラ劇場、国立劇場、タンペレ労働者劇場、スウェーデン語劇場は、国の劇場としての地位を占めています。

　また、国立の博物館（美術館）としては、国立博物館、自然史博物館、国立

美術館があります。これらの施設は国から直接補助金を受けています。
　オーケストラの多くは公立か、民間のものです。フィンランド放送会社（YLE）は、オーケストラを所有していて、ライセンス料で運営しています。小規模の楽団、劇団、展覧会プロジェクトは、国から裁量に基づく補助金を受けることができますが、多くの場合、自治体から配分されます。自治体は包括補助金の配分についての裁量権があるので、文化施設への配分について決めることができます。規模が大きい劇団やオーケストラ等は、常任スタッフ数等法律の定める基準に基づき補助金額が決められます。この制度のおかげで、入場券の値段を低く抑えることができるのです。補助金が交付されているのは、60の劇場と20のオーケストラです。補助金を受けていない小劇場やアンサンブル楽団も多くあります。文化施設に対する補助金額は、不況から経済が回復した後も、それに見合う程は増加していません。

62

フィンランド式物語創作法

モニカ・リーヘラ
サイコロジスト　Ph.D.

　物語創作法はフィンランドの重要なソーシャルイノベーションです。材料はほとんど必要ないのですが、児童や成人に対して、そして人間そのものに対しての思い切ったアプローチが必要です。つまり、年齢、性別、文化、学歴、障害等にかかわりなく、誰にも話したいことがあるということを信じることが必要です。

　私は、1980年代に学校の臨床心理士として働いていた時に、子供達と一緒に物語創作法を開発しました。先ず、質問や指導することなしに、子供達が何を考えているか、どのようなことを話すのかをじっと聞きました。この方法は、4段階によって構成されていますが、それが他の話術法と異なる点です。物語を話すことに、物語をその言葉どおり正確に書くこと、それを読むこと、内容を話し手の望むように修正することが付け加えられています。

　物語をつくるには、ペンと紙を持った聴き手が必要です。聴き手は、どのように聴きたいのかを相手に伝えます。「あなたが話したいと思うお話しを聴かせてちょうだい。それをあなたの話す通り、ひとこと、ひとこと書いていくから。お話ができたら、それを読むから、直したいところがあったら直してね。」

　物語づくり手法を使うときは、聴き手が物語の方向を決めたり、判断したりしてはいけません。物語を評価することもしません。話し手が自分で、何をどのように話すか決め、何を言わないでおくかも決めます。

　物語づくりは相互に影響を与える出来事で、聴き手は、別の人間の内部の対

話の相手になることができます。この方法は、もう一般に知られている知識のほかに、人々には自分自身の経験と、それらを形成する、他の人間は持っていない、特別の知識があるという真実に基づいています。物語の作者が相手に語る内容については評価しないので、話し手は、自由に、自分の考えや経験から生まれてくることを話すことができるのです。

　物語づくりをすることによって、会話文化はより民主的な人間関係を育て、そのことが様々なことに影響を及ぼしていることが、研究によって明らかになっています。沈黙しがちの人達の声が聞こえるようになり、おしゃべりな人達は聞くことに関心を持つようになります。物語づくりをする人達は、お互いを新しく知ることになります。

　物語づくりは身近な人達だけでなく、国際的にも、人々を結びつけグループにする作用があります。物語づくりによって、異なった文化や生活習慣を知ることを深めます。その例として、フィンランド人、パレスチナ亡命人、キルクーク人、スリランカ人の子供達が、自分の物語を文通していることを挙げることができます。彼らはレバノンのキサワタワスル（Kissah Wa Tawasul）プロジェクト、キルクークのプルディチロック（Prdi Chirok）プロジェクト、スリランカのバッデガマッサにある障害の子供たちのリハビリテーションプロジェクトであるロータスヒル（Lotus Hill）に参加しています。

　物語づくり手法は、20年以上もフィンランド、他の北欧諸国、エストニア並びに他の多くの国で使われています。この手法は、様々な年齢の人達に応用され、家庭、相談所、保育所、学校、図書館、病院、老人ホーム、展覧会、子供達のグループ、職場、学校、セラピー、国際的な教育、連帯運動等で使われています。これらのすべてで良い結果がでていることが報告されています。

63

フィギャーノート音楽教育法

山田眞知子　Ph.D.

　もし音符を理解できない人が、楽器を弾きたいと思ったらどうしたらよいでしょうか。すべての音楽を丸暗記するには限度があります。「おたまじゃく」と呼ばれる音符よりも分かりやすい音符はないのでしょうか。フィギャーノート（kuvionuotti）音楽教育法は、このようなニーズに応えるために発明されました。
　フィギャーノートは、音楽療法士のカールロ・ウーシタロ（Kaarlo Uusitalo）が1996年に発明し、音楽教師のマルック・カイッコネン（Markku Kaikkonen）とともに、知的障害のある人達のための音楽療法・教育法として開発しました。ウーシタロとカイッコネンは、ヘルシンキ市が所有する建物にレソナーリ・ミュージックセンター（Resonaari Special Music Centre）を設立し、普通の音楽教育を受けられない人達のために、フィギャーノートを使用して教えています。レソナーリは活動の一環として、1998年からスロットマシーン協会（RAY）から研究開発のための補助金を受けて、教育や療法に携わる人達にも講習を行っています。
　フィギャーノートは、音符をシンプルな色と形で表現しています。特に色を使うので、障害のある人や幼児は、音符を具体的に捉えることができます。そのため、ほとんどの生徒が、容易にピアノやキーボードを弾くことができるようになります。さらに、弾けるようになることが、成功の喜びをもたらし、達成感を生み、自己評価、自信につながります。そしてやる気が起こります。このようにして学習を重ねると、認知能力、情報処理能力、全体を把握する能力

63　フィギャーノート音楽教育法

が発達します。

　フィギャーノートは、障害のある人達の社会的な能力も開発します。それは、人前で演奏することやグループで演奏することによって、他者の演奏を聴くこと、チームワークを組んで自分のパートを受け持つこと、他者と協力して何かを達成することを学ぶからです。このような経験を通じて、自分が社会の一員であるという自覚を持つようになります。この効果は音楽学習以外の分野にも及び、対人関係や日常生活等にも意欲が見られるようになります。こうして彼らの世界が広がり、生活の質が向上するのです。

　フィギャーノートは元来、知的に障害のある人達のために開発されたものですが、様々な実践によって、幼児や保育園児、小学校の低学年の児童の音楽教育にも適していることが明らかになっています。子供達はすぐ楽器を演奏できるようになるだけではなく、作曲する楽しみも学びます。最初にフィギャーノートで音楽に親しんでから、従来の音符法に移ることも可能です。日本では、デイケアに通っている高齢者の人達にフィギャーノートを使う試みが行われています。

　フィギャーノートの音楽教育・療法については大学や職業大学校でも研究が行われ、これまでに2本の博士論文が発表されているほか、多くの論文が書かれています。

　フィギャーノートは海外に輸出されています。現在では、エストニア、イタリア、日本、アイルランド、ラトヴィアで音楽教育として取り入れられています。日本、エストニア、イタリアではフィギャーノートの教科書も出版されました。

　このようにフィギャーノートは、障害のある人達の音楽の演奏を可能にした、フィンランドのソーシャルイノベーションです。

（注：日本でのフィギャーノートの普及活動は、北海道江差町の社会福祉法人江差福祉会が行っています。）

Ⅴ　戦争と平和の
　　はざまで

64

トルニオ・ハーパランタ
双子都市

ハンネス・マンニネン
自治体・地方担当大臣　トルニオ市長 1973～1995

「国境は可能性であって、障害ではない」と、ユルヨ・アラマキ（Yrjö-Alamäki）教育審議官が述べたように、フィンランドのトルニオ市（Tornio・Torneå）とスウェーデンのハーパランタ市（Haaparanta・Haparanda）は協力し、双子都市プロジェクトを開始しました。もちろん、両市が国境を越えて歴史を共有し、住民に血縁関係があることも、精神的な壁を乗り越える要因でした。一般に、最も大きな障害は、考え方の問題で、実社会の問題ではありません。もし現実的な障害があれば、取り除けばいいのです。このように考えて、トルニオとハーパランタは再び一つの都市となりました。

この二都市の協力の推進に尽力したラグナー・ラッシンアンティ（Ragnar Lassinantti）知事が語ったように、「トルニオの谷は最も不自然な形で別々の国に分割された」のでした。ボスニア湾の奥の部分に位置するトルニオは、1621年からスウェーデン・フィンランド王国の都市でしたが、1809年に、ロシアとスウェーデン両国間のハミナの平和協定によって分割されました。トルニオ市であったスウェーデン国土部分にハーパランタ市が設立されたのは、何十年も後のことでした。

フィンランドにとってのトルニオ・ハーパランタ地域の意義は、危機が訪れる度に深まりました。第一次世界大戦では、空路によってフィンランドとスウェーデン間の貨物の輸送を確保しました。またフィンランド人若者達のヤーカリ運動（jääkäriliike 注：ロシアからの独立運動のために、ドイツのヤーゲル Jaeger 部

隊に参加)のドイツへの経路となりました。スウェーデンへの避難の経路となったハーパランタ市で、何千ものフィンランド人が虱を落とすためにサウナに入ることが当時の習慣でした。

戦後の数十年は、この地域は、フィンランド人にとってショッピング旅行の意義を持つようになりました。この期間をゲヴァリア文化時代と呼んでいますが、それは、その名前のスウェーデン製コーヒーがフィンランド人にとって安かったからです。1967年にフィンランドの通貨切り下げが実施された後には、スウェーデン人が集団でトルニオへ肉の買い出しに押し寄せました。

自治体間の継続的な協力が開始されたのは、1960年代末、ハーパランタに両市に共通の下水処理場とごみ廃棄場が建設された時でした。1970年代の初期に完成した下水処理場は、トルニオ市にとって宝くじに当たったようなものでした。というのは、スウェーデン政府が建設費の70%を負担したので、残りの30%をトルニオとハーパランタの両市で半分ずつ負担すればよかったからです。

1970年代の終わりごろ、国境を越えた越境入学の契約が結ばれました。これは現行の法律に違反しましたが、教育省との協議の結果、教育省は何も知らないことにしてくれました。

1980年代の中頃、「ボツニア州(Provincia Bothniensis)構想」が立ち上がってから、広域的な協力関係は本格的になりました。これはユルヨ・アラマキ教育審議官とベンクト・ヴエストマン(Bengt Westman)自治体審議官の発案である「私たちの地方」構想を実現するもので、その役員会会長が州知事の任に就きます。州は首都ストックホルムとヘルシンキに名誉領事を置きます。役員会の他に、州の中核となる行政機関に恒常的な協力機関が設置されました。

これ以降、協力はさらに拡大しました。今日ではすべての運動施設は共有で使用されていますし、主な文化行事は一緒に開催しています。両市には共有の語学授業を専門とする小中学校、EU事項についての専門授業を行う高校、共有の旅行センター、等々があります。トルニオは、今年(2006年)の決勝試合を含めたすべてのバンディ(Bandy 注:アイスホッケーに類似したスポーツ。ボールを使い、野外で行う)の試合を、ハーパランタの野外人工アイススケート場で

V　戦争と平和のはざまで

行いました。すべての事業は1990年代の中頃、フィンランドとスウェーデンが共にEUに加盟したときまで継続しました。

　EU加盟後、両都市の関係は物理的にも深くなりました。国境保護地帯がなくなったので、新しい共通の都市センターを国境に建設しようという運動が始まりました。

　都市計画のコンペが開催され、その結果、共通の設計図が作成されました。しかし、逆風も吹き、ハーパランタ側には、このプロジェクトはお金がかかりすぎ、彼らにとって利益がないとの否定的な意見がありました。その結果、地方選挙と同時に住民投票を行い、国境都市計画は僅差で否決されました。しかし新しい議会は、ショックから立ち直り、土地が売れて資金ができたらプロジェクトに着手するという決定を行いました。その後、イケア社が北部への店舗進出を決め、ハーパランタがその拠点に選ばれたときに、すべての扉が開かれ、両市は手を取り合ってプロジェクト推進に着手したのです。

　道路、住宅、商業施設、ホテルの計画や建設が国境の両側から始まりました。国境には、新しい、堂々たる共通の都市センターが出現しつつあります。何百もの店舗が進出し、北フィンランドの最大規模のショッピングセンターの一つになるでしょう。当初の20～30年かかると見込まれた実施計画は、その半分以下の年数で完成しそうです。両市には空前の建設ブームが訪れました。人々は未来を信じるようになり、他に移住した人達が故郷に戻りつつあります。雰囲気は信じられないほどに変化しました。

　変化は、人々の意識が変わったから起こったのでした。まず人々の意識が変わらなければならないのです。市の観光マップの変化が、この地域が開発され変化していったことを物語っています。1980年代には、トルニオの中心部の観光地図は、美しい街並みを示すカラフルで素敵なデザインで作られていましたが、フィンランド側しか掲載されておらず、ハーパランタ側は灰色で囲まれていて、多分人が住んでいるのだろうと想像されるようなものでした。ハーパランタの観光地図は国境で終わっていて、トルニオ側はいかにも、この世の果てというイメージでした。今日では、両市は共通の観光地図を作成し、国境の左

右に広がる双子都市の活力のある生活を語っています。

　トルニオ・ハーパランタは再度、少なくとも物理的に結びつきました。このことは、アイディアと計画は、それらを信じ、実施するのにちょうどよい機会を選べば、実現することができることを示しています。正しく理解することができれば、難しいことではないのです。

65

後援自治体運動

アウラ・コルッピ‐トンモラ
全国学術協会事務局長

　第二次世界大戦中に、スウェーデンとフィンランドの間に生まれた後援自治体運動（kummikuntaliike）は、自由意思の市民運動に基づく、人道的な援助の形態です。戦時中、スウェーデン人のフィンランド人を助けようとする熱意は大きく、市民は何かをしたいと思っていました。この熱意は後援自治体運動によって実現されました。

　すべてのフィンランドの児童を、戦時中外国へ疎開させることは無理でしたが、約7万人の児童がスウェーデンとデンマークの家庭に疎開しました。戦争孤児には、戦争名付け親と呼ばれる個人や共同体が、決まった孤児を2年間面倒みるという契約で援助しました。フィンランドの戦争孤児は、1958年までに合計22億マルカの援助を、フィンランドと、スウェーデン、アメリカ合衆国等の外国から受けました。多くのスウェーデン人が、このようにしてフィンランドを援助しました。後援自治体募金では、自治体住民は小銭を寄付できましたが、それ以上は義務付けられませんでした。

　後援自治体契約を結ぶ時は、両自治体の共通点に注意が払われました。例えば、沿岸に所在する自治体にはパートナーとして沿岸の自治体が選ばれました。工業都市には工業都市、農村には農村でした。このような関係が、都市、町、村、都市内の地区間で、全部で653結ばれました。スウェーデン側は、そのために複数の協会を設立し、フィンランドでは、マンネルヘイム児童保護連盟（MLL）の支部が任務を引き受けました。つまり、これらの運動は、市民の自由

意思の活動であり、行政は関与しなかったのです。このことは、援助が兵器のために使われないことも確実にしたのでした。

　自治体間の関係は、文通や訪問によって培われ、年月が経つにつれて本物の友情へと育っていきました。援助の使い道については話し合って決めました。スウェーデン側は、援助の領収書とその援助で何ができたかについての報告を受け取りました。援助の目的は、例えば保健婦の雇用、保健センターの設立、医者の雇用等、長期に渡って生活状況を改善するために使われました。運動のスローガンは「自助を支援する」というものでした。

　戦後に援助資金で贅沢品を買い、それを価格統制外で高い値段で販売することが可能になると、後援自治体の援助の意義は何倍にもなりました。最初は砂糖を買い、それを売って得た資金は、スウェーデンの貨幣の名から砂糖クローネと呼ばれました。砂糖クローネ資金は、500の公立の保健センターの資金の一部に使われ、さらにマンネルヘイム児童保護連盟の27の保健センターを建設しました。ヘルシンキとクオピオにあるラステンリンナ（Lastenlinna子供の城）病院は、当初の資金を砂糖クローネ資金によって賄いました。その他、多くの保育所も援助を受けました。フィンランドの自治体の受け取った援助の総額は14億マルカでした。

　1964年にノルウェー、スウェーデン、デンマークのノルデン協会は、似たような自治体間の文化交流を基本とした友好自治体活動を開始しました。フィンランドのポフヨラ・ノルデン協会は次の年に参加し、フィンランドの自治体は、スウェーデンの自治体をパートナーとして交流し、そのパートナーを通じて他の北欧諸国の自治体をパートナーとしました。

　1950年代に援助活動は終了し、マンネルヘイム児童保護連盟の後援交流に関する責任も終了し、自治体間の関係は文化交流へと発展しました。次の数十年は、ノルデン協会間の協力が進展し、共通の旅行、オーケストラの訪問、スポーツ競技会などが開かれるようになりました。活動内容がどこでも同じようだったので、後援自治体交流は解消し、ポフヨラ・ノルデン協会の友好自治体活動に統一されました。

Ⅴ　戦争と平和のはざまで

　後援自治体活動と友好自治体活動を通じて、フィンランドの自治体は国際活動に参加し、戦争によって孤立していたフィンランドを国際社会へと導きました。この後、フィンランドは他の国々とも友好自治体関係を結ぶようになりました。

66

アハヴェナンマー非武装地帯

ローゲル・ヤンソン
アハヴェナンマー出身のフィンランド議会議員

　アハヴェナンマー（Ahvenanmaa注：スウェーデン名はオーランドÅland、政治・行政の「10　オーランド・フィンランドの自治地帯」を参照）に関する最初の重要な協定は、150年前にパリで調印されました。これは1853～1856年の間に行われたクリミア戦争の平和条約で、勝利国のフランス・イギリスと敗戦国ロシアの間で結ばれました。条約締結により、ロシア帝国は、アハヴェナンマー諸島をその後は要塞化しないことになりました。

　この条約の内容は、その後1921年にジュネーブでの国際連盟の決定、さらに1940年と1948年のフィンランドとソ連の間で結ばれた平和条約で更新され、拡大された形式になりましたが、今日でも国際司法制度の中で生きています。ソ連の崩壊後の1992年にフィンランドとロシア連邦は、アハヴェナンマーに関する既存の協定の継続を決めました。

　このように、1856年3月30日に結ばれた協定は、世界の現存する国際法上の軍事条約です。協定の背景には、1809年にハミナ（Hamina）で行われた、スウェーデン・フィンランドとロシア間で行われた平和協定があります。敗戦によりスウェーデンは、フィンランドに加えて、アハヴェナンマーもロシアへの割譲を余儀なくされ、この結果、アハヴェナンマーはロシア帝国の最も西の拠点となりました。ロシアは1830年にアハヴェナンマー諸島にボーマルスンド（Bomarsund）要塞の建設を開始し、当時アハヴェナンマーの人口が約12,000人であったのですが、8000人の部隊を駐屯させる予定でした。

199

Ⅴ　戦争と平和のはざまで

　クリミア戦争が勃発した1853年には要塞はほとんど完成し、約2000人が駐屯していました。黒海が主な戦場となったのですが、1854年にフランスと英国の連合艦隊がバルト海におけるロシアの拠点を襲撃しました。クロンスタド要塞とスオメンリンナ島がペテルスブルグとヘルシンキへの攻撃を防御したので、連合艦隊はボーマルスンド要塞を占領しました。大艦隊にとっては容易な戦いでした。これをフィンランドではオーランド戦争と呼んでいます。占領後に要塞は爆破されました。
　2年後のパリの平和条約で、スウェーデンはアハヴェナンマー返還を望みましたが、無駄な努力でした。英国とフランスは、ロシアがアハヴェナンマーを武装解除し、将来も非軍事化することを望みました。こうして1856年3月30日にアハヴェナンマーの非軍事化協定（Ålandsservitutet）が成立しました。
　第一次大戦が開始されると、ロシアは非軍事化の一部の解除を求め、英国とフランスはそれに同意しました。アハヴェナンマーに防衛設備が建設され、島にはフィンランドとロシアの部隊が配置されました。戦後フィンランドはロシアから独立しましたが、アハヴェナンマーの政治指導者はスウェーデンに復帰することを望みました。この後、いわゆる「アハヴェナンマー問題（Ålandsfrågan）」と呼ばれるフィンランドとスウェーデンの争いになりました。フィンランドは、アハヴェナンマーの住民に自治を認めましたが、アハヴェナンマー人はそれを拒否しました。
　この問題は、設立されて間もないジュネーブの国際連盟に提出され、1921年に、アハヴェナンマーはフィンランドの領土であるが、フィンランドは、島の文化とスウェーデン語を守るために自治を拡大すると決定されました。同時に新しい非軍事化条約が結ばれ、アハヴェナンマーの中立が宣言されました。さらに1856年の非軍事化協定も延長されました。新条約にはフィンランドをはじめ11カ国が調印し、ソ連は国際連盟の加盟国として認められていなかったので調印しませんでした。
　条約の第6条によると、アハヴェナンマー諸島は、戦時中は中立地帯となり、いかなる場合も、いずれかの国の脅威となるような軍事目的には使用できませ

ん。こうして、アハヴェナンマーは平和時には非軍事化し、戦時下には中立地帯となりました。第6条と第7条では、フィンランドに、戦争または戦争の脅威がある場合は、アハヴェナンマー諸島の中立を保障するための防衛対策をとる権利を授けてあります。フィンランドは、これを戦争の脅威がある事態、または戦時に、フィンランドにアハヴェナンマー諸島の中立を守るため防衛行動を取る一方的な義務があると受け止めました。このような軍事行動は、すぐさま国際連盟に通告することになっていますが、後に加盟国に通告すると解釈されました。

　第7条は、アハヴェナンマーが、戦時中または戦争の脅威において中立を維持することについての関係国の責任に言及しています。これによると条約を批准した国にはフィンランドより大きな責任があります。

　1939年の冬戦争の前夜、フィンランドとジュネーブ条約の批准国は条約通りに行動しました。フィンランドは必要とされる防衛を行い、アハヴェナンマーはほとんど全面的に戦争の圏外に置かれました。フィンランドとソ連が1940年に締結した平和条約にも1921年と同じようなアハヴェナンマーの非軍事化協定が、第6条と第7条の中立規定を除いて含まれました。1941年から1944年の継続戦争では、フィンランドはアハヴェナンマーの中立を守り、戦争の圏外に置きました。フィンランドはソ連、そして戦争末期にドイツによるアハヴェナンマーの占領計画の実施を阻止しました。フィンランドの防衛戦略とそれに含まれるアハヴェナンマーの自警団、そして第6条と第7条がなかったら、占領は実現していたかもしれません。

　1921年の中立協定によるアハヴェナンマー諸島の戦時中の中立が、当時そして今日においても、バルト海地域の安定と、特にアハヴェナンマーの地位の重要な鍵となっていることは明らかです。中立の必要条件が平和時の非軍事化よりも重要です。

　アハヴェナンマーは何世紀もの間様々な経験をしてきました。1809年、1856年、1921年には国々の戦いの駒として使われました。この地域は150年間も非軍事化されてきました。1921年にアハヴェナンマーはフィンランドに所属する

V　戦争と平和のはざまで

自治地区となり、第二次世界大戦中は中立地帯でありました。将来争いが起こったとしても中立であり続けたいと願っています。

67

カリヤラ住民の引き揚げ事業

ハンヌ・キルペライネン
カリヤラ連盟事務局長

　フィンランドとソ連の間の冬戦争と継続戦争後の平和条約(モスクワ1940年と1944年、パリ1947年)によって、フィンランドはパリ平和条約で定められたように、ヴィープリ(Viipuri)県をソ連に割譲し、そのカリヤラ(Karjala)人住民のフィンランド領土への集団引き揚げを行いました。フィンランドは領土の10％を失いました。フィンランドの3つの都市を含む44自治体がソ連の領土となりました。その上、21の自治体が新しい国境線で二分されました。

　歴史は繰り返しました。カリヤラ人は何百年も二つの文化、二つの教会、二つの大国のはざまで暮らしてきました。1323年のパフキナサーリ平和協定によって国境線が引かれて以来、二国間の国境がカリヤラを引き裂いてきました。600年の間に国境は9回引き直されました。目新しいことではなかったのです。

　冬戦争が終結した1940年に、44万人のカリヤラ人が、家屋と財産を残して引き揚げました。最初の引揚者が1939年の初秋に到着したとき、引揚者の世話をするために地方に国民福祉委員会が設置され、彼らの移住の手助けを開始しました。しかし、新年になると引揚者数が急増したため、カリヤラ出身で、後に大統領となったウルホ・ケッコネン(Urho Kekkonen)フィンランド議会議員が率いる、中央の移住者福祉センターが設立されました。1940年の4月にカリヤラからの移住者は、カリヤラ人の利益を守るためにカリヤラ連盟を設立しました。議会は、1940年6月に緊急再居住法を、8月に失った財産の補償に関する法律を制定しました。継続戦争後の1945年に、これらの二つの法律を補完する

203

Ⅴ　戦争と平和のはざまで

土地取得法が制定されました。この法律は、フィンランドの自治体と教会と民間農家に、土地を国に寄付することを義務付けました。そして寄付された土地が、土地を失ったカリヤラ人に与えられました。

　法律の実施は、自身もカリヤラ移住者であったヴェイッコ・ヴェンナモ（Veikko Vennamo）が指揮する、農林省の再居住局が担当しました。この事業はフィンランド国内においても、世界レベルにおいても大規模なものでした。世界でこのような事業を実施した国はありません。土地取得法では、自治体や村単位の再居住計画が義務付けられ、以前の共同体の隣人関係が新しい居住地で維持できることが強調されていました。また、再居住計画では、カリヤラ人が、自然環境、交通のアクセス、経済的な条件等、自分たちの故郷に類似している自治体に移り住むように計画されました。

　こうして、移住は移住者の自由意思に任されました。西カンナス地方の自治体住民はフィンランド語系の南部の自治体へ、その北側の南部自治体へは中央・東カンナス地方住民が移住しました。彼らの中で最も北の自治体に移住したのはラートッカ・カリヤラと国境カリヤラの住民で、移住先は主にサヴォ地方で、その他、北ポフヤンマー、カイヌー地方のカヤーニ市でした。スウェーデン語系の地方には移住者はいませんでした。これは、パーシキヴィ（J.K.Paasikivi）首相の要請で、土地取得法に、移住は移住地域の言語バランスを崩してはならないという言語条項が追加されたからです。

　法律と再居住計画は、農村地方と南部フィンランドへの移住に力を入れましたが、これらの地方はもともと主に農村地帯でした。得られる農地の大きさは、カリヤラで所有していた土地の大きさによって決められました。一般的に見ると、移住者の中で最も良い補償を得たのは土地所有者で、土地を持っていない地方の住民や都市の労働者は弱い立場でした。また多くの小規模農家も立場が悪く、特に国境近くのカリヤラ人は作付の悪い湿地帯の小さい土地に居住することになりました。都市の労働者に有利だったことは、労働力を必要としていた都市部の自治体が、競うように彼らの居住を求めてきたことでした。

　引き揚げ開始当初、移住者にとっても受け入れ側にとっても、戦後の復興期

のフィンランドは困難な時代でした。カリヤラ人は故郷に対する望郷の念が強く、新しい環境、隣人、文化になかなか慣れることができませんでした。その上、ロシア人という悪口、学校でのいじめ、新しい移住者に対する偏見などが長く続きました。

カリヤラ人はお互いに助け合い、そのことが、以前は多くのサブカルチャーに分化していたカリヤラを一つに結びつけました。サルミの田舎のギリシャ正教を信仰している漁師と、ヴィープリ市の上流婦人が、同じカリヤラ引揚者になったのでした。こうして同じ教区や共同体出身の人達のカリヤラ文化を守る協会や組織が生まれました。

カリヤラ文化の価値は1970年初めまでに普及しました。氷は溶け、カリヤラ人であることが流行になりました。EUに加盟したフィンランドは、以前にも増して自分たちのルーツを探しています。祖先・ルーツ探しブームによって、少なくとも200万人のフィンランド人のルーツは、カリヤラにあることが判明しています。カリヤラ文化と民俗伝承のカレヴァラ（Kalevala）の伝統は、フィンランド文化の初期の一部を成しており、今日ではフィンランド人はカリヤラに強い関心を持っています。これは、カリヤラ人が、故郷は失ったけれども、カリヤラ人としてのアイデンティティーを失わなかったからです。だからこそ、フィンランド中のパン屋は、どこでもカリヤラン・ピーラッカ（karjalanpiirakka 注：お米を使ったライ麦パイの一種）を売っており、カリヤラ（Karjala）という名前のビールのラベルには、国境に近い自治体の戦いを示す、カリヤラの紋章（注：西洋の剣と半月刀の戦いの図柄）が描かれているのです。そしてハンニカイネン（P.J.Hannnikainen）によって作曲されたカリヤラ地方の歌は、フィンランドで最も人気のある故郷の歌なのです。

68

消極的抵抗・
ロシアの抑圧に対抗して

スティーブ・ハックスリー
Ph.D.

　1800年代の終わりに、ロシアの民族主義者は国の国境線でのロシア化運動を開始し、その影響は1809年からロシアに併合されたフィンランド自治領にも及びました。1898年にN.I.ボブリコヴ（N.I.Bobrikov）がフィンランドの総督の任に就きました。彼は、フィンランド人があまりにも自由に立憲主義と独立を目指していると考え、阻止を決意しました。ボブリコヴは、フィンランド行政と文化の詳細なロシア化計画を作成しましたが、フィンランド人は、この計画の実施は憲法に反する行為であり、クーデターであり、フィンランドを殺すものであると反発しました。

　ロシア化の抑圧開始後の闘争の時代に、フィンランドの抵抗はそれまでよりも急進的になりました。抵抗は効果的で洗練されていました。その中心的な戦略は、組織的な非協力でした。抵抗は防御的でしたが、同時にある種の非武装的戦闘でした。この新しい戦闘の天才的な戦略は、国中にネットワークを広げました。

　抵抗運動は、若いフィンランド人（Nuorsuomalainen）党とスウェーデン（Ruotsalainen）党が作り上げた「立憲前線」を通じて広がり、思想的な違いはあったものの協力体制が敷かれ、社会主義系の政党も参加しました。消極的な抵抗を指導したカガーリ（Kagaali）組織が、すべての労働者が実施した反政府活動の資金援助を行いました。地方では学生と労働者がアジテーション活動を行いました。女性も自分達の抵抗組織を作りました。

フィンランドの抵抗の原点は、フィンランド人が、フィンランド人やフィンランドの法律に反するすべての行為への協力、遵守、容認を拒否することでした。抵抗運動を通じて、人々は非暴力を基本としつつ、最後には統治者が彼らの要求を認めることを可能にする社会の力を生み出したのでした。

抵抗運動に影響を与えたのは、トルストイの自由意思の隷属の理念でした。もし人が自身の正義の考えを力強いやり方で示さなければ、従属することを拒否しなければ、抑圧の苦しみについて自分自身を責めるしかないのです。

フィンランド人の非暴力抵抗についての考え方は、非常に広範囲に及んでいました。最も重要な民族自衛の方法の一つは、国民を教育することでした。もう一つの重要な方法は抗議することでした。運動のメンバーは、抵抗運動の初期の段階で、抗議運動、アピールや熱狂的な演説以上のこと、つまり積極的な非協力や不服従を組織化せねばならないことを理解していました。非協力や不服従が、政治的抵抗の最も重要な方法であると考えたのでした。さらに、人々に、勇気を持って、ロシア人やロシア人と協力するフィンランド人との社会的、経済的な協力を拒否するよう奨励しました。

抵抗運動の初期の段階で、フィンランド人は、ヨーロッパの指導的な人物にフィンランドの立憲主義の側に立って、集団で抗議を行うように働きかけました。この働きかけは感動的な方法で成功しました。ロシア皇帝に送られた汎フィンランド(ProFinlandia)宣言には、1050人ものヨーロッパの著名な政治家、文化人が署名していました。汎フィンランド運動は、世論を喚起する活動として、国際的にも歴史的にも際立ったものでした。

国内の戦線では、国内各地に支部を持つ組織が設立されました。同時に地下報道部も組織され、当局の検閲を逃れることに成功し、海外からの抵抗運動文学の雑誌や本を密輸しました。

最も強力な抵抗が起こったのは、ロシア軍が、フィンランド軍を解除し、フィンランドの若者を徴兵し、ロシア軍に入隊させることを意図した時でした。1901年から1904年に行われた徴兵拒否ストライキは成功し、フィンランド軍がロシア軍に組み込まれることも、フィンランドの若者が、日露戦争での戦いを

V 戦争と平和のはざまで

余儀なくされることも起こりませんでした。1905年の終戦時に徴兵は廃止されました。1905年にはフィンランド人の大多数が前代未聞のゼネストに参加しました。その結果、ロシア皇帝は譲歩を余儀なくされました。最初の抑圧の時代は終わりました。

こうして、フィンランド人は1900年代の最も初期の洗練された非暴力の戦いの方法を確立したのです。M. ガンジー（Gandhi）がそれを見つめていました。

Ⅵ 市民社会

69

NPOの国

リスト・アラプロ　ヘルシンキ大学教授（社会学）
マルッティ・シーシアイネン　ユヴァスキュラ大学教授（社会学）

　フィンランドには現在、約7万〜8万のNPO（またはNGO、民間の非営利組織）が存在し、フィンランド市民の5分の4が参加しています。その多くの人達が複数のNPOに参加しています。フィンランドは、他の北欧諸国とともに、世界で最も参加率の高い国で、この傾向は年々増加しており、過去10年の間に約2万6000の新しい組織が生まれました。
　この伝統は主に1800年代後半に始まったものですが、それよりも早い時期にその根は育ち始めています。進歩を目指す人々のグループは協会組織を結成し、断酒運動、労働運動、青少年運動、協同組合運動など、様々な目標の実現を目指した活動を当然のことと考え、自分たちのアイデンティティーとしていました。これらの運動に、知識階級の人達の市民社会と国の建設を目指す活動も連動し、国際的な観点からすると、それまで比較的平等だった社会に階級が出現しました。そしてフィンランドには当時政治的な民主主義が育っていなかったので、協会が政治的機能を果たしました。協会は異なるグループの声を代表し、互いの関係についての規定を作りました。1906年の普通選挙権の獲得後、政党制度が誕生し、フィンランドには多くの組織文化が発達しました。政党の下部組織として女性、青少年、児童、年金生活者、断酒、教育等の部会が結成され、その他にも演劇クラブ、合唱団、スポーツクラブ、組合活動等の組織も政党組織の傘下に入りました。このような動きは、特に農民連盟（現在の中央党）と社会民主主義運動に顕著でしたが、後には国民民主主義（左派）の運動にも見

られました。

 もちろんすべての協会が政治的に結集した組織ではなかったのですが、政治的な結集は1960年代と1970年代まで顕著でした。二つの大戦の間には、労働者は自分の支持する政党に投票しただけでなく、自分が所属している協会やその店で、演劇、読書、音楽等を楽しみ、日用品を買い、貯金をしました。第二次世界大戦後は、民主主義運動が生まれ、これらの組織運動はさらに強まりました。1960年代～1970年代には、新しい国際的な問題の他に、世紀初めから続いた政治・社会問題が、組織運動と結合しました。毎年、数百の左派の組織、青少年組織、批判的な文化協会、友好協会、発展途上国協会等が結成されました。

 しかし1970年代の終わりから、階級やグループを基盤とする組織体制は崩壊し始めました。代わりに1980年代になると、政治信条に結び付かず、個人を基盤とした趣味や活動を行うための組織が多く現れました。その後この傾向は強まり、1990年代の後半に作られた協会の5分の3は、さまざまな文化、スポーツ、レクリエーション活動をしています。そして市民は、以前の政治的信条や組織文化によって結束していた時と比べて、組織活動に献身しません。新しいタイプのスポーツクラブ、オートバイクラブ、国際的な血統種の犬や猫を育てる会等は、個人的文化の一部で、農村を基盤とする青少年組織や政治的な女性組織が、会員を大きく統合する機能を必然的に備えているのとは、異なっています。それだからこそ、新しいタイプの組織は、特に会員募集を行わず、全国中央組織の傘下に統合することに熱心ではありません。その代り、彼らの活動のモデルは、外国のモデルの真似、身近なモデルから取り入れる、または自分たちで作ったもので、従来の幅広い組織運動や社会のネットワークからではなく、メディアから直接学んだものが大多数です。従来のタイプの組織は恒久的な活動を行い、生産や労働市場における地位に根ざしていますが、新しいタイプの協会は一時的な運動であることが多く、小型できずなも弱く、個人の消費やライフスタイルに根ざしています。

 このような傾向が組織活動の非政治化を進めています。市民が自分たちの一部分でしか組織活動に関わらないのであれば、彼らは包括的な政治参加を起こ

VI　市民社会

すことができません。球技クラブのメンバーであることは、ウオーキングクラブにも所属することの妨げとはなりません。ボーイスカウト組織に所属すればピオネール組織に所属できないというようなことは、新しい組織活動では起こらないのです。しかし古い組織の文化が経験を共有する関係を構築するのに対して、新しい組織では、仲間の抱える問題に無関心になりがちです。

しかしながら、NPOの国であるフィンランドにおいては、登録された組織は依然として政治的な可能性を秘めています。NPOはフィンランド人が協力活動を行うための主要な経路である以上に、その中で批判力がある文化や新しい政治的要素が生まれ、冬眠し、そして新しい姿で育っていきます。新しい組織の多くはNPOとして登録されています。しかし新しい時代の兆候は従来と異なり、多くの重要な運動は組織として登録されていないことです。この現象は、非政治的な傾向であり、従来の登録された集団活動を行う協会のあり方に疑問を投げかけるものかもしれません。従来の代表制による活動に代わり、新しい組織では、個人的な思いつきとゆるいきずなが組織の基盤となっています。

70

スロットマシーン協会・
公営ギャンブルによる福祉助成

マルック・ルオホネン
スロットマシーン協会社長 1996～2006

　1920年代の中頃、フィンランド人とドイツ人のビジネスマンが、パヤツォ・マシーン（注：1マルカ・コインを使うパチンコのようなゲーム）を使ったギャンブルビジネスを始めました。それから間もなく、世論は、個人のビジネスマンが人々のギャンブル嗜好を利用して大金を集めることを憂慮するようになりました。このような世論が行政への圧力となって、1933年に政令が制定され、ギャンブル事業は慈善団体のみが行えることになりました。しかし実際には、ビジネスマンが慈善団体のために運営を行っていました。

　内務省はこの状態に満足せず、1937年の政令で、ギャンブル事業の運営のために設立された協会に集中させることにしました。こうして誕生したスロットマシーン協会（Raha-automaattiyhdistys RAY　レイと呼ばれている）は1938年4月1日に事業を開始しました。協会は当時670台のスロットマシーンを所有していました。最初の9か月の間にマシーンの売上げは、2370万マルカでした。初年度の売上げから、合計1200万マルカが補助金として84団体に交付されました。事業の運営は円滑に始まりました。

　一般の登録された協会と異なる点は、スロットマシーン協会が、設立当初から国とNPO（民間非営利組織）の協力で作られたプロジェクトで、その目的はスロットマシーンを通じて得た資金を、公益事業を行うNPOに配分することでした。

　スロットマシーン協会は代理人のネットワークを備え、代理人は主にレスト

Ⅵ　市民社会

ラン経営者である企業家とマシーンの設置の契約を行います。協会はスロットマシーンの生産を開始し、売上を集め、NPOに配分します。この他に、スロットマシーン協会はNPOの補助金申請書を審査し、内閣に配分の提案書を提出します。さらに補助金の使用を監督します。このことは、スロットマシーン協会が、ギャンブルすることによって生まれるお金の流れを、その初めの段階から補助金決定の根拠に従い使用されるまで見守るということです。補助金はすべての要求される条件を満たし、社会に役に立つような事業を行っているNPOへ交付されます。

　事業が拡大するにつれ、事業の法的な根拠を強化する必要が発生しました。長い準備作業が行われ、1962年に新しいスロットマシーン協会に関する政令が制定され、協会は公法の下での法人となりました。

　事業が拡大し複雑化して行くのにもかかわらず、設立当初の原則は今日の事業にも反映しています。スロットマシーン協会は、今でも自らスロットマシーンの製作と保守を行い、全国の企業家と共同事業を行っています。スロットマシーン協会は、公益事業を行うNPOの申請書に基づき、収益の配分計画提案書を内閣に提出し、配分後は補助金の使途を監視します。政府の代表者とNPOの代表者が協会の理事会を形成します。

　事業は急速に成長しました。1960年代末からカジノゲームが導入され、1980年代末には直営のゲーム場、1990年代の初期には国際レベルのカジノが作られました。

　2005年の総売上げは5億9500万ユーロで、収益は4億450万ユーロでした。収益はすべて国民の保健や福祉を向上させる目的の公益事業のために使われています。

　スロットマシーン協会は、自信を持って将来を見据えています。それは、このフィンランドのイノベーションが、すべての基準に照らし合わせても競争力があることを示しているからです。その事業は信頼性に富み、責任感があり、効率的で、その収益は社会に役に立つ目的に使われているからです。

71

労働組合の組織化

ミッコ・マエンパー
STTK（事務・技術系労働組合総連合）委員長

　フィンランドの労働組合の歴史は1800年代の後半から始まります。当時、機械工、印刷工、船員が初めての労働組合を結成しました。労働組合設立の初めのころは、10人に一人の労働者しか参加していませんでした。
　1968年に第一回リーナマー（Liinamaa ykkönen）と呼ばれる初めての所得政策協定が結ばれた時に、労働組合の組合費は給料から直接徴収することになり、税控除の対象となりました。この時、組合員数は激増しました。その後も安定して増加し、ピークは1993年で、すべての給与労働者の組合組織率は80％を超しました。
　労働市場関係はヨーロッパの組合の中では比較的強い立場にあります。関係3者の協力と協議は、ヨーロッパの労働生活を発達させました。ＥＵの新しい憲法案にも労働組合の地位は正しく確認されています。
　ＥＵが拡大したことは労働市場に新たな挑戦をもたらしました。労働組合はヨーロッパの統合を強く支持しました。統合を成功させるために最も重要なことは、ＥＵ内部の結びつきを進展させることです。新しい加盟国と以前からの加盟国との間の社会的、経済的格差の問題は、労働組合の信頼性の問題にも係わってきます。統合は安全をも意味するものでなければなりません。
　労働組合を組織する必要性はすべての国民に受け入れられています。若い人たちのこの点についての態度も健全です。しかし組合の組織化は将来においても自明のことであるとはいえません。ヨーロッパの労働組合中央連合（EAY）

Ⅵ　市民社会

における議論のメッセージは明らかです。特に新しい会社では、労働組合運動は、新しい組合員を熱心にかつ正しいやり方で勧誘することができないのです。

　多くの給与所得者は職場で組合の世話人に会う機会が全くありません。これは、労働組合運動が、産業界など伝統的な事業分野における労働者の利益を守ることに集中しているということを示しています。

　将来において鍵となるのは、職場に戻るということです。労働生活の急激な変化の中で、労働組合運動は信頼を勝ち取る努力をしなければなりません。あたらしいビジネス分野や変化しつつある職場を発見しなければなりません。

　労働運動が提供する伝統的な利益監視は、ヨーロッパの職場では最も売り物となることではありますが、労働組合は今日の人々の日常に起こる問題や夢にも応えられなければなりません。

　組織化とその結果行われる強力な利益監視は、すべてのヨーロッパの労働組合運動にとって共通の挑戦であります。労働組合の代表者の後方に多くの強く団結した人々がいればいるほど、ＥＵの政策決定に労働組合の声が反映されます。

　フィンランドにおいては、労働組合は高い組合加入率にかかわらず、甘い夢から醒め、若い働き始めた人達の中でキャンペーンを開始しました。積極的な組合員勧誘と加入者に対するサービスが労働組合の重要な事業となっています。

　働き始めた若い人達に対するメッセージは、組合に加盟することは意義があるということです。どのような給料を得るか、どのような労働時間があるか、どのように労働と個人生活を結びつけ、健康な状態で年金生活に入るかは大切なことなのです。これらのことをだれが世話するのでしょうか。答えは簡単です。労働組合です。

72

政党助成金

リスト・サロネン
社会民主党総務部長

　フィンランドの国家予算には、政党が政治活動を行うようにするため一定額の分配金が盛り込まれています。2006年のこの額は14,712,000ユーロでした。これは政党法の第9条と政党活動に対する助成金施行令の第1条に基づき、フィンランド議会に代表されている政党に、党の綱領と計画に記載されている公的活動を行うために与えられる公的資金です。

　政党助成金は議会政党に議員数に基づき交付されます。政令は、助成金の少なくとも8％を女性活動の支援に、そして8％を支部の活動の支援に使用することを規定しています。以前はこの他に8％を党の国際活動に使用すべきと規定されていました。

　政党交付金を含む政党法は1969年に施行されました。その後法律は一部改正されましたが、骨格はマウノ・コイヴィスト（Mauno Koivisto）内閣の法案に基づいています。

　政党助成金の主要な原則は、政党資金に以前よりも透明性を持たせることです。さらに民間の隠れた資金とそれが政党に及ぼす圧力からの開放が目的でした。政党の観点からすると、助成金はこの目的を十分果たしています。しかし、圧力は、決定において重要な役割を果たす個人にかかるのが普通ですから、政党に対してある決定を行うように圧力をかけることは一般的に困難です。

　もう一つの目的は、政党資金を以前より安定させ予測可能にすることです。しかし1970年から政党助成金の実際の価値は大きく下落しています。2004年に

VI　市民社会

なってようやく予算の配分は貨幣価値と結びつけられました。長い期間、助成金は国の財政に左右されました。2004年から政党助成金には、別途に政党助成金の10～20％に相当する選挙年の助成金が追加されました。ＥＵ議員選挙には別の助成金があります。

　政党助成金は政党資金の重要な部分を占めています。たとえば社会民主党の地方支部と女性部を含めた党組織にとっては、助成金は全体の資金の45％を占めています。しかし地区組織と自治体組織のレベルでは、すべて自分達で調達した資金と会費でやりくりしています。政党資金が政党活動のすべてを賄っているとよく言われますが、現実はその通りではありません。

　前述した政党法によって、法務省が政党資金の利用と政党活動の合法性を監視します。

　政党助成金は、制度となってから国民の愛憎の対象となってきました。多くのポピュリズムの政治家は政党資金を大いに活用してきました。このために新しいフィンランド語が生まれたくらいです。「背骨が札束でできている人（注：金に転ぶ人）」という言葉ですが、1970年代のはじめにフィンランド農村党（SMP）の指導者が、他の政党へ逃げた党員達のことを指した言葉です。

　民主主義の観点からは、政党助成金には弱点はありません。国民の意思で議会の議員が決まります。議員の所属数によって政党の助成金額が決定します。議会選挙は政党資金繰りにとって非常にリスクのあるビジネスとなります。しかし結果について文句は言えませんし、言うべきではありません。

　政党資金が国民にかける負担は、筆者がこれを書いている時点では、年間２リットルのガソリン代、つまり約３ユーロに相当します。この金額で、透明で民主的な決定過程に、市民が15歳以上になれば参加できるのであれば、国の財政にとって決して高すぎる額ではありません。

　現行の政党助成金と同じように、透明性がある公的な助成金を自治体レベルにも作るべきでしょう。自治体は、最も具体的な政治決定がおこなわれている場で、土地利用計画など非常に重要な財政的な決定も行われます。現在、フィンランドでは自治体レベルの政党助成金についての議論が行われていますが、

具体的な結論が出され、近い将来に実現することを望みます。

　政党制度は民主主義の核心として機能しています。フィンランドでは、政党として登録することは難しいことではありません。5000人の支持があればよいのです。

73

学生組合の経済的自治

リンネア・メーデル
ヘルシンキ大学学生組合財政部長

　1828年にフィンランドで唯一の大学であったトゥルク・アカデミーは、トゥルクの火災のあとヘルシンキに移転しました。大学は新しい地位を得てフィンランド・アレキサンダー帝国大学（Keisallinen Aleksanterin-Yliopisto Suomessa）と改名しました。

　新しい大学の最初の年の学生数は約340人でしたが、1870年代には約1000人になりました。トゥルク時代からの学生組合は、多少の変化はありましたが、ヘルシンキに移転後も存続しました。初期のころ学生は、大学か教師のもとに集合しましたが、次第に自由な雰囲気が欲しくなり、集合する場所を賃借しました。しかし家賃が年々上がるので、建物の所有を考え始めました。

　建物の建設は、出身地区別の組合が集合した最初の大学組合会議で決定しました。寄付金集め、贈与、借入金で大学生会館（現在の旧学生会館、Vanha ylioppilastalo）が建設され、落成式が1870年11月26日に行われました。土地の購入から会館の建設まで、学生達は最初から最後まで協力して行いました。会館建設を成し遂げた大学組合は、1880年に集会の自由を許された後、出身地区別の組合を統合した学生組合となりました。

　学生組合会館の賃貸料によって、初めは建物の建設と内装工事を、後には会館の保守を賄いました。大きな改修工事や建設に際しては建物を担保にローンを組みました。学生達の会館使用のニーズが大きくなったので、1910年に新しい学生会館を建設しました。新会館には会社や店舗などへの賃貸用部分が設計

されました。1950年代には初めての不動産ビジネス用の建物を建設し、企業活動を開始しました。

学生組合は、後にフィンランド学生組合と改名し、1927年からはヘルシンキ大学学生組合（HYY）となりました。その自治権については、法律または政令に記されています。大学の幹部組織は、学生組合の活動と組合の目的との適合性を見守りましたが、それ以外は干渉しませんでした。大学生大会で大学組合の問題を決定しましたが、1932年に選挙で選ばれた役員会に決定権が移譲されました。このころ大学組合は組合運営のための職員を雇用しました。

現行の大学法では、学生組合は次のように規定されています。「学生組合の目的は、その会員のための組織として存在し、彼らを社会的、知的、精神的に向上させ、かつ学問への熱意と社会における学生の立場への抱負を向上させるものである。」

この規定は明確ですが、広すぎるところがあります。自治権を持ち、活動を行うことを重視するHYYは、理事会や執行部において具体的かつその時期に適切な事業を毎回決定します。このやり方は、HYY以外のフィンランドすべての学生組合でも同じです。2005年4月27日にHYYは、学生組合の事業をHYY事業戦略書に次のように規定しました。

・ヘルシンキ大学のすべてのキャンパスと学部の学生を結集し、すべての学生が大学組合への所属を自覚するようにする。
・組合員に学生生活を楽にするようなサービスを提供する。
・学生組合に所属する組織が機能するように必要な支援を行い、持続する方法で学生組合独自の活動を支援する。
・大学行政における学生の利益追求活動を行い、他大学と大学間協力を推進し、大学全体の最善のために尽くす。
・HYYが重要と見なす分野や、意義があると考える集会において学生の利益を代表し、政策決定者や世論に影響を与える。
・他の学生組織と協力し、全国レベルの学生の利益を監視する。
・大学生の価値観と思考に基づき、責任を持って積極的に社会の進歩に尽く

Ⅵ　市民社会

す。
・教養、熱意、批判力を備えた学術的な市民を育成する。

　HYYは、徐々に獲得した優良不動産と段階的に開始したビジネス経営によって、長期的で責任のある財政を築きました。そして、その財力によって会員の学生に様々な利益やサービスを提供しています。自治の組織として、大学組合は所有する財産と不動産の使途の決定権を有します。

74

アッリアンシ・フィンランド青少年協力組織

ユッカ・タフヴァナイネン
アッリアンシ事務局長

　フィンランドの青少年協力活動を行うアッリアンシ協会（Allianssi ry）は、ソーシャルイノベーションに満ちています。瞬時に生まれるものも、何十年もの長年の努力の末に生まれるイノベーションもあります。アッリアンシそのものがイノベーションなのです。アッリアンシは3つのフィンランドの青少年組織とその職員、役員が合併して誕生しました。アッリアンシは、政策決定者、自治体の青少年担当職員、若者達への情報の収集と提供、サービス提供を行います。現在アッリアンシには107の所属団体があります。
　アッリアンシに所属する人々がこの分野の専門家で熱意があり、またアッリアンシが政治的宗教的に中立であることが、下部組織間協力の成功の秘訣です。強調すべきことは、ソーシャルイノベーションは、新しい思考、改革、変更をもって生まれますが、さらに献身的で能力のある専門家と活動家なしでは成し遂げられないということです。
　アッリアンシ独自のイノベーションはアッリアンシ・クルーズでしょう。2年に一度、青少年活動に従事している人達が参加します。航海中に講習が行われ、参加者は仲間と情報交換し、ピアサポートを受け、議論します。もう一つのイノベーションは1974年に開始した青少年政策図書館です。15,000の刊行物、250の定期刊行物、100のビデオが収集されている図書館は、組織のコンピューターネットワークを管理し、サービスを提供します。
　その他のアッリアンシのイノベーションとしては、多文化活動、青少年の

Ⅵ　市民社会

ネット民主主義プロジェクトのヴァルティッカ（Valtikka）、青少年のための選挙演習とインターネット学校があります。

　多文化活動は平等と寛容の意識を育て、フィンランドへ移住してきた人達の組織を支援します。ヴァルティッカは新しい方法で、従来の青少年組織に属していない青少年達に1991年から実施している選挙演習への参加を呼びかけます。選挙演習の目標は、青少年に民主主義の意味、組織の役割、選挙権の行使の意義について考えるきっかけを与えることです。青少年は実際の国政選挙が行われる前に、自分たちの議会選挙に投票します。インターネット学校は、NPO活動を成長と学習のための環境と雇用を提供する場として捉えます。そして市民の活動について学ぶ手段としてインターネットによる学習を提供します。

　これらのイノベーションはすべて、理念、認識、時代の精神、将来の展望から生まれています。アッリアンシは常に前進し、時代に先駆けなければなりません。これは変化を意味しますが、積極的な変化です。こうしてアッリアンシは現在の地位に到達したのです。

75

ニュトキス・フィンランド女性協会

タニア・アウヴィネン
ニュトキス事務局長

　名前が示すように、フィンランド女性協会連合ニュトキス（NYTKIS）は、フィンランドの女性組織の連合体です。この組織はフィンランド社会のジェンダー問題について重要な活動を行っています。ニュトキスの活動は、女性の権利実現の監視、社会政治問題についての立場の表明、社会における女性の地位向上、真の男女平等の実現を目指しています。ニュトキスの組織には約60万人のフィンランド人女性が参加しています。

　1987年にフィンランドのフェミニストのグループが鉄道でモスクワへ旅行し、そこで異なる政治見解を持つすべての女性グループを結束する女性組織の設立を考えました。この組織はフィンランドの女性の国際協力における代表となるものです。次の年には活動は実を結び始めました。設立総会において、委員会を必要に応じ招集し、決定は満場一致で行うことが決まりました。会長は毎年組織ごとに交代し、すべての組織は委員会に平等に代表を送ります。さらに政党の女性組織、フィンランド女性審議会、フィンランド女性連盟ユニオニ（Unioni）とフィンランド女性研究協会も委員会に参加しました。

　委員会設立後間もなく、国際的な問題だけでなく、国内の問題も取り扱う必要性が明らかになりました。ニュトキスは、社会の決定機関に女性が増えることが必要であるとして、「女性に投票しましょう」キャンペーンを選挙前に行いました。1991年の総選挙の結果、フィンランドは世界で最も女性議員が多い国となりました。200議席のうち77議席を女性が占めたのです。ニュトキスはセ

VI　市民社会

ミナーや研修を開き、特に女性や家族政策に関わる問題について行政に意見書を提出する活動を行いました。このようなニュトキス活動モデルはフィンランドの地方レベルの活動に普及しました。

ニュトキスの活動はクリーンでボランティア活動でした。活動は会長を出した組織の力によって行われていました。2001年にNPO登録をするために、初代の事務局長を雇用しました。ニュトキスは教育省から裁量に基づく助成金を受けています。2007年にフィンランド議会は、議会の100周年記念事業として女性組織への継続的な補助金の交付を決定しました。

国際的に見ても、ニュトキスは珍しい連合組織です。政党所属の女性組織を除いて、ほとんどの女性の政治的組織も含めたすべての女性組織を統合することに成功し、一つの目標の実現のために活動を行っています。女性運動の課題は100年の間に殆ど変化していません。今日でもフェミニストは、労働生活における女性の地位の向上、女性への暴力反対、政策決定や社会活動における男女平等の観点の採用促進を目指しています。女性が政治的権利を獲得して100年経ちましたが、この記念すべき年に、これまで女性が団結して活動してきたのにもかかわらず、男女平等は完全に実現されていないことを認めなければなりません。だからこそ、ニュトキスはこれまで以上に女性の権利のための活動を続けるのです。

76

ケパ・開発協力サービスセンター

フォルケ・スンドマン
ケパ事務局長 1986〜2003　外務大臣特別補佐官 2003〜2007

　開発協力サービスセンター・ケパ（Kehitysyhteistyön palvelukeskus Kepa）は、1985年の春に設立され、開発協力事業に関わるフィンランドのNGO組織の連合です。これはフィンランドの開発協力組織間の協力の結果到達したもので、グループ活動の結果です。

　ケパ設立の背景には1980年代に遡る二つの別の出来事とニーズがありました。その一つは、1960年代にフィンランドの開発活動活性化の試みが短期間で終了したので、再度活性化する必要があったことです。もう一つは、NGOは、1％運動によって喚起された広い基盤の協力とその成功の経験を生かして、よりシステム化された協力活動体制を作るべきだと考えられたことでした。

　このどちらもフィンランド人の発明ではありません。1960年代の初めにケネディ（John F. Kennedy）大統領が立ち上げた平和部隊（Peace Corps）組織の熱心な開発部隊活動の影響で、ほとんどの工業国で新しい開発援助事業のモデルが生まれました。そして、教育を受けてはいるが人生経験のない若者を、安い給料で草の根レベルの活動をするために発展途上国へ送り出しました。次第にこのような開発事業の要求レベルも高くなり、プロの活動家によって活動が行われるようになりました。NGOによって行われる開発協力がかなり増加したので、フィンランド外務省は、1980年代の初めに、フィンランドの開発部隊活動を再出発させる時期が来たと判断しました。この時は一つの条件がありました。公的な開発協力基金がすべての活動資金を提供するが、NGOは活動の責任を持

VI 市民社会

つというものでした。しかし、すぐにフィンランドにはこの事業を提供できる民間組織がないということが判明しました。

　1980年に1％運動が開始され、この運動が初めに10のNGOを、後にその何倍ものNGOを結びつけました。1％運動のキャンペーンの目標は、フィンランドの開発援助をGDPの0.7％に増やすことでした。キャンペーンに参加したNGOは、1982年にNGO開発協力事業審議会カケネ（KAKENE）を設立しました。カケネは、幅広い組織間の共同のロビー活動と、開発協力の内容に関わる問題のコーディネートを行いました。フィンランド国連協会がカケネの事務局を担当しました。カケネの周りでは次第に、開発協力分野に常設の協力フォーラムか中央組織を置くべきだという声が上がりました。

　1983年から1984年にかけて、内閣が設置した開発部隊委員会が、開発部隊活動の具体的な代替案を検討しました。同時に、カケネに所属していた発展途上国研究所のマリヤ‐リーサ・スワンツ（Marja-Liisa Swantz）所長が率いる作業部会が、NGO間の常設の協力フォーラムの組織化の代替案の検討を行っていました。どちらのグループにも何人かの同じメンバーが入っていました。例えば、国連協会の事務局長としてカケネの事務局の仕事を担当する人が、国連協会の代表者として委員会報告書に署名するという具合です。

　ケパの設立を考案した功績はマリヤ‐リーサ・スワンツにあります。彼女は1983年にカケネの作業部会に「開発サービスセンターKepa（ケパ）」のニーズと業務についての覚書を提出しています。センターの役割は、様々な情報サービス、教育サービスをNGOに提供し、共同キャンペーンをコーディネートし、「オルタナティブ・コンサルティング・エージェント」として活動することです。その後1年でセンター設立案が作成されました。

　同時に、開発部隊委員会は、行政的にどのようにして、開発部隊活動をフィンランドのNGOへ委譲するかを検討し、提案をまとめました。カケネ側で開発サービスセンター案が熟すと、委員会はNGOの賛同を得てケパを行政組織とする案を作成しました。

　その後、1985年3月5日にケパ設立会議が開かれる前に、政府とNGO代表

は、一石二鳥を狙って、ケパに二つの任務を与えました。一つはフィンランドのNGOのためにサービスとキャンペーンのコーディネートを行うこと、もう一つはフィンランド開発部隊を運営することです。

　この決定は、双方を満足させるという典型的なフィンランド型の決定であります。外務省は、開発部隊活動の運営責任を委譲できる代表的な組織を必要としており、さらにその組織が諸組織の必要とするサービスも行うことを望んでいました。NGO側は反対に開発部隊活動の責任を取ることによって、サービスとキャンペーン活動を（公的資金を受けて）行うことができると考えました。最初の頃は、開発部隊活動がケパの主な活動内容でしたが、資金が削減されると主役の座を降りました。

　ケパの活動はこのような考え方で10年続きましたが、1990年代の中頃に活動の評価が行われ、再び行われた外務省とNGOの協議の結果、事業内容が変更されました。開発部隊活動は別の活動として、ケパの新しい広域の南部プログラムに組み込まれました。広報、サービス、開発政策プログラムは新しい多元的な統合体となり、以前よりも資源が投入されました。

　今日においてもケパはヨーロッパの開発協力運動分野で革新的なものです。二つの要素がケパの存在を意義あるものにしています。一つは、既存の組織分別の考えや偏見にとらわれない様々なNGOによる強い協力体制、もう一つは、国の行政と市民社会の間の実践的な協力への意欲です。

77

１％運動・
所得の１％を開発援助へ

トーマス・ワールグレン
１％運動ヘルシンキ地区活動委員会委員 1979～1984

　1978年の秋、南フィンランド地方で活動していたエンマウス（Emmaus）協会の会員が、フィンランドの発展途上国援助額が少ないことに抗議して、２週間のハンガーストライキを実施しました。
　エンマウスは、アフリカと中南米の亡命者や孤児のために蚤の市、リサイクル衣料の回収、募金活動等を行っている著名でかつ評価の高い団体でした。ヘルシンキや他の地方の支持者は集会を開き、要求書の署名を集めてハンガーストライキを行う仲間を支援しました。キャンペーンは成功し、報道陣の注目を集め、多くの団体の支持を得ましたが、政治的なレベルでは何も進展しませんでした。政府は1979年の予算の発展途上国援助費を国民総生産の0.16％としました。
　ヘルシンキでのキャンペーングループの会合で、１％運動(Prosenttiliike)のアイディアが生まれ、1979年の秋が終る頃に公表されました。アイディアは素朴なもので、フィンランド市民に、途上国援助か、南の諸国で連帯にかかわる運動を行っているNGOのどれかに、税込み所得の少なくとも１％の寄付を求めるというものでした。市民は、この個人的な協力によって、１％運動の三つの基本的な要求に力を与えることができました。
　1. フィンランド国のODA（政府開発援助）を1985年までに国民総生産の0.7％に増加すべきである。（1966年よりフィンランドは国連で定められたこの目標に近づくように努力すると幾度も宣言していた。）

77　1％運動・所得の1％を開発援助へ

2．フィンランドの開発援助は最も貧しく、権利を奪われ、抑圧されている人々に役に立つように設計すべきである。

3．1％を開発援助に寄付することは、我々が、生き方と開発モデルをより持続する基盤の上に打ち立てようとする欲求の表れである。

1980年から1984年まで様々な活動グループが率先して1％運動を行いました。活動はボランティアで行い、そのメンバーのほとんどは若い学生でした。最も活動熱心なグループはヘルシンキとタンペレのグループでしたが、小さいグループは国中に存在していました。キャンペーンは徐々に大きくなり、様々な規模の開発協力団体が運動支援を開始し、赤十字、エンマウス、労働組合の連帯センター、教会の海外普及活動等のプロの職員が参加しました。1％運動を通じた組織間交流と協力が、開発協力サービスセンター・ケパの誕生のきっかけの一つとなりました。

1％運動は多くのボランティア支援を得ましたが、中には活動メンバーが驚くような支援もありました。例えば、ある一流の広告会社が協力し、活動グループとキャンペーン広告を作成し、おかげで無料の広告を週刊誌やテレビに載せることができました。

キャンペーン期間中、活動グループは人々に1％を支払うように求めました。大規模な組織はキャンペーンの原則を支援し、著名な政治家や文化人が公的にキャンペーンを支持しました。

グループは報道機関に情報を流し、出版物の刊行、講演活動、ロビー活動を行いました。社会に地位を得ていた開発協力NGOはグループへ資金の一部を援助しましたが、運動のエネルギー、アイディア、政治的な行動は活動グループ自身のものでした。活動メンバーは3～4年継続したキャンペーン期間中、毎週集会を開いていました。

1983年には10万人以上のフィンランド人が1％運動に参加しました。運動は非常に有名になり、1982年の大統領選挙時のテレビの公開討論において、すべての候補者は、1％運動に参加しているかどうか質問されましたが、全員イエスと答えました。

Ⅵ　市民社会

　1980年代フィンランドのODAは増加し、1980年代の終わりには0.7％に達しました。それが、どの程度１％運動の成果であったかは不明ですが、運動の目標は達成されたので、運動は1980年代の終わりに終了しました。その後、フィンランドの国民総生産に対するODAは減少し、近年は0.35－0.45％の間です。
　今日でも多くのフィンランド人が所得の１％を適切な援助額として支払っています。その活動には20年前と同じような政治的ニーズはありませんし、その影響力も大きいものではありません。しかし重要なことは、フィンランド民主国家とフィンランドの市民が個人として世界に対して責任を感じるということなのです。

78

可能性の市場・
開発協力活動のイベント

クリスティーナ・ハイキオ
伝道使節参事　MLL 開発協力部長 1985 〜 1988

　1980 年代の中頃、NGO の開発協力活動はフィンランドではまだ育っておらず、発展途上国との接触もあまりなく、一般の人々は開発問題について関心がありませんでした。

　しかし、ヨウコ・サラステ（Jouko Saraste）牧師が仲間とヴァーサ市で活動を起こした時には、様子が違ってきました。教会の開発学習サークルは、地域の人々に熱く働きかけ、一緒に不可能なことを成し遂げました。一緒に発展途上国のイベントをヴァーサ市の市場で行うことです。イベントは「可能性の市場（Mahdollisuuksien tori）」と名付けられました。アイディアは、市場を訪れる人達に途上国の品物を売ることでした。

　1986 年の 5 月、ヴァーサの屋外市場で、途上国から輸入された品物が売られ、途上国についての情報や活動への参加方法が熱心に語られました。雰囲気は言い表すことができないほど素晴らしかったのですが、みぞれが降り、活動家は膝までずぶ濡れになりました。しかし「可能性の市場」の活動家の士気は高く、開発協力協会を設立することになりました。

　優れたイノベーションの多くがそうであるように、「可能性の市場」にも偶然が重なりました。ヴァーサ市の市場には、たまたまスオメン・クヴァレフティ（Suomen Kuvalehti）誌の記者がいました。可能性の市場のイベントを見て感動した記者は、写真入りの大きな素晴らしい記事を書いてくれました。市場にはマンネルヘイム児童保護連盟（MLL）も参加しており、ちょうどウガンダでの

233

Ⅵ　市民社会

保健プロジェクトが軌道に乗ったところでした。MLLはヴァーサ支部を通じて「可能性の市場の父（注：サラステ牧師）」に、活動を広げる許可を求めてきました。

こうしてヴァーサで生まれたアイディアの火の玉は、一瞬にしてヘルシンキへ飛んで行きました。MLLの本部で会議が開かれ、すべての開発協力にかかわっていた組織関係者が招待されました。原則としては、すべての関係者を招待する、アイディアを自分のものにしてはならない、政治的な色合いをつけてはならない、の3点でした。すべての開発協力活動家はイベントを自分達のものと考えなければならなかったのです。

MLLは、開発協力サービスセンター・ケパ（Kepa）が市場のアイディアを開発するのに適任であるとの結論に達しました。ヘルシンキの可能性の市場の設立会議議長は、国際小児科医協会の当時の会長を務めていたニーロ・ハールマン（Niilo Hallman）でした。しかし、議長の座は、その場でケパの事務局長であったフォルケ・スンドマン（Folke Sundman）に渡されました。その後はフィンランド開発協力の歴史となりました。

「可能性の市場」は毎年春に、元老院広場または国鉄駅前広場で開催され、同じような考えはフィンランド国内に広まりました。どの地方でも一人か二人の熱心な人が活動を開始すれば、そのまわりに賛同者が集まり広がっていきました。何千人もの人が市場を訪れ、発展途上国についての膨大な知識を得て、その多くが途上国の友人となり支援者となりました。

「可能性の市場」の開催を担当するグループが、ヘルシンキ市と春の市場の場所について交渉するたびに、ヘルシンキ市の態度は水を差すようなものでした。元老院広場は開放的過ぎてダメ、エスプラナード公園は中心にありすぎて、公園らし過ぎる等・・・、しかし最終的には毎年市は開かれ、行政とは何の問題もありませんでした。市民が喜んでくれたので、次の年も開くことになったのです。

ケパの指導で、ヘルシンキの「可能性の市場」は1995年に世界の村フェスティバルとして一年置きに開かれるようになりました。しかし2005年から毎年、市

78　可能性の市場・開発協力活動のイベント

場は、ヘルシンキのどこかのフェスティバルの一部となっています。つまりもともとのアイディアどおり、世界が押し寄せてきてマーケットを飲み込んだのです。

　20年前ヴァーサで初めての「可能性の市場」を開いた時には、だれも、小さな地方都市のイベントが、首都のヘルシンキで毎年開かれるフェスティバルになり、そのための組織も作られるとは考えなかったでしょう。同時に、「可能性の市場」が、ヴァーサや他の地方で30年も続けられていることも想像できなかったでしょう。当初から携わっている人が疲れると、すぐ後継者が現れ、活動は継続するのです。

　「可能性の市場」は様々な背景や思想の人々が係わっていますが、活動家達には一つの共通の特徴があります。それは発展途上国の悲惨な状態を少しでも何とかしたいという思いです。市場によって人々は知り合い、互いの活動を評価し、尊敬しあう仲になりました。このような進展は、市場の名前のように正しく可能性に満ちたものでした。

　2005年から2006年にかけて、ヴァーサ市モデルの市場はエストニアとラトヴィアで開かれました。フィンランドのベテランはこれらの国の「可能性の市場」を支援し、一緒にイベントの雰囲気を楽しみました。このようにフィンランドのイノベーションは国境を越えて、別の国で他の人達の役に立つようになりました。これからどこまで広がるのでしょうか。その「可能性」を見たいものです。

79

平和駅・平和運動の拠点

カレヴィ・スオメラ
フィンランド平和連盟・国連協会会長

なぜ平和運動の建物の名前が「平和駅（Rauhanasema)」なのでしょうか。ヘルシンキ市パシラ（Pasila）地区のコンクリートや石の建物にかこまれた美しい二階建てのログハウスは、本当に昔の駅でした。

駅は1915年にカリヤラ地方のヴァンメルヨキ（Vammeljoki）駅として建設されました。しかし、フィンランドの独立後、旧ロシア帝国の首都のペテルスブルクからヴァンメルヨキを経由して、旧自治大公国の首都に向かう鉄道交通は衰退しました。そこで、あまり使われなかったヴァンメルヨキ駅は1923年に解体され、ヘルシンキ駅から5分の隣のパシラ駅として再び建設されたのです。

1980年代の初期に、フィンランド平和連盟とそこに所属する団体は、パシラのコンクリートビルの一角にいました。しかし1984年に連盟の職員が、国鉄当局がパシラ駅を新築するために、当時のパシラ駅舎を売りに出したのに気付きました。条件は駅を移転し、保存することでした。

パシラ駅の近くのコンクリートの建物群の間に、もともと6車線道路建設を予定され、後に公園予定地に変更された空き地がありました。当時の平和連盟事務局長のイルッカ・タイパレ（注：本書の編著者）の頭に、公園予定地に駅を移転して周りの風景を良くし、そこを平和連盟の活動の場にしようという考えが浮かびました。フィンランド平和連盟は国鉄に入札し、金額はたいしたことはなかったのですが、駅舎を手に入れることができたのでした。

同年9月8日に平和連盟の当時の会長であったヨーラン・ヴォン・ボンスド

ルフ（Goran von Bonsdorff）教授は、最後のパシラ駅長の赤い制帽をかぶり、発車信号を出しました。これが「平和運動への発進」活動の始まりでした。こうして駅舎は現在の所在地に移転されました。距離的には数百メートルでしたが、途中にガタガタした坂道がありました。フィンランドでは過去にこのような大きな建物をそのまま移転したことはありませんでした。駅舎の重さは150トンでした。「それってナガスクジラより10トン少ないだけじゃない！」と作業を見に来た小さな男の子が興奮して叫びました。

　今日の平和連盟の前身に当たる組織は、フィンランドが独立する以前の自治大公国時代の1907年2月10日に設立されました。1910年には当時のレオ・メケリン（Leo Mechelin）元老院議員がフィンランド平和連盟を代表し、ストックホルムで開かれた国際平和事務所会議に参加しました。第一次世界大戦中は、ロシア皇帝の命により平和運動は禁じられていました。独立後の1920年に再び平和連盟は設立され、フィンランド平和連盟・国際連盟協会と名付けられました。こういう名称にすることで、組織の思想を明らかにしようとしたのです。連盟は特に教育のある人たちの間でよく知られていましたが、1920年代と1930年代は極右運動のため平和運動にとっては困難な時代でした。

　第二次世界大戦後、ふたたび名称を変更し、フィンランド平和連盟・国連協会（Suomen Rauhanliitto — YK-yhdistys）となりました。名前は依然として連盟の思想を表し、国際的な正義に基づき、平和を促進する国際的な機関を支援します。しかしながら、会員は高齢になり、活動量も減りました。

　1960年代の初めに、学生達がサダンコミティア（Sadankomitea、100の委員会）という非政治的平和団体を設立し、1960年代の学生世界における支配的な運動となりました。だれもがサダンコミティアメンバーになりたがり、ピースマークを胸につけていました。この団体が、1970年代中頃に平和連盟を支援するようになりました。サダンコミティアの提案により、平和連盟は、多くの異なる独立した平和活動を行うNGOやグループを束ねる中央組織となりました。

　パシラ駅の移築はまさしく「平和運動への発進」を体現していました。平和駅は、サダンコミティア、良心的兵役拒否者の会、国際ボランティアサービス

Ⅵ　市民社会

などの連盟の加盟団体と、フィンランド友好協会連盟を含む友好団体の事務所となりました。すべての平和連盟の加盟団体とその他のNGOは、平和駅の設備の整った雰囲気の良い会議室を利用できます。目立つ建物である平和駅は、平和活動の広告の役割を果たしています。

　駅の移築は世間の注目を浴びました。建築中に火事が起こりました。当時の鉄道局の図書館職員は、皮肉をこめて「駅舎は二つの大戦を生き延びたが、平和運動の手で燃え落ちた」と書き記しました。しかし、平和運動のボランティア活動家は諦めず、大きなエネルギーをもって火事による被害を修復し、平和駅を完成しました。この事実は、さらに大きな世間の注目を浴びました。

　平和駅はとても良い場所にあります。美しいログハウスの建物なので、コンクリートのビルの間で目立つ存在です。ヘルシンキ市民のほとんどが、どこに平和駅があるか知っています。

　駅舎は平和駅として1980年代に生まれ変わりましたが、その時期は国際独立系平和運動のヨーロッパ非核（END）キャンペーンの10年目にあたりました。駅舎はキャンペーンを見えるものにし、注目を集め、活動の場を提供しました。そして、その後も数え切れないほどたくさんのキャンペーンを行っています。平和駅は、新しく平和運動に入っていく世代に対しても、親しみやすい活動の場を提供しています。平和駅の名が告げるように平和の駅なのです。

80

プロメテウス・キャンプと青少年の哲学イベント

マッティ・マケラ
プロメテウス・キャンプ支援協会会長 2003～2005

　多くの成人式的伝統は、青少年に従来の家庭、学校、友達世界での役割から離れて、共同体への自覚を目覚めさせ育てる役割を果たします。フィンランドの福音ルーテル教会のリッピコウル（rippikoulu聖書学校）は、フィンランドで信仰は薄くなってきてはいるものの、青少年に人気があります。

　教会に属していない生徒達は、1984年から信仰（宗教）の授業の代りに、人生哲学（倫理）の授業を受けることができるようになりました。これらの生徒達は、まもなく、信仰を選択している生徒たちに提供される聖書学校に代わるものを要求するようになりました。こうして1989年に、生徒達は教師と協力して、プロメテウス・キャンプ（Prometheus-Leirit）を立ち上げました。

　教師達だけが立案した人生哲学の成人式学校は重要なソーシャルイノベーションとはいえません。しかし、前年に参加した青少年と何人もの大人がボランティアとして、20人の青少年と1週間生活を共にし、人生、社会、人間の条件について考え、議論しました。もう一つのイノベーション的なことは、既存の思想や概念に関係なく、人生の哲学を考えることができることでした。すべての参加者の経験、見方、考え、感情は尊重され、敬意をもって批評されました。プログラムが思考と討論と活動とをバランスよく配分しているので、成人のキャンプリーダー、サブリーダーを務める先輩、そして若い参加者が交わす対話は有意義なものとなります。前もって議論がどのような方向に向かうかは予測できません。

Ⅵ　市民社会

　プロメテウス・キャンプを運営するために、参加する青年達は、普通は訓練を受けた成人が行うキャンプの立案と運営を担当することになるので、本物の責任を負うという経験を得ることになります。楽しく仕事をし、相手のケアをすることで、知らぬ間に大人へと成長していきます。彼らは様々な問題を解決し、面識のない権威のある人たちとも、真面目な議論を交わすことができるようになります。

　プロメテウス・キャンプの伝統から、「若い哲学者イベント・ヌフィト（Nufit）」が生まれました。このイベントは今年で6年目を迎えます。キャンプでの対話を行ううちに、対話を公開形式にし、有名な思想家、哲学者、政治家、科学者、芸術家を招待し、若い人たちと彼らの言葉で対話し、話をしてもらうというアイディアが生まれたのです。

　ヌフィトでは、話し手は、15分だけ語ることが許され、その後十分準備した16歳から25歳までの二人の若者と30分対話します。その後すべての聴衆が参加を許され、全部で90分の時間の中で話し手のテーマに深く入って行きます。肝心なことは互いに敬意を持って会話することで、特に話し手のほうが生徒を相手にするために教育的にならないようにすることです。

　非営利な立場で、大した資金もなく、政治的な支援もないにもかかわらず、プロメテウス・キャンプもヌフィトも大きく進展しています。ボランティア活動の力によって、何千人ものフィンランドの青少年は、思想にとらわれずに、成人へと成長するまたとない機会を得ています。

81

共同責任募金・国際救援事業

カッレ・クーシマキ
教会サービス募金部長

　1945年に終戦になり、フィンランド人の間に共同責任の精神が生まれ、身近な人の苦しみを理解するようになりました。同時に教会も広く社会的責任を取るべきだという考えも生まれました。戦後教会の新しいディアゴニア組織の最初の重要な事業は外国から来た支援物質と支援金を分配することでした。もう一つの重大な課題は共同募金事業でした。

　1949年の夏の終わりにフィンランド国教教会・教会事業中央連盟(今日の教会サービス事業)の事務局長と社会部長が、東部フィンランドと北部フィンランドの、深刻な農作物の不作と失業状態を視察するために巡回しました。被害状況は深刻なものでした。栄養不良や病気にかかっている子供達を見た二人は胸を痛めました。そして全国に大規模な募金を毎年行う計画を立て、実行に移したのです。共同責任募金（Yhteisvastuukeräys）は、戦時中の国民救助募金の後継的な全国民のための募金と理解されたので、その保護者としてパーシキヴィ（J.K.Paasikivi）共和国大統領が迎えられました。第一回目から募金は大統領のテレビ・ラジオ演説で始まりました。

　共同責任募金活動の使命は二つあり、一つは募金による支援事業で、もう一つは困窮者の声となることでした。遠くにあり見ることができない苦しみに、人々の目と心を開かせることでした。1963年以降は、さらに遠い所にある苦しみに目をむけるようになり、国際救援事業のための募金が始まりました。募金の対象は毎年変わります。未亡人，飢えている人達、失業者、ホームレスの人

Ⅵ　市民社会

達、亡命者、放棄された子供達、多重債務者、エイズ孤児、知的障害者、精神障害者、親族介護の提供者、依存症の母親達、学校から落伍した生徒達、高齢者やその他の大勢の人達です。

　募金は年毎に異なる組織と行い、その資金で保育所、学校、教会での倫理的な教育の教材を提供します。

　共同責任募金で、支援事業と教育事業の他に、社会に貢献する事業も行っています。教会の社会の危機を訴える声は1990年代に強化されました。そのよい例は、教会の飢餓グループで、共同責任募金の食糧銀行プロジェクトの一部として設置されました。

　募金の構図は次のようにまとめられるでしょう。共同責任募金は、教会全体の共同の信仰の証しであり、苦しむ世界の中での愛の事業です。それはまた社会にとって重要な、忘れられている人々と公正さを擁護するものです。共同責任募金はフィンランドの最も知られている市民の募金で、そのイメージと活動方法は常に新しくなっていくのです。

82

赤十字の空腹の日・災害援助基金

ハンヌ‐ペッカ・ライホ
フィンランド赤十字広報局長

「今日の空腹の日（Nälkäpäivä）を見守るのは気持ちがいい。この思いつきが広まって嬉しいわ。」とパルカネ（Pälkäne）町の82歳になるマイリス・コルホネン（Mailis Korhonen）は喜びの声を上げました。彼女は26年前にハメ地方の中心地でイベントを実施し、それがフィンランド赤十字の大災害基金（katastrofirahasto）の最も重要な募金活動となったのです。

1980年11月26日に赤十字の旗がパルカネ町の中心にはためきました。赤十字のパルカネ支部の会長マイリス・コルホネンとハメ地方支部の事務局長エルッキ・コルカマ（Erkki Korkama）は新しい募金方法を考え、全く新しいアイディアを思いついたのです。彼らのアイディアとは、パルカネの健康な大人が1日食事をせず、したとしても少しだけにして、浮いた食費を飢餓の苦しみを味わっている人たちに寄付するというものでした。

「皆さんの賛同を得るのは難しいことではなかったですよ。とても前向きに受け止めてくれました。」とマイリス・コルホネンは思い出を語ります。

空腹の日と大災害基金は、他に例のないフィンランドのイノベーションです。空腹の日は赤十字の大災害基金のための募金活動を指します。この募金のお陰で、赤十字は世界の大災害地域に救援を急いで送ることができるのです。その他に、大飢饉救援の準備、開発活動の予防事業、国内の支援事業のために募金で得た基金を使います。

今日においても、空腹の日募金は赤十字が毎年行う重要な災害募金です。こ

VI 市民社会

の募金活動で、普通のフィンランド人が困っている普通の人へ支援を送ります。

活動開始当時の伝統的な市場や募金箱を使った募金活動は、全国規模の、街角、学校、職場で行われる募金・広報活動となりました。同時に、赤十字の例年行われるボランティア活動イベントにもなりました。2005年に街角募金活動にボランティアで参加した人達は、約25,000人でした。キャンペーン広告では募金そのものだけでなく、ボランティア募集にも力を入れています。

1981年に開始された募金活動は、今日までに約5400万ユーロを集めました。その資金で赤十字は、毎年様々な理由で困っている人達を支援しました。例えば、飢饉が何度も繰り返して起こるアフリカの地域の人達に援助が行われました。1984年にその窮状を目にしたことがフィンランド人の心を捉え、空腹の日の募金活動はフィンランド社会に定着するようになったのです。世界中の、内戦や権力闘争の犠牲者にも、故郷に戻る亡命者にも、自然災害に苦しむ人達にも支援は送られました。

国内ではフィンランド赤十字は、大災害募金から急な事故の被害にあった人達へ支援を送っています。例えば、ミュールマキ地区の爆弾事件、コンギンカンガスのバス事故、アジアの津波で怪我した人達と家族を失った人達が支援を受けました。

82　赤十字の空腹の日・災害援助基金

　フィンランド赤十字は、大災害基金を被害にあった人達ができるだけ速く支援を受けられるように運営しています。いつでも募金でき、どこに資金が行くかを指定しないシステムなので、毎日すぐに支援を送ることができます。

　赤十字の支援方法は、支援金と支援物資の他に専門家の仕事を提供します。この目的のために、大災害基金の資金で、500人の、医療、上下水道、経営や広報分野等の専門家を用意しています。

　大災害基金の90％以上は個人の募金で、残りが協会や企業です。赤十字の募金の中で、一番資金が集まるのが空腹の日の募金です。自分で募金活動をすることは、支援を迅速に送ることのみならず、支援を中立でバランスがあるものにします。赤十字は、最も支援を必要としている地域を選んで支援を送ります。

　赤十字の専門職員が支援量と支援内容を見積ります。その後支援物資は、赤十字のネットワークを通じて送り出されます。

　赤十字は大災害基金用に、タンペレ市にロジスティックセンターを設立し、いつでも発送できるように衣料、毛布を用意してありますが、完全装備されている二つの医療キャンプも備えています。世界に派遣する支援職員にかかる負担も、大災害基金で賄っています。

VII　ソーシャル
　　　テクノロジー

83

リナックス・LINUX

ユルキ・カスヴィ
フィンランド議会議員　工学博士

　21歳のリヌス・トールヴァルド（Linus Torvalds）が1990年に独自のユニックス・タイプのPCオペレーティングシステム（OS）の開発に着手した時、彼は世界最大のマイクロソフト社に挑戦し、世界のコンピューター愛好者の崇拝の的となるだろうとは考えていませんでした。

　リナックス（LINUX）が成功したのは、トールヴァルドがリナックスの初期版のソースコードをインターネットに載せ、だれもが自由にダウンロードすることを可能にしたからでした。トールヴァルドがその代りに利用者に求めたのはコメントだけでした。

　膨大なコメントが届き、間もなく90カ国以上に、自発的にリナックスを使うコンピュータネットワークが成立しました。しかし、リヌス・トールヴァルドがいなければ、このネットワークは方向と目標を見失ったことでしょう。

　リナックスの最も重要なイノベーションは技術ではなく、その社会性にあります。初めは無政府主義的で、ボランティアベースのリナックス・コミュニティーは、自然に効率的でかつ革新的な組織を作り上げました。リナックスを開発し維持しようとする会員達の動機と献身は、非常にユニークなものです。

　リナックス・コミュニティーは、情報技術によって可能となった新しいネットワーク組織の良い見本です。リナックスの開発に参加している人たちの大多数は、インターネット以外では互いに会うことはありません。

　リナックスはオープンソースプログラムとして世界中に知られています。こ

のプログラムは、オープンソース・イニシアチブ（Open Source Initiative）機関が定めるところの条件を満たさなければなりません。その条件の主なものは、プログラムはすべての人が自由に使用でき、プログラムとソースコードはすべての人に無料で提供される、だれでも自由にプログラムを修正でき、修正されたソースも修正可能でなければならないというものです。

　他方、商業的なソフトウェア開発においては、プログラムのソースは伝統的に企業秘密で、厳しく油断なく保護されています。こうなるとソースコードは誰もが利用できず、利用者もプログラムの質と正確さを評価できません。

　リナックスのような広範囲に普及したオープンソースプログラムは、その一行一行が多くの人たちに分析されています。テストは商業的なプログラムの品質管理よりも本格的で、リナックスはその信頼性と速度で知られています。例えば、中国の国民軍がリナックスを採用した一番の理由は、彼らのすべてのコンピュータープログラムシステムが何をしているかを、彼ら自身でソースコードからチェックできるからです。

　リナックスと他のオープンソースプログラムは発展途上国で特に人気があります。それは彼らに商業的なプログラムのライセンス料を支払う余裕がなく、しかもリナックスは彼らが使っている古いコンピューターでも利用できるからです。もし何かの機能が失われれば、その場でプログラムを自分で入れることが出来るのです。

　リナックス自体は無料ですが、その周りにはビジネス活動や商業的なサービスも出現しました。例えば、IBM社やSun & Novell社はリナックスをサーバーシステムに使用しており、莫大な資金をリナックスの開発に注いでいます。また、携帯電話やビデオレコーダー等、いわゆる埋め込み製品もリナックスを使用しています。世界の500の最速コンピューターの70％もリナックスを使用しています。

　個人用のコンピューターとしてはリナックスの利用は少ないのですが、その主な理由は、リナックスを組み立てるにはかなりのコンピューター知識が必要だからです。最近配布用パッケージが作られ、組み立ては以前よりは簡単にな

249

りましたが、まだ楽になったとは言えません。

　最近、リナックスとオープンプログラムについて政治的な議論が行われるようになりました。公的セクターの行政の情報システムが、一つのソフトウェア会社に依存し過ぎているという批判が出ています。結果は引き分けというところでしょう。オープンソースプログラムの利用は増加するでしょう。同時に商業的なソフトウェア会社も、オープンソースプログラムとも適合するように、製品の適合性を改良しようとするでしょう。

84

テキストメッセージ・SMS

マッティ・マッコネン
テキストメッセージの発明者

　役に立ち、楽しくて、気持ちを簡単に表現できるテキストメッセージ（SMS）は、世界のほとんどの地域で20億人の携帯電話（GMS）利用者が使っています。SMSの重要な特徴は、直接的で速く、メッセージが短く簡潔なことです。しかも効率的なだけでなく、丁寧なメッセージ法であることも特徴です。誰にも迷惑をかけずに受信できますし、都合のよい時に返事ができます。

　SMSのアイディアは、他の多くの発明と同じように生まれました。技術者が問題に気づいて解決しようとしたからです。1980年代の初めにはポケットベル呼び出しシステムが流行し、発信者はテキストメッセージを流すことができました。テキストを送る側は交換台を通じて送るので、テキストを綴らなければなりませんでした。オペレーター職員はそれを自分の装置に入力するのです。利用者にとってもオペレーターにとっても複雑で高くついたので、このサービスはあまり好まれませんでした。

　1981年に北欧諸国の通信行政当局は、NMT携帯電話（Nordic Mobile Telephone）の成功を支援するために、FMK（Framtida Mobila Kommunikationer）共同作業部会を設立し、将来のデジタル携帯電話の開発を発案しました。技術者は大喜びで、日常生活に便利なラジオテクノロジーの開発に取り組みました。彼らの究極の目標は多目的のポケット電話でしたが、当時は冗談だと受け止められたものでした。

　北欧FMK作業部会の複数の下部グループは、コペンハーゲンで1982年、1983

Ⅶ　ソーシャル・テクノロジー

年か 1984 年の夏に同時に会合を持ちました。フィンランド郵便通信局のユハニ・タピオラ（Juhani Tapiola）、セッポ・ティアイネン（Seppo Tiainen）と私は、会議の前日にグループ会議の準備を行っていました。その時に将来の携帯電話の特徴について話し合いました。

　ユハニ・タピオラの心配していたことは、テキストメッセージをポケットベルに送ることは難しすぎるということでした。私自身は断固として携帯電話に送ることを考えていました。セッポ・ティアイネンは、新しいアイディアをどのようにして実現するか、頭の回転が速かったのです。私たちの話し合いは、多くの人々の日常生活に役に立つサービスを生み出すことになりました。私たちは世界で初めて、将来の携帯電話システムは、短いテキストメッセージを相互に送ることが可能との結論に達しました。

　将来のシステムでは、ポケット電話からポケットベルにメッセージを送ることを可能にするために、ユハニ・タピオラがプログラム化できる HP 計算機を作り、メッセージを書くため必要なボタン数を小さい機械に応用するのは問題にはならないことを証明しました。しかし、私はすぐ、将来ポケットベルなど必要なくなることに気が付きました。携帯電話で相手が送ったメッセージを見ることができるようにすればいいのです。私たちは熱狂し、まもなくテキストメッセージの応用法を考案し、それにフィンランド語で「テクスティナペッリン（tekstinäpellin）」と名付けました。

もちろん、当時の私達は、この発明が15年の間にビジネスマンだけではなく、家族や子供達等、世界中の一般の人達の日常生活で使われる道具になるとは思いもしなかったのでした。

　ユハニ・タピオラは、自分の作業部会で、将来の携帯電話システムのサービスリストにテキストメッセージを提出することになっていました。セッポ・ティアイネンは、サービスに必要な技術的な要素を取り扱うグループにいました。実際の開発は、後にヨーロッパ GSM（Group Special Mobiles）株式会社が、北欧の FMK の準備作業を受け継いで完成しました。

　発明の背景には、急速な技術開発、公開された開発環境、共同作業に参加した人達の見返りを求めない多大な貢献があり、その結果、このような新しいサービスとシステムの開発が可能になったのでした。1970年代と1980年代の初期には、情報の公開と共有が不可欠な要件とされていた時代でした。私たちテキストメッセージ開発者は、特許を取ろうなどとは考えもしなかったのです。

85

インターネットチャット・IRC

ヤルッコ・オイカリネン
Ph.D.

　インターネットチャット（IRC）は、1988年オウル大学の情報処理学部で発明されました。私は当時電気工学部の3年生でした。夏にアルバイトとして情報処理学部にいました。ヘイッキ・プトコネン（Heikki Putkonen）指導教官は、私にだれでもモデムで接続しメッセージを置くことができるBBSシステムである、「オウルボックス（Oulu Box）」の管理者の役を命じました。オウルボックスには大学のコンピューターシステムからも接続できたので、二つの電話線で大学内部の情報ネットワークから同時に何人もが利用していました。

　IRCを発明したのは、もともとはオウルボックスによってリアルタイムに会話するニーズがあったからでした。IRCは、IRCが使われる以前にオウルボックスのリアルタイムチャットプログラムに短期間使われた、ユッカ・ピール（Jukka Pihl）が開発したMUT（Multi-User Talk）プログラムの影響を受けています。IRCは発明当初から配布されるシステムでしたので、新しいIRCサービスを共通のネットワークに入れることが可能でした。個々のユーザーはサーバーに接続し、サーバーはメッセージをユーザーから別のユーザーへとリレーするのです。それゆえIRCネットワークは複数の同等のサーバーによって成り立っています。この配布の可能性と中央での管理がないことが、IRCの人気の技術的な理由でしょう。これがIRCと他のインターネットチャットプログラムを比較したときの決定的な違いです。

　IRCは、初めはフィンランド国内で広まり、オウル大学に続いて、ヘルシン

キ工科大学、ラッペーンランタ工科大学、タンペレ工科大学、ユヴァスキュラ大学がIRCサーバー設置機関となりました。

　アメリカのデンバー大学とオレゴン州立大学のサーバーが国外で初めてIRCネットワークに参加し、IRCはその後急速にすべての大陸に広がっていきました。当時は、オープンソースコードソフトウェアの原則に従い、IRCの開発に数十人の人達が携わっていました。

　初めのうちはIRCの利用は大学で禁止されていました。その中にはオウル大学の電気工学部も含まれていますが、理由はIRC利用者が大学のコンピューターを何時間も占領したからです。

　IRCは数十万の世界の人々の個人生活に影響を与えました。IRCを通じて多くの人が結婚相手を見つけました。多くの少数派の人たち（例えば性的、政治的、社会的マイノリティ）がコミュニティーを作りました。これらの人達は同じように考える人達と自由に会話ができるのです。

　1991年にイスラエル人を含めた一般の人達が、IRCを通じてペルシア湾岸戦争の報告を世界中に送りました。

　今日では何百もの世界規模と地域のIRCネットワークがあり、何百万もの利用者がいます。

86

モロトフのカクテル・対戦車火炎瓶

へイッキ・コスキ
アルコ総裁 1982 〜 1994、内務大臣 1975

　冬戦争（talvisota）の始まる数週間前の 1939 年の秋に、国防省が空瓶をアルコール専売公社アルコ（ALKO）に注文しました。戦争が開始されると、注文は頻繁になりました。アルコール専売公社の中央倉庫の責任者であったマッティ・インキネン（Matti Inkinen）技師は、国防省事務次官のオイヴァ・オレニウス（Oiva Olenius）少将に、瓶は何のために必要なのか質問しました。事務次官は、「陸軍は前線用に火炎瓶を発明したが、これはフィンランドが戦車を防ぐ唯一の方法である。火炎瓶は効果があるのだが、軍部の瓶詰め作業は遅くて難しい。」と語りました。

　インキネンは、「アルコール工場には、瓶詰め作業のベルトコンベアが使われずに停止しています。アルコールショップは戦争のために閉鎖され、従業員は前線にいるので、軍のお手伝いができるでしょう。」と語り、アルコール専売公社のラヤマキ（Rajamäki）工場で火炎瓶を製造することになりました。火炎瓶はソ連の外相の名前にちなんで「モロトフのカクテル（Molotovin cocktail）」と名付けられました。火炎瓶はアルコール、ベンジン、ペトロールとタールを混ぜたものでした。国防軍がペトロールを提供しました。瓶に火をつけるための点火棒は五つのマッチ工場から持ち込まれました。一番多く供給したのはポリ・マッチ工場でした。

　冬戦争の初期には対戦車砲がなかったので、火炎瓶とダイナマイトボックス、爆破部隊が作成した箱入りの地雷が使われました。戦時下の国防相であったユ

ホ・ニウッカネン（Juho Niukkanen）は、回想録の中で、「敵の破壊された戦車の半数は、これらの兵器によるものであった。」と述べています。しかし、モロトフのカクテルを使うには命がけの勇気が必要でした。もしモロトフのカクテルの戦車の中への投入に一回で成功すれば、その結果は破壊的でした。瓶が割れる時に火のついた棒がガソリンに点火します。命中率が100％でなくても、戦車は燃え上がり、破壊されます。

その後、爆発燃料は、液体が戦車の表面に、より効果的に付着するように開発されました。点火部分も改良されました。

冬戦争時、ラヤマキ工場では542,194本のモロトフのカクテルが製造されました。87人の女性と5人の男性従業員が製造作業に従事しました。製造作業のせいで、ラヤマキ工場は爆撃されました。というのは、最初に生産された瓶が、アルコ専売公社ラヤマキ工場と正確な住所の入ったコルクの栓で閉じられていたからです。

アルコの歴史を綴った「自由な酒の時代（Vapaan viinan aika）」の中でヨルマ・シンプラ（Jorma Simpura）が、次のように書いています。「ソ連のプロパガンダ放送で馴染みになったアナウンサーが『ラヤマキ工場であと何本の火炎瓶を作れるか見てみましょう』と言っていました。最初の爆撃後は、住所を記載したコルクの使用は中止しました。プロパガンダ放送のアナウンサーの『だから言ったでしょう。もうすぐやめるって！』と喜んだ声が放送されました。」

Ⅷ　日常生活の喜び

87

ボランティア活動

レイノ・ヒェルッペ
国立経済研究センター副総裁

　タルコートと呼ばれるボランティア活動（talkoot タルコート）は、フィンランドの社会において重要な生産活動の手段であり、社会的な相互影響のしくみです。その目的は、普通、何らかのかなりの労働を要する経済的な事業を行うことであります。タルコートには、隣人、知り合い、親戚が呼ばれて集まり、一緒に大きい仕事を成し遂げるのです。

　タルコートの重要な特徴は、自由参加であり、無料で行うボランティア活動であることです。ボランティアで仕事の手伝いを無償で行い、お返しを求めないのです。

　タルコートに参加する人達には、普通、おいしい食事と飲み物がお礼に提供されます。多くは、仕事が終わると、サウナに入り、タルコートダンスを踊ります。このようにタルコートは、皆で一緒に楽しむ機会でもありました。タルコートは生産や生産性を上げる重要な意義がありましたが、一番大切なことは仲間意識を喚起することでした。

　タルコートはほとんどすべての人生の出来事において行われます。実際には、収穫、干し草作り、じゃがいも掘りなどの農作業のために行われていました。また建設作業においても木材の移送、壁づくり、屋根づくりにタルコートが行われました。船の陸揚げ、水に入れること、薪用の材木流しも典型的なタルコートでした。建設作業は主に男性のタルコートでした。麻の収穫、脱穀作業などの農作物の収穫には、男性も女性も参加しました。その代り、糸つむぎやウー

ルのけば立て作業は女性のタルコートでした。

　タルコートにおいては、お返しをすることは特に求められてはいませんでしたが、共同体には暗黙の了解があり、互いに必要時には助けを得ることができると考えられていました。タルコートは仕事を行うには効率的な方法で、個人や家族だけでは無理とあきらめざるを得ないことを達成することができました。例えば、収穫や干し草作りは短期間で仕上げなければなりませんが、タルコートで行えば、すべきことを速く行うことができました。フィンランドにおいては、干し草作りは、天候のせいで2週間以内に作らなければならないのです。

　タルコート作業のような習慣は、ある種の若者達の夕方の集まりにもあり、そのような集まりでは、若い女性達が手仕事をし、村の若者達が訪れたのでした。このような集まりはフィンランドの各地でそれぞれのやり方で行われました。カリヤラ地方ではオイツィア（öitsiä）、ポフヤンマー地方ではキョッカ（kökkä）と呼ばれていました。

　フィンランドの南西部では、別種類の互助活動があることが知られています。村の農家が、仲間の農家の遠い牧草地での干し草作り、収穫、羊毛のけば立てなどの作業を、定期的に互いに手伝いました。このような確立した助け合い組合は、別の村に住む親戚同士間の関係でも見られました。その他にタルコートに近い協力の仕方としては、家族のお祝いや他のお祝い時に行う食事作りでした。このように村の家は、仕事と食事によって互いに協力したのでした。

88

サウナ

ラッセ・ヴィーニッカ
フィンランドサウナ協会会長

　フィンランドには約200万といわれるサウナが存在します。フィンランド人全員が同時に入ったとしても、サウナの数は十分あることになります。フィンランドでは、サウナはもともと地方の生活の一部でしたが、大分昔に都市部にも、はじめは共同サウナとして、そして過去数十年の間に個人の家のサウナとして普及しました。今日ではサウナは小さな一人部屋の住居にも作られます。
　世界では、サウナは他の何よりもフィンランドに結び付けられています。サウナという言葉は、広く他国の言語に取り入れられたフィンランド語で、100以上の言語で使われているといわれています。サウナはフィンランド人が発明したものではないかもしれませんが、フィンランド人のサウナに対する態度は個性的なものでありました。サウナには様々な神話や民俗信仰が生まれました。サウナは神聖な場所で、今日でも多くのフィンランド人は襟を正すような態度を取ります。「サウナでは教会でするような態度を取らねばならない」とある格言は教えています。
　サウナはフィンランド文化のあらゆる面に現れます。文学にも芸術にも見ることができ、例えば、生理学においても、サウナの医学的影響について10本以上の博士論文が書かれており、何百もの論文があります。民俗抒情詩であるカレヴァラ(Kalevala)には何回ものサウナへの言及がありますし、実際、すべての著名なフィンランドの文学者はサウナに入ることを表現しています。フィンランドのテレビ放送で何年間も連続放送された人気番組は、二人の男性が著名

人をサウナに招待するというものでした。多くの大臣と何十人もの国会議員がこの番組にタオルを巻いただけで出演しました。タルヤ・ハロネン（Tarja Halonen）大統領も若い頃この番組に出演したことがあります。

　素朴な田舎のサウナと大会社の接待用サウナは、外観は大変違うように見えますが、何百年も受け継がれたサウナ入浴法はどちらの場合も同じです。入浴は暑さと冷たさを交互に味わうもので、最初は、約80～100℃に熱した石に、水をかけて水蒸気を発生させた部屋に10～15分入ります。水をかけて水蒸気量を増やします。その間に白樺の枝葉をたばねたヴィフタ（vihta）で軽く身体をたたきます。水蒸気で汗をかいた後は、外に出て、ひんやりとした腰掛け、シャワー、水泳、または雪の中を転げまわって体を冷やします。暑さと冷たさの繰返しを少なくとも2回は行いますが、10回する人もいます。最後に身体を洗います。

　フィンランド人の子供たちは、生後平均4～5カ月からサウナ入浴を開始し、大きくなるまで1週間半ごとに入ります。昔は、サウナはフィンランド人の人生にとってなくてはならないものでした。サウナで出産し、料理や衣服を作り、病人の治療をし、死者を埋葬する準備を整えたのでした。今日のフィンランド人は、リラックスするためにサウナに入ります。ウルホ・ケッコネン（Urho Kekkonen）大統領はサウナが大好きでした。彼がサウナに対する思いを語った言葉はフィンランド人の気持ちを表しています。「サウナの中で、私は身体的にリラックスし、精神的にリフレッシュします。サウナの気楽な雰囲気は和やかな気持ちを生みだします。私にとってサウナのない生活は考えられません。」

89

ヨウルプッキ・サンタクロース

ユハ・ニルッコ
フィンランド文学協会研究者（民族詩歌）

12月24日のクリスマスイブには多くの子供のいる家庭では、白いひげを生やし、赤い服を着た優しいおじいさんの訪問を心待ちにしています。フィンランドのサンタクロースは、プレゼントを持ってくる役割としては比較的新しいものです。フィンランド語のサンタクロースはヨウルプッキ（joulupukki）といい、優しい老人よりも、本来の動物の姿を残して、クリスマスの雄山羊を意味します。山羊は多産と悪魔のシンボルです。中世のお祭りには角のある山羊が登場し、家から家へと練り歩き、プレゼントを持ってくるのではなく、反対に食べ物を要求しました。新年のお祝いの生き物は、大昔のヨーロッパの伝統に遡ることができます。

　カーニバルの雄山羊は1900年代のフィンランドでも見られました。東部、東北部ではケクリ（kekri）と呼ばれる収穫祭に、羊のバリカンを鼻につけた山羊が現れ、子供達を脅かし、もてなしをしないと炉をひっくり返すと脅迫するのです。西部フィンランドでは、聖トオマスの日に小枝をもったトオマス（Risu-Tuomas）が現れ、仮面をかぶった若者達を引き連れ、悪い子はいないかと家々を訪問し飲み物を求めます。クリスマスの雄山羊はクリスマスイブに現れ、白樺の皮のお面をかぶり、角とひげを生やし、山羊らしい姿をしています。子供達は山羊に従って家から家へと歩き、踊ったり、冗談を言い合ったり、もてなしを楽しんだりします。家ではプレゼントも貰いましたが、山羊からではなく、普通、誰かがそっと家の中に投げ込んでいく習慣でした。

ハメ地方では、タパニの日（Tapanin päivä）と呼ばれるクリスマスの2日目（12月26日）に、若者達がタパニはいるかと家々を回ります。その時の山羊の服装は、毛皮を裏返しに着て、タールで黒く染めたサウナ用の白樺の枝の束を尻尾にして、木でできた角をつけています。

カリヤラ地方では、クリスマスと12夜（1月6日）の間にスムーッタ（smuutta）またはロパッコ（ropakko）と呼ばれる生き物が、声や話し方を変えて素性を知られないようにして家を回ります。しかし一旦家の中に入ると、変装しているので、昔の喧嘩の仲直りがしやすくなります。南西地方とハメ地方では、12夜が過ぎてから山羊（nuuttipukit）が現れます。もしクリスマス期間が終わる12夜に、ビールが提供されないときには、ヒーヴァ・ヌーティ（Hiiva-Nuutti）と呼ばれる者が樽の栓を抜いてしまいます。

伝説によると、聖ニコラウス（Pyhä Nikolaus）は、300年代にトルコ南西部にあるミュラ（Myra）の神父であったといわれています。東西の教会が彼を尊敬していました。彼は、特に水夫、漁夫、島の住民、商人の守護聖者とされました。北欧では最も重要な中世カソリックの聖者とされ、フィンランド人には1100年代以降信仰されるようになり、民俗伝承の中で新しい役割を得ました。フィンランドでは鳥の守護者となり、北方の主で森の守り神となりました。しかし、世界的に見ると、聖ニコラウスはアメリカのサンタクロースの前身として大成功を成し遂げたといえるでしょう。

絵画では、聖ニコラウスは赤い服を着て描かれることがあり、12月6日のニコラウスの日の劇では、子供達にお菓子を分け与える姿になっています。オランダのプロテスタント信者と一緒に、聖ニコラウスは新しいアムステルダム（後のニューヨーク）に移住し、アメリカで変化を遂げ、1800年代にサンタクロースとなりました。サンタクロースはクリスマス市場とプレゼントの聖者で、トナカイのそりで空を飛ぶ童話の人物となりました。そして、夜中に煙突を通って子供達の靴下にプレゼントを入れました。昔の英国のファーザークリスマス（Father Christmas）、プロテスタント・ドイツのワイナフツマン（Weihnachtsmann）ロシアのデドモロズ（Ded Moroz）は聖ニコラウスの血を引

VIII 日常生活の喜び

いており、フィンランドの今日のヨウルプッキもこの系統に属します。
　ラップランドの東部にコルヴァトゥントゥリ（Korvatunturi）があります。それは「耳の岩山」という言う意味ですが、岩山が子供達はいい子であったかどうか聞いているということを想像できる名前です。人気のあったラジオの子供番組のマルクスおじさん（Markus Raunio）は、必ずしも自分で、コルヴァトゥントゥリにヨウルプッキが住んでいると考えついたのではないかもしれませんが、1920年代の終わりに、この話を広める役割を果たしました。もう一つクリスマスの過ごし方を広めたのは、若いフィンランド国家の強力な国民学校でした。学校教育で描かれた私たちのヨウルプッキは、独身ではなく妻が存在し、羊の毛皮を裏表に着たりすることはありますが、角は失ってしまいました。民俗伝承の建物に住みつく魔物がよい子に変身し、ヨウルプッキのヘルパーとして手伝っています。子供達のお行儀をしっかりと見張るにはうってつけです。というのは、これらの魔物は、昔は人間の道徳の見張り役だったのでした。
　アメリカのハッドン・スンドブロム（Haddon Sundblom）は、1930年代にコカコーラのクリスマスの宣伝の仕事で、西洋文化におけるサンタクロースのイメージを、赤い服を着たずんぐりした人物としました。スンドブロムの父親はフィンランドのアハヴェナンマー出身だったので、フィンランドはサンタクロースのお話の商業的な面にも早い段階で組み込まれました。今日では、サンタクロースは世界中で同じように白いトリムのついた赤いスーツを着ていますが、これを公式な、または半公式なサンタの姿にしようとする試みが行われました。ヨウルプッキには、個人の家庭巡りと商業的なサービスのための職業訓練も実施されています。ボール紙で作られたマスクをしたり、間違った色のコートを着て、勇気づけにアルコールを飲むヨウルプッキはいやがられますが、どんなにアマチュアのサンタでも、ドアをたたく時は、証明書をもらったヨウルプッキ以上にフィンランドのクリスマスの伝統を尊重します。
　クリスマスプレゼントを持ってくる人が、どこか遠い神秘的な北の国に住んでいるということには誰もが賛成ですが、そのサンタが北極に住んでいるのか、カナダか、ノルウェーか、スウェーデンか、フィンランドのロヴァニエミかは、

はっきりしないので、子供達はどこに手紙を出していいかわからず悩みます。北欧のビジネスマンは、サンタクロース関連の仕事で毎年忙しい思いをしています。もちろん、フィンランド人は、サンタの本当の住居はコルヴァトゥントゥリにあると確信しているので、観光地としてのクリスマスランド（Joulumaa）はラップランドだけにあるべきだと考えています。近年は外国の人達も同じように信じるようになっています。雪、トナカイのいる北の自然、真冬の暗さはすべて、クリスマスのプレゼントを用意し配る神秘的な人物の背景としてぴったりです。その人物は、はじめは変わった姿に見えますが、すぐに懐かしく感じられ、子供だった頃の恐れと期待が入り混じる相手なのです。

90

ヨウルポルク・クリスマスの小路

マリヤリーサ・カウッピネン
ヨウルポルク創始者

　だれでも、サンタクロースはフィンランドからくるということを知っています。フィンランド人の子供達にとっても、クリスマスの準備をすることは、何よりもプレゼントを待つことと、大人達のためにサンタクロースのヘルパーとなることです。しかし、フィンランドのクリスマスにはまだそれ以上の何かがあります。

　大都市の子供達が、昔の伝統のように、そしておとぎ話のようなクリスマスを経験できないことは残念なことです。でも、もしヘルシンキの子供達に、私達が子どもだった頃のクリスマスにあった素敵なことを全部集めて、クリスマスらしい行事を行ったらどうでしょう。

　この思いつきは10年前数人の人達の頭に浮かびました。そしてそのアイディアをすぐにセウラサーリ財団(Seurasaari、ヘルシンキ市の野外博物館のある島)に持って行きましたが、関心を持ってもらえませんでした。しかし公的な団体が支援してくれないからといって、せっかくの素晴らしいアイディアを諦める手はありません。そこで、善意のある人たちを集めて、アイディアを非公式に実行することにしました。必要なことは、ただアイディアを100％以上信じ、それを実現する情熱を持つことだけなのです。

　はじめにアイディアを売り出すこと、今日的に素敵な言葉で言うと、友人、隣人、職場の同僚からネットワークづくりを行いました。ヘルシンキ市当局、博物館庁、教会の総務局、NPO、学校へも宣伝しました。約1年かかりました

が、子供のいる家族のために商業的でないクリスマスの行事を行うというアイディアは、多くの賛同を得て、少しずつ、個人や当局も参加してくれるようになりました。

　はじめから行事は1日の行事として、クリスマス前の最後の日曜日に行うと決めました。しかしどこで行えばいいのでしょうか。クリスマスの行事は、美しい自然に囲まれた昔の時代を思い出させるような野外でしたいと考えていました。ヘルシンキでたった一つその雰囲気があるのはセウラサーリでした。私達は頑張りました。そして歓声を上げて迎えられたわけではありませんが、最終的にはセウラサーリの許可をえることができました。資金もまったくなかったのですが、ありとあらゆるコネを使って、最後には、ヘルシンキ市が輸送や材料のために、小さな助成金を出してくれました。

　この企画にコマーシャル広告を取り入れたら、おそらく他のスポンサーを得ることは楽だったでしょう。しかし、私達はそうはしませんでした。運の良いことに私たちのアイディアを良いと考え、経済効果を求めようとしなかった団体がいくつかあり、協賛してくれました。私達が必要としていたのはお金ではなく、必要な道具と特別な技術と人手でした。このような人達のおかげで、雰囲気を醸し出す照明や他の電気器具、ポスター、子供たちへの無料のクリスマスのミルク粥（riisipuuro）とクッキー（piparkakku）、交通整理等の手配と多くの助けを得ることができました。

　宣伝資金はなかったのですが、最高の協力者を得ました。素晴らしい童話画家のマイヤ・カルマ（Maija Karma）が私達のためにクリスマスの童話の森を描いてくれたのです。この絵からポスターを作って保育所と学校へ配りました。特にヘルシンキ・サノマット紙（Helsingin Sanomat）の当時のタウン編集長に感謝しなければならないのですが、彼はセウラサーリの「ヨウルポルク（クリスマスの小路、Joulupolku）」のイベントが実行される2日前に、暖かい文章で記事を書いてくれました。

　ヨウルポルクでは何を提供していたのでしょうか。小路に沿って、歌や遊戯、童話の朗読、遊具場、劇場、藁の迷路等のイベントともちろん大勢のサンタク

269

VIII　日常生活の喜び

ロースが用意されていました。確か、最初から乗馬も用意されていたと思います。

私達は、最初から子供達を活動的にしたいと考えていました。それで子供達に、自分のクリスマスツリーの飾りとお粥を食べるためのお皿とスプーンを持ってくるように伝えました。

野外の行事なので、いつも天候のリスクがあります。しかし天候は私達の味方でした。最初の年は、金曜日には長靴の中まで水が入ってくるほどの大雨でしたが、当日の日曜日には初雪が降って一面真っ白でした。沢山の人が橋を渡って島に来ました。子供達は大喜びで、大人も喜んでいました。

大人の参加者は、すべてが無料だということに驚いていました。今日ではなんでも経済的にもうかるということが大切です。何といわれても、ヨウルポルクのイベントを実行したときほど、多くの報酬をもらったことはありません。本物の報酬はユーロ（お金）で計られるものではなく、心に残る幸せの感情なのです。

私達は次の年も開催しようと決意しました。そしてこれまでに10年開催されています。新しいイベント内容も増えました。森の動物、サンタクロースのヘルパー、平和のろうそく広場、天使、クッキーの展示、その他沢山です。私達は、若い人達が以前よりも多く参加してくれることを喜んでいます。いろいろな学校の生徒達がグループでクリスマスのイベントを行ってくれます。去年は小路に沿って30ものイベントが行われました。これらの調整には問題ありません。というのはそれぞれのイベント会場に責任者がいるからです。

最初から共和国大統領の夫人が「ヨウルポルク・クリスマスの小路」の保護者でした。現大統領も何回もヨウルポルクに来て下さっています。ヘルシンキ市長もヘルシンキ教区司教もサンタクロースに挨拶に来られました。中心の広場では何度か超教派のクリスマスの礼拝が行われています。

最近では、毎年2万人以上の人達がセウラサーリの「ヨウルポルク」を訪れています。そして嬉しいことに、他の地方でも同じような行事を行うようになりました。「ヨウルポルク」は社会的な行事になったのです。

「ヨウルポルク」は、勇気と情熱と協力があれば奇跡を起こせることを示したのでした。

91

フィンランドのタンゴ

ペッカ・ヤルカネン
作曲家

　歌手のレイヨ・タイパレ（Reijo Taipale）は、タンゴはフィンランド人の国民の歌だと言いました。
　フィンランドのタンゴは、アルゼンチンのタンゴを、1940年代と1950年代にフィンランド風に開発したもので、それには約50年かかりました。永遠のタンゴである「ラ・パロマ」（1854）はタンゴをキューバ化したハバネラですが、フィンランドでは1890年代から知られています。アルゼンチンタンゴはパリ経由でヨーロッパに1910年代初めに広まりました。知られている限り、フィンランドでタンゴが初めて演奏されたのは、1912年の夏にカイヴォフオネ（Kaivohuone）・ナイトクラブで、ペテルスブルグから来たロマニ楽団が演奏した時です。曲目にはアルゼンチン、ブラジル、スペインのタンゴ系の新曲と、有名なエル・チョクロ（フィンランドでは「炎の口づけ」1905）とラ・クンパルシータ（1917）が入っていました。1913年には、フィンランドでタンゴ熱が流行し、「炎の口づけ」はブラスバンドでレコードになりました。ラ・クンパルシータは、1929年に「熱帯の夜」という名でレコード化され、ダラペ・オーケストラが伴奏しました。最初のフィンランドのタンゴは、エミル・カウッピ（Emil Kauppi）が1914年にフィンランドのトーキー映画の中で、ダンスの伴奏曲として作曲しました。初期の頃には、タンゴはダンス音楽の一つに過ぎませんでした。1920年と1930年代にダンスオーケストラは、アルゼンチン、ドイツ、スウェーデン、リトアニアのタンゴを演奏していました。その中には次のようなフィンランドのタン

Ⅷ　日常生活の喜び

ゴも数曲混じっていました。マルッティ・ヤッピラ（Martti Jäppilä）の「白衣の天使（Valkea Sisar）」、ユハニ・ポフヤンミエス（Juhani Pohjanmies）の「キューバのセレナーデ（Kuubalainen serenadi）」、ヨリ・マルムステイン（Georg Malmstein）の「思い出（Muistelo）」、ヴァルト・トゥンニラ（Valto Tynnilä）の「小さなハート（Pieni sydän）」。

　本格的なフィンランドのタンゴの作曲は、戦時中に始まりました。パイオニア的な作品は、1941年のアルヴォ・コスキマー（Arvo Koskimaa）の「秋のななかまどの木の下で（Syyspihlajan alla）」とロベルト・ヴォン・エッセン（Robert von Essen）の「黄昏の時（Kun ilta ehtii）」、1942年のヘルヴィ・マキネン（Helvi Mäkinen）の「コトゥカのバラ（Kotkan ruusu）」でした。2年後に、トイヴォ・キャルキ（Toivo Kärki）が国防軍の大砲部隊の士官として前線に出ていた時にタンゴの作曲を開始し、その後タンゴ界の大御所として作曲を続けました。彼のタンゴのソリストは、伝説的なヘンリー・テール（Henry Theel）とオラヴィ・ヴィルタ（Olavi Virta）で、彼らの夢のようにロマンチックでジプシー風のグリサンド・ルバートはすべてのタンゴ歌手の見本となりました。後に続いたタンゴ作曲家には、ペンッティ・ヴィヘルルオト（Pentti Viherluoto）、カールロ・ヴァルカマ（Kaarlo Valkama）、ウント・モノネン（Unto Mononen）達がおり、彼らの作品も名曲として今でも演奏されています。

　戦争時代そのものは、なぜフィンランドにタンゴが生まれたかの説明にはなりません。死の恐怖、不確定な未来、ホームシック、戦争宣伝のようなテーマは、たまに「遠い友（Kaukainen ystävä）」、「砕かれた希望（Särkyneitä toiveita）」「カンナスの夕べ（Ilta Kannaksella）」のような流行歌に取り上げられていました。もっと重要なことは、戦時中に、人々は、身近な伝統、安全な民族保守主義的な方向に傾いたことです。新しいタンゴには、エキゾチックなアルゼンチンのパンパスはなく、人の姿がない静かな村の小道がテーマになっていました。文学研究者の指摘によると、新しいタンゴの歌詞には、フィンランド人の国民詩と、ロマン主義時代の文学の世界が盛り込まれているということです。例えば、鳥の声を聴く人、ななかまどの木、または古いカエデの木の下にたたずん

でいる孤独な人、百合の花、秋のスミレ、または他のあこがれの青い花を探す人などです。

　タンゴの歌詞がユッカ・アモンド（Jukka Ammondt）のいうように「メランコリーに満ちていること」はフィンランド人の内向的な性格、劣等感、コミュニケーションが苦手なことを表していると、特に外国でよく言われています。しかし現実には、これは「静かなメッセージ」で、痛みを伴うことを繊細にあらわす方法なのです。これには多くの理由があります。1940年代と1950年代には、タンゴの歌詞はケルットゥ・ムストネン（Kerttu Mustonen）に代表される女性達によって多く書かれ、彼女たちの歌詞はあまりにも愛、苦しみ、忘却に集中していましたので、聴き手はそれらをタンゴから学習できたほどです。

　フィンランドタンゴの音楽的側面も遠くから来ています。リズムはアルゼンチン的な要素です。リズムはセクシャルなメッセージで、ブエノスアイレスとモンテヴィデオの、自慢気な御者や水夫が訪れる売春宿の雰囲気を持っています。しかし、フィンランドのタンゴでは、リズムはもっと穏やかで、ハバネラやミロンガのマッチョなシンコペーションは姿を消し、マーチ風になり、ダンスのスタイルもおとなしい歩きに代わりました。

　しかしながらジェンダーの役割は伝統に基づきます。男性はリードをとり、女性は従います。身体がしっかりと接触するのはエロスの表現で、秘密のメッセージがタンゴのビートに隠されています。1分140ビートは、人間が非常に興奮したときの心拍と同じだそうです。ハイテ・レポートによると、このビートは女性がオルガズムに達するときの心拍だそうです！

　タンゴのメロディーには悔悟もあり、天国を仰ぎ見ることも入っています。悔悟の部分の音楽は、クインテットによる短調の演奏です。これは大昔のカレヴァラ（Kalevala）のメロディーですが、その苦しみから解き放たれる精神状態は、グレゴリアンとプロテスタントの教会音楽の影響を受けています。特にウント・モノネン（1930-1968）のタンゴの多くは、受難合唱と慈悲を求める音楽の世界の影響を受けています。たとえば彼の「おとぎの国（Satumaa）」は、フィンランドでどの時代においても最も好まれているタンゴの名曲ですが、日曜日

273

VIII　日常生活の喜び

の教会ミサの「神よ、憐れみたまえ」の叫び声を本能的に映しています。「おとぎの国」は、翼をもがれて打ちひしがれているフィンランド人の求憐誦（注：「神よ、憐れみたまえ」の祈りの文句）を強く表しています。

「フィンランド人の流行歌の神様」といわれたトイヴォ・キャルキ（1915～1992）のタンゴは、モノネンのものとは異なり、もっと優しい音楽です。キャルキが最も影響を受けたのは東ヨーロッパの音楽で、特に自治大公国時代に流行したロシアのロマンスでした。駆けのぼる六度音程によって表現されるロマンチックな名曲の「満月（Täysikuu）」「美しい別れのとき（Eron hetki on kaunis）」、「だから悲しいの（Siks oon mä suruinen）」は、短調の世界に光と慰めと少しの天国の喜びをもたらし、背景にはシャンパンとシャンデリアとヴァイオリンを弾くジプシー奏者がいるのです。キャルキのロシアの音楽を借りる伝統は、ペンッティ・ヴィヘルルオトに受け継がれました。彼の「赤い木の葉（Punaiset lehdet）」以上にチェーホフ的な流行歌はあるでしょうか。その他にはラウリ・ヤウヒアイネン（Lauri Jauhiainen）、レイノ・マルックラ（Reino Markkula）、その他の大勢の作曲者がいます。

このようにフィンランドのタンゴの心の世界は、希望を生み、人生を生きやすくしてくれます。だからこそタンゴはフィンランド人の国歌のようなものなのです。

92

フィンランド人のカラオケ

ミンナ・シルノ
フィンランド議会議員　議会カラオケクラブ会長

のろまで内気でぐちっぽくて不機嫌だというフィンランド人の伝説は、世界でなおも生きています。しかしこの伝説は真実ではありません。過去20年の間に、二つの偉大な発明によって、伝統的なフィンランド人の性格は変わってしまったのです。携帯電話とカラオケ装置によって。

良く知られているように、話すことはフィンランド人の得意分野ではありませんでした。口をきくことはとても難しく、例えばバスの停留所で「11番のバス、もう行ってしまいましたか？」という質問もできないほどです。しかし携帯電話はフィンランド人に話すことを教えました。フィンランド人は沢山話すようになり、しかも公共の場でもです。携帯電話革命の初期に、人前で声をだすことを学んだのです。携帯電話を使って、他人が聞いているところで日常の話ができるようになりました。「あなた、ミルクを買っておいてくれた？」とか、「まさか、カモーン、あんた本気じゃないだろうね。」と悪態をついたりするのです。

伝統的な静かな、声を出してはならない公共空間である道路、バス、列車、お店は今日では一人で喋っている市民で一杯になりました。でも驚いたことに、十年間練習したおかげで、口を開けるためには携帯電話は必要でなくなりました。バスの中で知らない人と笑って挨拶するほどになりました。昔だったら精神状態がおかしいのではないかと疑われたものです。

このように携帯電話によって私たちは話ができるようになりましたが、すべ

VIII　日常生活の喜び

ての感情を出すには至りませんでした。フィンランド人は深く感じる人達で、皆、それはわかっているのです。フィンランド人にお酒を飲ませて酔っ払わせてみてごらんなさい。愛と憎しみの感情、永遠の同胞愛などを聴くことができますよ。そして典型的なフィンランドの男性が泣くところを見ることができますよ。

　アルコールの影響があることは確かですが、それでも、人前で感情を表すことをタブーとするもう一つの民族である日本人が、感情を隠す仮面を顔から剥がし取る装置を発明したことは、まさしく神の思し召しです。カラオケ、オーケストラなしの歌、は世界中の人に、自分が今どう感じているのかを表す方法を与えたのです。

　フィンランド人は昔から感情を歌で表現してきました。カレヴァラ伝説の偉大な英雄であるヴァイナモイネン（Väinämöinen）でさえも、その日の気持ちを歌で表しました。しかし1970年代に歌う活動は下火になり、感情の空白が起こりました。感情を燃え上がらすための最後の手段を忘れてしまったからです。

　だからこそ、カラオケはフィンランドですぐに流行しました。カラオケは、感情を表すことが下手なフィンランド人にとって、この上もない商品でした。そして今日では、田舎の村のパブでも、少なくとも週一回はカラオケが聞こえています。また少なくとも4家族のうち1家族はカラオケセットを持っていて、限られた身近な仲間とカラオケを楽しんでいます。

　このように単純なやり方で、カラオケはフィンランド人に感情を表現する機会を与え、殻を突き破って出てくることを可能にしたのです。カラオケによって強い感情を表現することが許されるのです。カラオケの世界は、灰色の雀をカラフルな孔雀に生まれ変わらせ、人々は自分の恋を語り、張り裂けるような悲しみをやさしい聴衆に癒してもらい、気の弱い人もロックが踊れることを見せ、タフガイもしんみりとなれるのです。

　カラオケのモットーは「上手に歌うよりも楽しく歌う」です。楽譜通りに歌えるということではなく、溢れる気持ちを表すことなのです。本物のカラオケは、普通の人でいられ、アマチュアでいられるものなのです。

カラオケは、今のところ誰でもできるものです。所得の少ない年金生活者でも、清掃員でも国際的大会社の社長でもだれでも楽しめます。

残念なことに、アメリカのアイドルブームが私たちのカラオケに影響を与えています。カラオケは二極化されつつあり、プロまたはセミプロの出演するカラオケが多くなりました。彼らの目的は、カラオケを競技にすることで、歌う技術と芸術性に点数をつけ、最後に測るとすれば感情表現に注目します。彼らは歌をオリジナルの歌手と少なくとも同じくらい上手に歌い、いつでも素晴らしい出来栄えを示します。彼らの解釈では、感情もテフロン製で減ることはありません。彼らはコンテストに参加し、レコードを作り、私達をつまらなくさせます。

しかしながら、純粋なカラオケはまだ失われていません。日本的なカムバックは可能です。セミプロがカラオケを自分達だけのものにしようとした時に、普通の日本人はブーイングをして彼らを追い出しました。新しいカラオケブームが生まれています。うまく歌うとペナルティーを受けるのです。

この新しいカラオケの波はフィンランドでも支持されなければなりませんが、それには前に出て戦う人が必要です。あなたと私で一緒に叫びましょう。「カラオケを私達に、普通の人に返せ！」

93

ペットゥ・木の皮からできたパン

レーナ・ラサネン
ヘルシンキ大学教授（栄養学）

　森はいつもフィンランド人にとって、保護者であり安全な場所でした。森は採取者や狩猟者にさまざまな食料を提供していました。麦がなくなった時に、森からパンの材料をもらいました。最も重要な麦の代用品は、松の樹皮の下の部分から作った粉、ペットゥ（Pettu）でした。

　ペットゥはフィンランドでは何百年もの間、麦粉に加えたり、時には麦粉の代用品として使っていました。1860年代に大飢饉がおこり、ライ麦、大麦、じゃがいもが天候の影響で収穫できなくなりました。食料不足の年には大飢饉が起こり、当時の経済状態と交通手段の未発達のため、救助することができませんでした。このような状態の中、ペットゥで作られたパンはフィンランド中で食糧となったのです。

　第一次世界大戦中、1918〜1919年の間に食糧不足が起こり、東部と北部フィンランドでは非常用の麦さえも配給できない状態でした。当局はペットゥ、コケ類、その他の野生の植物を食料に改良する努力をしました。カヤーニ（Kajaani）市や他の東北部の自治体に、国の補助金でペットゥ粉の工場が設立されました。1930年代の食糧不足時代に、東フィンランド地方の最も貧しい自治体では、土地を持っていない人達は、ペットゥ粉を麦に足して食べていました。

　ペットゥは、松の樹皮の下にある柔らかい部分です。初夏には松の木から樹皮をはがして長い帯状にペットゥを採取することができます。ペットゥを加工するには、まず残った樹皮をとり、燻すか茹でて松脂を除きます。そうして乾

燥させ、粉に挽いたペットゥは、何年も痛まずに保存することができます。ペットゥ粉で発酵させたパンを作ります。少なくとも材料の3分の1は、ライ麦か大麦の粉を使います。大飢饉のときだけは、ペットゥ粉のみで作りますが、ペットゥの分量が多いほど色は黒く苦い味になります。

　ペットゥ粉のエネルギー量はライ麦の半分です。ペットゥに含まれている炭水化物とタンパク質は加工過程で減少しますが、同時に松脂に含まれている有害な、テルペン、レジン、タンニンも消えます。成分の約60％が不溶性繊維でリグニンやフラボノイド等のフェノール分が多く含まれています。ペットゥパンが健康に及ぼす悪い影響についても昔から知られていて、それだけでは日々のエネルギー量を満たす食料にはならず、食べ過ぎると水腫や消化不良を引き起こします。

　年配のフィンランド人は、ペットゥを飢饉の食べ物として、過去のつらい時代のシンボルとして記憶しています。自然食品の利用が新しい流行となり、エコ栽培やベジタリアン食の普及によって、ペットゥが新しく見直されました。フィンランドでは、食料品の健康への影響についてさまざまな方法で研究が行われており、食品分野の新発見や開発を支援しています。ペットゥについても研究や企業活動が行われており、ペットゥの輸出と製品開発の国際協力が始まっています。今日の市場では、ペットゥは健康食品として開発されており、宣伝文句としてペットゥに含まれている繊維、ミネラル、フラボノイドがよいのではないかと考えられているようです。実際、今日ではペットゥの粉はライ麦の粉の60倍もの値段がします。

　観光産業もペットゥの歴史に関心があるようです。ある体験観光を企画している会社が、ペットゥの皮むきと加工を体験する歴史的テーマを販売しています。

94

マンミ・復活祭の黒いデザート

アリヤ・ホプス - ネウヴォネン
マルッタ協会（Marttaliitto）

　マンミ（mammi）は伝統的なフィンランドの復活祭のデザートです。今日では家庭で作ることは少ないのですが、200万キロの既製品のマンミが毎年売れています。しかし、実際には復活祭の時だけ売られているのではなく、20％が復活祭以外の季節に売られています。マンミは冷凍食品として一年中手に入り、一部スウェーデンに輸出されています。

　トゥルク大学の神学部のダニエル・ユスレニウス（Daniel Juslenius）教授は、1700年代に、南西フィンランドの住民が食べた、白樺の皮の容器に入れてオーブンで温めたお粥について書いています。「色は真黒だが、非常に甘い。発酵しないパン種の記念に復活祭に食する。」

　歴史家のH.G.ポルタン（H.G.Porthan）は、マンミはハメ地方、南部および南西のフィンランドで一般的でありますが、カレリア、サヴォ、オストロボトニア地方では知られていないと述べています。ポルタンによると、マンミは冷えたまま木片を使って食べたということです。

　マンミはフィンランドで情報協会、婦人学校、料理本、仕出し料理人、新聞の料理欄などによって広まりました。南カリヤラとラップランド地方で広まったのは1930年代になってからです。

　マンミの調理法は昔とほとんど変っていません。1751年にトゥルク大学の化学の教授であったP.ガッド（P.Gadd）は、マンミの調理法を発表しました。「ライ麦粉と挽いたライ麦モルトを1対2の割合で、湯で混ぜる。柔らかい種を白

樺の入れ物に入れて、低い温度のオーブンで6〜7時間焼く。」

　マンミがどのようにして発明されたかについては、諸説があります。マンミの秘密は、昔のオーブンが長時間かけてマンミを調理するのに適していたからでしょう。長時間焼くことが、マンミに必要なメイラード反応を起こし、色と味をもたらすのです。マンミを発明してくれたことに対する感謝は、当時のオーブンを作った人達にも述べねばならないでしょう。

　伝統的にマンミは、人々が冷たい食べ物のみを食べた復活祭の金曜日にいただきます。その日は聖なる日だったので、食物は作らず、火も焚きませんでした。

　今日ではほとんどの人がマンミをクリームかミルク、砂糖を加えて食べるか、マンミからパフェやムース、アイスクリームをつくります。昔は、マンミを甘いジャムのようにライ麦パンの上に載せて食べました。

　既製品のマンミが甘すぎると思う人は、オルガニックマンミを試されたらいかがでしょう。オルガニックマンミは砂糖抜きでできていますので、その甘みはモルトになる過程で作られます。

95

ホーコーシニネン・ソーセージ・女性を解放した食品

マルック・ハーピオ
作家

　フィンランドの女性は世界で最も働いています。フィンランドの女性の就労率は、ＥＵでは第3位です。HKの青ソーセージ（HK Sininen ホーコーシニネン）の出現がその特別な要因となっているのです。ホーコーシニネン・ソーセージは、ちょうど女性が台所から外に働きに出るようになった頃に生まれました。戦時中、女性は男性が戦線で闘っている間、外に出てその仕事を引き受けて働きました。外で仕事をすることは、戦後の平和が戻ってからも続きました。それは復興と戦争賠償のために、働ける者はみな働かなければならなかったからです。このことは家庭の食事の伝統を変えました。学校や職場から戻ってくる家族のために、時間をかけて生鮮材料を調理する母親は家庭からいなくなりました。食事は簡単に、速く調理できて、しかも安くなければならなかったのです。冷凍食品はこの時代にはなく、調理食品はまだほとんど出回っておらず、缶詰は高価でした。そこでソーセージが生まれ、ホーコーシニネンが登場したのです。

　フィンランド人にとってかけがえのない国民食であるソーセージは、リングソーセージ（注：輪の形をしたソーセージ）で、食べられているリングソーセージの半分は、ホーコーシニネンです。スウェーデンだけに、似たような白く軽くて上質のファルコヴ（falukorv）ソーセージが存在します。中央ヨーロッパではフライッシュヴルスト（fleischwurst）とリオネール（lyoner）というソーセージがありますが、沢山の種類の中の一つという存在です。フィンランドのリン

グソーセージの存在とその役割は国民的といえます。それは生ではなく調理済みで（仕事から帰って疲れていたらそのまま食べます）、スープに入れたり、ソースに入れたり、卵焼きに入れたり、煮たり、焼いたり、肉と同じように扱えます。生ものではないので火を通す必要はなく、熱くすればいいのです。1950年代や1960年代の基礎食品に求められるもの、すぐに食べられて、簡単で、おいしい、夢のような製品でした。その上、なんといっても安かったのです。

　製品は戦前に開発されましたが、1950年までは、肉を手で天然の腸詰にしていたので値段が高かったのです。しかし1963年に製造会社のホーコー（HK Helsingin Kauppiaat の略）が人造腸スキンを発明してから変わりました。製品処方は直接ソーセージの表面に印刷可能になりました。こうしてソーセージにレンキマッカラ（リングソーセージ）と、青字で印刷されるようになったのです。これよりホーコーシニネンは「青（シニネン）」と呼ばれるようになり、ソーセージ革命が始まりました。デリケートな本物の腸詰は過去のものとなり、人造腸スキンによって生産効率は何倍も上がり、以前は6人の作業員が生産していたのが、2人と機械で作られるようになり、ソーセージの価格は瞬く間に落ちました。リングソーセージは国民食となり、ホーコーシニネンは国民ソーセージとなり、フィンランド福祉国家を建設している人々の胃袋を満たしたのです。

　歴史の法則に従えば、フィンランドが戦後の復興から立ち直った時に、リングソーセージとホーコーシニネンの役割はもう終わったのです。しかし、すぐ食べられて、簡単に調理でき、おいしい日常の食べ物は以前にもまして求められるようになり、加工食品や冷凍食品などの挑戦者は、ソーセージをその地位から追い落とすことはできなかったのです。ソーセージは本物の国民食となり、もうその歴史上の役割を説明する必要はなくなりました。つまり、ソーセージはフィンランド人にとってとてもおいしい食べ物で、簡単な食べ物なのです。

96

すべての市民の権利

ユハ・コルケアオヤ

農林大臣 2003 ～ 2007

「すべての市民の権利（jokamiehenoikeus）」は、フィンランドの昔からの慣習で、その一部は法律に記載されており、土地所有者であるかどうか関係なく、他人の土地や水域を利用することを指します。フィンランドと他の北欧諸国は、比較的人口密度が低く、これが、このすべての市民の権利が、慣習による権利から、法律上の権利へと進化するに至った前提条件でした。反対に多くのヨーロッパの国、たとえば英国やベルギーでは、土地所有者の許可なくして他人の土地に侵入することはできません。

最も伝統的なすべての市民の権利は、他人の土地を歩くことでしょう。歩いて、スキーを使って、または自転車で他人の土地を通ることは、土地所有者の許可を必要としません。

様々なすべての市民の権利がありますが、そこにはいくつかの共通点があります。この権利を行使することは、無料で、大体において無害で、一時的なものであることです。つまり他人の土地を通るときには、できるだけ迷惑をかけないようにしなければなりません。すべての市民の権利は、他人の庭や畑には認められていないので、他人の庭や畑を横切ることはできません。スノーモービルのようなもので通る時は許可が要ります。スキーやオリエンテーリング等のイベントは、すべての市民の権利とはならないので、土地所有者と協議しなければなりません。

水域を通るには水域に関する法律によって規定され、原則としてどの乗り物

にのっても水域を通ることができます。氷の上も通ることは許されています。場所によっては、水上スキーやモーターボートを楽しむ人と沿岸の住民の間に摩擦が起こることがあります。モーターボートや他の船で沿岸に近い水面を往復すれば、騒音がおこります。現在、水に関する法律の改正作業中ですが、沿岸住民の庭部分の保護を強化し、刑法の家庭の平和にかかわる規定が、庭に直接接触している水域にも及ぶようにする案が検討されています。

一時的で、1日から数日の期間のキャンプやテント生活は、広く知られているすべての人の権利です。しかし薪を焚くことは所有者の許可が要ります。ハイキングを行うものは、迷惑をかけないようにし、ゴミは自分で始末します。キャンピングカーを短期間駐車することは、車両の利用と駐車に関することなので土地所有者の許可が要ります。

ベリーを摘むこと、キノコ狩り、花を摘むことは典型的なすべての市民の権利です。これらの自然の恵みの採集は、歩くことが許されているところで行うことができます。フィンランドでは、ベリーは毎年5万トンも採集されます。全家庭の半分がベリーを摘んでいます。幾種類かの植物は自然保護法令で保護されています。水路から家庭用、家畜用に採水することは許されています。しかし水底やその他のところから土を採取することは許されていません。

釣りや氷の上からの釣りはすべての市民の権利で、漁業に関する法律に規定されています。約40%のフィンランド人、つまり200万人が1年に1回釣りに参加します。

フィンランドのすべての市民の権利は、一般人に認められ、権利全体を網羅する法律がないにもかかわらずフィンランド社会に定着しています。これらの権利はフィンランド人だけの権利ではありません。この古代からのソーシャルイノベーションは、フィンランドを訪れる外国人にも提供されています。

97

日常のエロティシズム・フィンランド人の性生活

エリナ・ハーヴィオ - マンニラ
ヘルシンキ大学名誉教授（社会学）

　今日のフィンランド語辞典におけるエロティッカ（erotiikka）の定義は、愛情や性的欲望、特に性的行為の予測に焦点を合わせた表現、性生活、エロティシズム、ときには愛情の精神部分、ときには軽い愛情または親密な関係、性行為などとあります。
　これらのテーマを調査するにあたって、調査の回答者の生まれた年と調査年によって分析してみました。生まれた年はその人が成長した歴史的な期間を指し、それに10～20年を足せばいつ回答者が性生活についての基本を学んだかわかります。調査年からは、同じ時期に生まれた人が、年齢を重ねるにつれてどのような性行動をとるようになったかを分析することができます。データは1971、1992、1999年に行われた三つの性調査から集めました。
　20世紀後半に起こったいくつかの社会変化は、性生活に直接的な影響を及ぼしています。避妊法、中でもピルの発明と開発は、人々により自由な性生活をもたらし、人間の寿命の延びたことは、成人が一緒に暮らす時間を延長し、性関係の数を多くし、性関係における男女平等に影響を与えました。
　成人を対象とした調査によると、フィンランド人の大多数は安定した性生活を送っています。このことは、彼らは結婚しているか、事実婚か、または別居しているが、関係は安定しているということを意味します。最も一般的なのは結婚です。1971年には18歳から54歳の3分の2が結婚していました。1990年には2人に1人でした。1970年代の初めには事実婚者は2％でしたが、90年代

では6人に1人です。1971年には若者と中年の3人に1人が一人暮らしの独身でしたが、彼らに性生活があったかどうかについてはわかっていません。1990年代には5人に1人だけが性関係のある相手と同居していませんでした。しかしこのグループは別居関係であると分類されたグループ、つまり同居はしていないが、性生活を共有しているカップルとは別に分類されています。1992年から1999年の間に、別居関係は約13％から15％に増加しています。男女関係は1970年から増加していますが、既婚者の割合は減少しています。

今日では人々は以前よりも婚前に性関係に入り、相手を変えて繰り返したり、同時進行の関係を持ちます。20世紀の初めに生まれた女性の40％と男性の15％が、婚約時または結婚初夜に初めての性関係を持ちますが、1950年代の末以降に生まれた人達については、その割合は男女共に低くなり5％です。結婚または事実婚外の同時関係は特に女性に増加していますが、それでも男性の方が女性よりはるかに多いです。婚外関係と性パートナーが多いのは1940年と1960年の間に生れた人達で、1990年に調査された男性です。それより年配の人達は伝統的な性道徳に従っていますが、若い人達はまだ結婚や事実婚の経験をしていません。

性生活における平等性は明らかです。1990年代にはほとんどすべてのフィンランド人が、女性も男性と同じように性的関係のイニシアチブを取る権利があると考えています。1970年代の初めには、多くの女性はこのように考えてはいませんでした。実際には、若い女性ほど、一番最近行った性関係において、自分が、またはパートナーと一緒にイニシアチブを取ったと回答しています。

愛情とエロティシズムについての調査は三つの質問によって行われました。それらは、パートナーとの関係における幸せ、性についての話しやすさ、相互の愛情の3項目です。年を取るにつれてパートナーとの関係の幸せは減っていきます。1950年頃生まれた人達は、1971年には明らかに1992年の頃より幸せで、特に1999年と比較すると大きな違いがありました。年齢とは別に歴史的時代が影響するようです。1970年代に生まれた若者は、1950年代の若者より幸せと感じています。

Ⅷ　日常生活の喜び

　パートナーと性についての話しやすさは、年齢が上がるにつれて難しくなるようです。歴史のそれぞれの時代がパートナーとの関係の幸せと、性について会話することが、どの程度開放的で容易であるかの両方に影響するようです。調査対象者の中で最も若い1970年代の終わりに誕生した人達は、50年代に生まれた人達の若い時よりも、オープンで容易に話しています。

　18歳から54歳の3分の2が、誰かに愛され、自分も誰かを愛した経験を持っています。相思相愛の経験は1990年には1971年より一般的です。特に1999年に調査した年配の男性は、相思相愛について語ります。年配の女性は、男性の方の寿命が短いので相思相愛の経験が少なくなっています。また調査結果では、若い人達も相思相愛の外に置かれています。しかし彼らにはまだエロティシズムと愛情を得る時間があります。

　日常のエロティシズムは形を変えました。相手に忠実な結婚生活モデルは消えつつあり、性における男女平等が強くなってきました。今日の若い人達の男女関係は、その前の世代よりも幸せなものであり、性について会話することもより自由になっています。

　加齢とともに、パートナー関係のエロティシズム（幸せ、会話性、相思相愛）は減っていきます。パートナー関係のある生活をしている人達だけでなく、フィンランド人全体を見ると、年配の男性も相思相愛を経験することができるのですが、女性はそれを経験できないことが多いということです。

98

アイスフィッシング・氷の穴での魚釣り

カリ・ラヤマキ
内務大臣 2003 〜 2007　議会財務委員会副委員長

　約9500年前に氷河期が終わって、フィンランドにサイマー・ピエリネン湖を残しました。8500年前に、現在のフィンランドに移住して来たフェンノ・ウグリ人も魚釣りの重要さを理解しました。考古学上の発見によると、木片と骨を組み合わせた釣針は、4000年以上前にフェンノ・ウグリ人によって作られたものです。石器時代の住居跡から発見された魚釣り用の重しは、当時の人々が鋭い釣針に当たる部分を、重しとシャフトの役割をする石に結びつけることを知っていたことを示しています。

　魚を取るための竿は5000年前の住居跡から発見されています。おそらくイラクサ、動物の血管、動物の毛が糸として使用されたのでしょう。オオシカの骨で作られたアイスピックも発見されているので、当時の釣り人は氷を割って釣りすることもできたと想像できます。

　アイスフィッシング（氷上の魚釣り）の歴史は何千年も前に遡りますが、過去数十年間のその普及は、数の上でも比較の上でも最大のものでした。

　言い伝えによると、現代的なアイスフィッシングは、19世紀にコサックがしたとされていますが、鱈やパイク釣りは専門的に何世紀も行われてきました。タンペレ市の工場経営者であったヘルマン・カウフマン（Herman Kaufman）は、回想録の中で、タンペレ市のハタンパー湾で1864年から1866年の間に、冬の朝に沢山の町の職人とブルジョワが集まって、アイスフィッシングをするのを見たことを記録しています。「人々は氷の上に腰をおろして単調な楽しみをして

VIII　日常生活の喜び

いた。」と彼は述べています。人々は完全に不動でそりの上に座り、誰も魚が釣れたようには見えませんでした。そりは重要でした。というのは、釣り日の終わりに、下男たちは疲れたご主人をそりに載せて引っ張って帰ったからです。また下男は氷に穴をあけるために連れてくる必要があったのでしょう。しかし、カウフマンはアイスフィッシングの将来の予測については、完全に間違っていました。「冬の単調な日を忘れさせてくれる、この健康的で楽しくしかも役に立つスポーツは消えていくだろう。時代は変わった。われわれも時代とともに変わらなければならない。」と彼は書いたのです。

　アイスフィッシングにはいつも反対者が現れました。フィンランド大公国時代には、1902年の漁業法によってアイスフィッシングが抑圧されました。竿が魚を傷つけるという理由で使用禁止になったのです。当時は、釣り人は固定された「泥棒の釣針」と呼ばれる道具を使用し、魚の体を傷つけることがありました。

　魚釣りは第二次世界大戦前に全国に広がりました。特に戦後にカリヤラ地方の移住者が釣りの技術をもたらしました。工業化によって、労働とレジャー時間の区別が明確になり、漁業法によって釣りは「すべての市民の権利」となりました。戦争で戦った男達は、大酒を飲みながらアイスフィッシングを心ゆくまで楽しみました。

　フィンランド語のアイスフィッシングを指すピルッキミネン（pirkkiminen, またはpilkkionginta とも言う）やアイスフィッシングの道具であるピルッキ（pilkki）という言葉は、1950年代にスウェーデン語から借りた言葉です。スウェーデン語のピルク（pilk）は、固定された釣針のついたピルッキを指し、ピンペル（pimpel）は釣針が短い釣糸か鎖でつけられているピルッキを指します。フィンランドの水面積はほとんどが個人所有で、地域の漁業当局によって管理されています。釣りには許可が必要で、特に1950年代の初めにはアイスフィッシングには許可が必要でした。その時代には、釣り人は許可を取るのに、釣りをするよりも時間がかかったといわれています。フィッシングとアイスフィッシング協会が設立され、許可を取る手続きがかなり楽になりました。これらの

協会は、土地や水域を所有していない人達の権利を擁護しています。

　フィンランド社会では、よい理由のために戦うことにかけては、執着する傾向があります。1982年に県単位の釣りの許可制度ができた時に、スズキの量が減り、個人の波止場やサウナが壊されると考えた人達がいました。同じように1996年の漁業法は、フィンランド憲法で保障されている個人財産の権利を侵害すると考えた人達もいました。その結果、憲法委員会は、「水域を所有することに派生する魚釣りの権利は、所有の非常に特殊な形である。」との声明を出さざるを得ませんでした。

　結局のところ、すべての市民の権利と県単位の釣りの許可制度に基づく、小さいスケールの釣りとアイスフィッシングは、水域所持者の魚釣りの権利や彼らの所有物の使用に破壊的な影響をもたらしはしませんでした。またフィンランド社会も、そのためにばらばらになってしまうこともありませんでした。

　地方政策の観点からは、レクリエーションとしての魚釣りと、釣り旅行は、家族や仕事仲間で行われるアイスフィッシング競技会も含めて、地方に貢献を期待できる大きな可能性を秘めているのです。

99

氷中水泳・真冬の野外水泳

パウラ・コッコネン
ヘルシンキ市副市長フィンランド議会議員 1995〜2003

　私の母が言うには、私が2〜3歳の頃のこと、ある寒い秋の日に手袋をぐっしょり濡らして家に帰ってきたそうです。母が「手が寒いでしょう。」と言ったら、私は「いつも寒い時は水たまりで手を暖めるの。」と答えたそうです。
　おそらく私たちの祖先の人達も、同じように経験で冷たい水が暖かく感じることを知っていたのでしょう。
　今から数十年前のことですが、子供の頃の経験のことは忘れてしまい、真冬の凍ってしまうほどの寒さの中で人々が氷に開けた穴に飛び込むのを見ましたが、見るだけで震えが来る経験でした。
　20年ほど前の12月のある夜、クルーヌンハカ（Kruununhaka）の古い共同サウナに入りました。そこに一人の女性が入ってきて、「氷の穴の中に入りたいけど、昨夜は忘年会だったから無理だわ。」と言いました。そこで、彼女と氷中水泳（avantouinti 注：凍った海や湖に開けた穴の中の水につかること）とその効果について話し合いました。「試してみたいとは思っているけど、どこに行けばいいかわからなかった。」と彼女に告げますと、彼女は自分が所属しているヘルシンキ冬季水泳クラブについて語り、ヒエタニエミ墓地の裏にある小さな島がとてもいいからそこに行くように勧めてくれました。その場所は夏も素敵なところで、別荘を持っていなくてもそこに行けば都会人には十分なのだそうです。
　次の年の8月の夕方に自転車でオウリトサーリ（Ouritsaari）に行きました。入口の扉を開けて中に入ると、好奇心に満ちた表情をした人達がいて、階段を

99　氷中水泳・真冬の野外水泳

上がって小屋の中に入って、リーサのところに行って入会申し込みをしなさいと教えてくれました。リーサは当時80歳の水泳のベテランで、ほんの少しの料金で沢山の水泳者のために魚のスープとパンケーキを焼いていました。

　皆は温かく迎えてくれて、家庭的な雰囲気でした。私はすぐに気に入り、引きつけられました。当時のクラブは大家族のようで、私を抱きしめるように受け入れてくれました。そのころ私は家族、友人、学友をトゥルク市に残し、仕事のためにヘルシンキ市に移ってきたところでした。冬季水泳（注：冬季に野外で泳ぐこと、氷中水泳も含まれる）のおかげで、前から欲しいと思っていた仲間が一度に沢山できました。そこでは誰とも話ができましたが、一人でいたい時はそうすることもできる場所でした。

　冬季水泳クラブは、今のフィンランドが必要としているような共同体的な絆で動いていました。そのころサウナは薪で燃やしましたが、その役は大体年金生活者が引き受けていました。男女間の関係も自然でした。働いている人は仕事があるから昼間に来てサウナを暖めることはできないことを承知していました。ですから自由市民になった年金生活の人達がサウナの世話をするのです。次の世代の人達が、その順番が来たらサウナの世話をすることになると皆理解していました。

　サウナそのものは、冬季水泳になくてはならないものではありません。サウナは、氷の中、または冷たい水の中に何度も入れるようにするためにあるのです。サウナなしの冬季水泳とサウナありの冬季水泳は違う種目です。サウナなしの冬季水泳はすぐに軽い気持ちの良い状態になります。一方、サウナと氷の穴に交代で入るのは、社会的な触れ合いを楽しみ、百パーセントリラックスできるという意味で素晴らしいものです。

　私の経験からすると、冬季水泳は、社会的な触れ合いという意味で最高のスポーツです。冷たい水の中で泳いで、濡れて潜るその開かれた境地！一度もしたことのない人に説明するのはとても難しいのです。私がこのスポーツを趣味とするのは、ただ1回試しただけでは、氷中水泳者が感じられるようになる、冷たい水の中での体の反応を楽しむことを理解できないと思ったからです。

293

VIII　日常生活の喜び

　水泳者はだれでも、氷の穴から出た時に、気持ちがよくて溜息をつきます。そしておしゃべりをし、姿が見えない仲間の消息を聞きます。誰も知らなければ、電話をして存在を確かめます。現在のところ私の冬季水泳・サウナ仲間の最高年齢は90歳です。

　私たちのクラブでは水着を着ます。そうすれば男性と女性が一緒に楽しめます。多くの人がつれあいや家族を同伴し参加します。サウナの中で挨拶をし、その日のホットニュースを交わし、最新のジョークを披露します。

　冬季水泳は、昼間の緊張を忘れるのに最適です。長年の間、つらい思いはいつも氷の穴の中に捨てました。ストレスも解消し新しい考えがひらめきます。この趣味のお陰で私の人生には新しい展望が開けてきました。

　冬季水泳は、最近非常に速く普及しているスポーツです。オウリトサーリで水泳を始めた時、何を持ってきたらいいのですかと質問したら、古い水着、タオルとウールソックスといわれました。その後世界は変わり、道具が必要になりました。新しい水泳者は新しいタイプの靴や手袋を着用するようになりました。このスポーツは最新流行になったのです。多くの著名人が氷中水泳をするようになり、何度泳ぐのかとか、なぜ泳ぐのかとかインタビューに答えています。

　共通しているのは、皆がいい気持になることです。

100

ペサパッロ・
フィンランド式野球

マルック・プッリネン

ペサパッロ連盟　事務局長 1974 〜 2006

　ペサパッロ（pesäpallo、略称はpesisペシス）の原型は数百年も前に遡り、1600年代に球技がされていたとの記録があります。これらの球技の一部は、他の北欧やドイツでは昔の王族のゲームでした。球技は1800年代に盛んに行われるようになりました。それは楽しい集団で行うレクリエーションで、都市や地方の住民を結びつける役割を果たしました。

　1922年にタフコ・ピフカラ（Tahko Pihkala）がペサパッロを発明した時、昔の球技の特徴を取り入れました。ペサパッロは、皆で一緒にするという昔からの精神を受け継いでいます。競技ではありますが、集団ゲームなのです。タフコ・ピフカラ自身が発明したものは、打者も走者もフライをとられたときには、アウトにはならないけれどフィールドからでなければならないこと、グラウンドが狭いので、塁から累に走るのが難しくなることです。またアメリカの野球からも影響を受けています。ピフカラは、ペサパッロをまさしく国民球技として発明したのです。若者たちをスポーツ好きにさせ、国民を結びつけ、国を守る心構えを作るための球技なのです。

　ペサパッロはフィンランドの国民球技で、国際競技とはなり得ないのですが、高い人気があります。それは、ペサパッロがどのような年齢、体力の人にも適し、高価な道具は必要なく、特別のグラウンドもいらないからです。学校でもペサパッロは人気があります。また見る競技としての地位も獲得しており、フィンランド全国どこでもトップのペサパッロ試合を見ることができます。

VIII　日常生活の喜び

　今日ではペサパッロは、フィンランド、スウェーデン、スイス、英国、ノルウェー、オーストラリア、ドイツ、エストニア、ニュージーランドで行われています。エストニアを除いて、ペサパッロのゲームはフィンランド移民社会の中で行われています。彼らにとっては本国との絆であり、フィンランドの文化なのです。

　ペサパッロが人気を得たのは、戦後の工業化する社会の発展の時期でした。しかし、このゲームがぴったり合うのは、農業社会でも産業社会でもなく、今日の情報社会のようです。

　ペサパッロはまた、競技でもあり、一般の競技スポーツの発達とともに発達しました。しかし1990年代の終わりにペサパッロはあまりにも商業的になり、共同体向けのゲームとしてはそぐわないものになりました。利益を求める八百長試合がペサパッロをもう少しでダメにするところでした。

　しかしペサパッロは危機を乗り越え復活しました。競技は本来の形にもどり、今日の社会のニーズも考慮するようにしました。こうして、人々が一緒に自己実現し、共同活動を行うホームクラブ・ネットワークの設立に至りました。ホームクラブによってペサパッロは、競技スポーツというだけでなく、人生の楽しみと意味を与えるものになりました。

　ホームクラブは出会いの多い社会の文化の一部を成しています。それは運動やスポーツに影響を与え、市民活動を促進します。ホームクラブを通じて、運動は国民保健と学習を向上させることができます。トゥルク大学の研究者のユハ・ヘッドマン（Juha Hedman）は、運動は国民保健モデルの中に取り入れられると述べています。「ペサパッロの愛好者はホームクラブ設立に挑戦した。ホームクラブの考えは生涯学習、伝統的なフィンランドのスポーツ、そして特に、世代を通じた知識の伝達に基づく。個人の学習は、責任感（謙虚さ）と戦略的な視線（自信）によって行われる。個人並びに組織の戦略的な学習の第一の機能は、これらの二つの基本的特徴のバランスを取ることである。」

　ペサパッロは多元的で想像力に満ちたスポーツですが、それ以外の特徴もあります。それはフィンランドの農耕社会の、特に児童と青少年の教育と集団作

りのニーズを満たすために生まれた社会的なイノベーションです。最も素晴らしいことは、今日の情報社会のニーズを満たすイノベーションでもあることです。

　国民参加政策プログラムの一環である市民社会委員会の報告書は、2006年にタニヤ・カルペラ文化大臣（Tanja Karpela）に提出されましたが、その中に、ペサパッロのホームクラブは革新的な市民活動として取り上げられています。

101

ナイステンキュンピ・
女性の 10km マラソン

カロリーナ・ラウタコルピ
イロメトリ社・ナイステンキュンピ事務局長

「ナイステンキュンピ（Naisten Kymppi 女性の10）」は、1980年代の初めに数人の女性がグループでジョギングをしている時に始まりました。ジョギングの効果がでたので、この女性達はもっと挑戦すべき目標をと思い、ランニングの競技会に参加することにしました。しかしすべての競技会は、額にしわを寄せて胸にゼッケンをつけて走る真剣な競技だったので、彼女達には面白くありませんでした。そこで彼女達は、女性の運動を促進し、女性が走ることを支援する目的で、「ユオクスアイカ（Juoks Aika 注：走る時を意味するが、本来の意味の動物の発情期とかけている）」協会を立ち上げました。協会は、体力づくりに楽しさと気分転換とユーモアを盛り込みたかったのです。

1984年のユオクスアイカ協会の計画として5月19日開催の「ナイステンキュンピ」すなわち、女性の10kmランニング大会を掲げました。目標は女性を気楽に運動に参加させることでした。ランニングの行事の中には、公園で朝食を取ること、音楽と趣味としてのランニング、ランニング中の怪我についての情報提供などが含まれていました。

1984年の春に女性達はカイヴォピスト公園の美しい景色の中を1.5km走る許可と同時に美術展を開催する許可を申請しました。許可が下りたので、ヘルシンキの中心地と女性達の住んでいる通りにチラシを配りました。初めてのナイステンキュンピは368人の勇気ある女性が集合し、海風を受けながら仲の良い雰囲気で走りました。到着点ではフレッシュなホットコーヒーがふるまわれ、

101　ナイステンキュンピ・女性の10kmマラソン

木の枝に絵画がかけられ、管楽器のアンサンブルが聞こえてきました。

　ナイステンキュンピの行事はもともと一度だけ行う予定だったのですが、この思いつきに夢中になった人達が多かったので、次の年の春にも開催することを決めました。行事の参加者数は急速に増えて、1988年には1万人になりました。ランニングは年間を通した行事になり、1988年の10月にはナイステンキュンピは300人の女性をアテネマラソンへとチャーター機で送り出しました。

　1988年の11月にナイステンキュンピとユオクスアイカ協会はフィンランドスポーツ連盟の傘下になりました。代表者と開催責任者はこれまでと同じアイディアを考えだした女性達で、新しくイロメトリ社（IloMetri Oy）を立ち上げて行いましたが、参加者がどんどん増えていったので、大規模で強力な組織に入る必要があったのです。1988年からナイステンキュンピの収入は児童と青少年の体育の支援に使われています。

　1994年にナイステンキュンピはカイヴォプイストに別れを告げ、2万人の女性の力で伝統あるオリンピックスタジアムを占領しました。フィンランドの体育の聖なる地で行事は9回行われました。ナイステンキュンピは、20周年を3番目の行事開催地であるフィンランディアハウスとその近くのアウロラ競技場で行いました。ランニングが公園とヘルシンキの中心部を組み合わせた場所で実施されることは当初から目的とするところでした。

　ナイステンキュンピはすべての女性のための行事です。若い女性はチュットエンキュンピ（Tyttöjen Kymppi 少女の10）に参加できます。チュットエンキュンピの参加費の一部は国際支援費として使われていますが、ナイステンキュンピの収益は国内の児童と青少年の体育のために使われています。これまでの間に、何人もの女性大臣とタルヤ・ハロネン（Tarja Halonen）共和国大統領もランニングに参加しています。

299

102

サウヴァキャベリュ・ノルデイックウォーキング

エーロ・アカーン - ペンティラ
フィンランド議会議員　議会ノルディクウォーキングクラブ会長

海外でノルディックウォーキングと呼ばれているサウヴァキャベリュは、人気があり、フィンランドでも運動の一つとなっています。これを書いている間に毎週約80万人がノルディックウォーキングをしています。約150万人のフィンランド人が、真面目にノルデイックウォーキングを試みたようです。フィンランド人からはじまったブームは中央ヨーロッパや他の北欧諸国に伝わり、それ以外の世界にも普及しつつあります。

いつこのようなウォーキングがはじまったのか特定するのは難しいことです。使徒の聖パウロは、動物を避けるために棒を持って歩いたといわれていますし、アルプスでは人々は棒を歩く補助に使っていました。競技スポーツでは1950年代から丘陵地帯で有酸素訓練にステッキを使用していました。もっとはっきりと使われたのは、1980年代にフィンランド・レクリエーション・スポーツ野外活動協会（Suomen Latu）が、フィンランドの陸上競技選手でスポーツ推進者であったタフコ・ピフカラ（Tahko Pihkala）の像に表敬するために、スキー旅行を計画したときです。雪が降らなかったので、スキーのストックを使ってマンヌラの小屋から歩きました。このアイディアは協会の事務局長であったトゥオモ・ヤントゥネン（Tuomo Jantunen）が出したものです。

このイベントの後、ストックを使って歩くことが広まりました。手頃なストック（注：ポールとも呼ばれる）の開発が行われ、最初の製品は1990年代の中頃発売されました。それからブームが始まりました。2001年にフィンランド議

会ノルディックウォーキングクラブを結成したのですが、大変な人気を呼び、ウォーキングをする人達は増加しています。毎年、その年の議会ウォーカーを選出しています。

ノルディックウォーキングの健康への影響も研究されていますが、その結果は非常に良好です。基本的にはウォーキングは、歩くことができて自分の体のストレスに対する反応がわかる人であれば、だれにでも向いています。ストックの正しい高さと正しい技術をマスターすれば普通に歩くよりも効果は40〜50％も上がります。さらに膝にかかるストレスも約30％減少します。ウォーキングはどの年齢の人にも適しています。ほとんど赤ちゃんからお年寄りまで可能です。一般に約1時間のウォーキングが望ましく、その間は息をきらすことなく話せることが大切です。規則的に1週間に2回歩けば、体調を保全できますし、それ以上行えば、体調はより良くなります。

体調の他に、ノルディックウォーキングは性格を積極的にし、精神状態も体重管理も良くなります。実際に脂肪が燃焼するのは1時間のウォーキングの後ですが、やせることも可能です。

ノルディックウォーキングは、いろいろなグループによって実行されています。2000年の11月には、軍隊の月刊誌（Sotilasaikakausilehti）が、ヤーカリ（Jaakari）護衛連隊のウーシマー部隊に、戦闘装備で7 kmの行軍を組織しました。行軍にはスポーツ隊も参加しました。結果としては、ストックを使用しない時より3分早く到着し、ストレスも特に感じなかったということです。時間が短縮されたのは、上り坂で前へ歩きやすかったからだそうです。兵士達はこのテストを良い経験としています。

ノルディックウォーキングは今後も残るでしょう。多くの愛好者がいますし、その人数は増えています。1998年に行われた世論調査では、特にノルディックウォーキングを趣味としていると答えた人はいませんでしたが、今日では何100万人もの人達がヨーロッパ全土で歩いています。フィンランド・レクリエーション・スポーツ野外活動協会、フィンランドスポーツ学校（Suomen Urheiluopisto）、その他の多くの団体、ウォーキングの教師達とストック製作者達が一緒にノル

Ⅷ　日常生活の喜び

ディックウォーキングを創造し、そのおかげで、フィンランド人は簡単な方法で良い体調を維持しています。

103

食器乾燥棚・
29,900時間の節約

ピルッコ・カサネン
労働能率協会研究部長

　1940年代に労働能率協会（Työtehoseura,TTSと略す）は、フィンランド人の台所を合理化しました。当時の台所の状態には様々な問題があり、合理化は大仕事でした。都市の集合住宅の台所と女中部屋は、住宅の最も暗い場所にあり、裏庭に面していました。台所から食堂までは離れていて、複雑な構造になっていました。地方では食事の支度は暖炉のある部屋で行われ、そこでは他の仕事もし、同時に寝室でもありました。空間は十分あったのですが、使い易さについては全く考えられていませんでした。収納スペースは少なく、ばらばらに置いてありました。食器は洗い場で洗い、1920年代からは亜鉛板で表面加工された流しで洗っていました。

　合理化は、家事労働時間と労働の身体的負担についての調査に基づいて行われました。家事労働の約半分が食生活に関するものでした。立ち仕事、手を伸ばすこと、腰を曲げること、持ち上げることはストレスになりますし、時間を消費します。労働能率協会の家政部の創設者のマイユ・ゲブハルド（Maiju Gebhard）の指摘によると、女性は一生の間に29,900時間も食器洗いに使うということですが、これは1日8時間労働を休日なしで10年続けるのに匹敵する長さです。

　台所の内装を合理的に変えることで、労働時間を1日3時間も減らすことができました。地方の家庭にとっては、水道を引くことが労働を軽減するための最初の条件でした。温水を引くことも重要でした。自動食器洗い機がアメリカ

Ⅷ　日常生活の喜び

でニュースになった時、マイユ・ゲブハルドは食器洗いを楽にする三つの方法を考えていました。一つは食器数を減らすことで、調理用にも使えて食事も盛りつけられる見栄えの良い食器セットを使うこと。二つ目には食器洗いをできるだけ効率的にすることで、汚れた食器のスペースを作る、流しを改良し温水を使う、右から左へと作業すること。三つ目は食器拭きを省くこと。

　労働能率協会の調査によって、お皿を適切な場所で乾燥させれば1日に半時間から2時間節約できることが分かりました。さらに食器を拭くタオルも節約できます。調理台は他のことをするために空けることができます。というわけで、壁に取り付けるスペースを活用することにしました。乾燥スペースは壁に取り付け、網棚にして周りを囲って食器を埃から守ります。こうして食器乾燥戸棚ができました。

　最初の食器乾燥用の網部分は木製でした。この食器乾燥棚はほとんど唯一の台所用設備でした。労働能率協会の家政部は、1940年代の中頃に台所設備用家具のモデルを作りました。協会から家具の設計図を買うことができ、乾燥棚は協会の工房で作られ、販売されました。

　産業界による台所の設備用品生産は1948年に開始されました。エンソ-グツアイト（Enso-Gutzeit）社のトルナトリ工場で、労働能率協会の研究に基づいて開発された、エンソ家具という名の製品が生産されました。これらの製品には、例えば、銀食器用（ナイフフォーク類）のキャビネットが取り付けられ、戸の内側に鍋ブタをかけられるようにするなど、使いやすい工夫がされていました。

　今日では自動食器洗い機が普及しているのにもかかわらず、食器乾燥棚は今でも一般に使われています。食器乾燥棚で、食器洗い機に不向きな鍋、プラスチック製品、銀食器などを乾燥させます。1990年の初頭に、労働能率協会は消費者調査結果に基づいて、食器乾燥棚に大きな改良を加えました。網部分の隙間を狭くし、小さい食器が抜け落ちないようにし、洗剤やスポンジなどのためのスペースを作りました。さらに、おしゃぶりなどの軽いプラスチック製品のためのポケットを戸の内側に付け、瓶などの乾燥かごも取り付けました。戸棚の中の一番下には大きくて重い食器を入れ、上の段にはお皿を入れるようになりました。

104

公共のマット洗濯場

ピルッコ・ルースカネン‐パッルコスキ
マルッタ協会（Marttaliitto）事務局長

「マットを洗うのには大量の水が必要です。洗浄場は、マットをブラシで洗っている時に、残りの部分が水につかっているようにできていなければなりません。ゆすぎ後は絞らないで芝生か岩の上に置いて乾燥させます。」このようにマット洗いについて1938年の「初歩の家事の仕方」の教科書に書いてありました。

大量の水と外で乾燥させることは水辺を庭に持っている人達にしか可能ではありませんでした。都市に住んでいる人は、自治体の桟橋を使うことができれば、洗うことが可能でした。既に1890年代にタンペレ市のハメーンシルタ橋のそばに、マットと一般の洗濯物のための洗濯場がありました。時代を経て、都市では共同洗濯場で洗濯物を洗うようになりました。徐々に洗濯機が普及し、日常生活は楽になりました。しかし、マットの洗濯場は依然として必要でした。そこで桟橋洗濯場はマット専用の洗濯場になり、人々が1日を過ごす、夏の日の居間の延長になりました。

フィンランドでは伝統的なマットは裂き織マットで、これは環境に優しいもので、女性の知恵の産物です。裂き織マットは、古い衣類を丁寧に切って作った裂き布を織機できつく織り込んで作られます。名前や材料のつつましさにも拘らず、裂き織マットはフィンランド人の家庭の重要な芸術作品で、主婦の腕の見せどころでもありました。織り込みがしっかりしていること、端がまっすぐなこと、色の調和がよいことが、良く考えて丁寧に作られた作品となります。

Ⅷ　日常生活の喜び

ですから、フィンランド人がそれらを大切にして、きれいに使いたいと考えるのは当然なことです。だからこそ桟橋で洗うことが必要で、洗われて日光で乾燥させたマットは家の中にすがすがしい香りをもたらします。

　もともと洗い場桟橋は、岩の上に建てられた二つの大きい台のみで、その上で女性達がマットをブラシでこすって洗いました。しかし、その後桟橋は拡張され、しっかりと幅広いものになりました。また桟橋にはドラム缶が埋め込まれていましたが、立ったままで腰に負担をかけずにその中でマットを洗えるので、この工夫は多くの人に高く評価されています。重要なことは洗い場が水平であることで、そうでないとマットを折り目に沿ってブラシ洗いができないので傷んでしまいます。水面にある洗い場であれば、水をかけてマットをゆすぐことが可能です。

　今日でもフィンランド人はマットの洗濯を岸辺でしますが、自治体の洗い場は陸上に移動され、下水道に連結しています。こうすれば水資源の汚染を減らすことができます。環境のことを考える人は、マットを洗った水を海や湖に流さずに洗います。環境にまったく無害な洗剤はありませんが、一番の汚染原因はマットから落ちる汚れです。

　水、ブラシ、パインソープ、お弁当の入った籠が、これまで通りのマットを洗うのに必要な道具です。しかし、今日ではもう水際で作業をすることはできなくなっています。よく濡らしたマットは織り目の方向に表裏をブラシで洗います。今日では長い柄のブラシを使うか、圧力洗浄器を使います。伝統的な洗剤は液体パインソープで、環境に害が少なく、よく水に溶けます。

　大量の水を使ってゆすぐことが最も大切な部分です。経験のない洗い手は、干したマットの端が茶色に変色していたり、色が混ざっているので分かります。色が混ざってしまうことはマットを織の方向に干すことによって防げます。茶色になるのは、ゆすぎがたりないからか、干し方がゆっくり過ぎるからです。日光が照りつけると色落ちすることがあるので、陰干しの方がきれいに乾き上がります。桟橋洗濯場の多くにはプレス機も設置されてあり、干す前に脱水できます。

フィンランド人にとって、裂き織マットを野外で洗うことは夏の楽しみの一つになっています。マット洗いに適しているのは夏の初めのお天気の良い日です。暖かい風がマットを乾かします。お弁当の中身はその日の労働をいやします。そして同じように洗濯をしている人達と、強い共同体的な経験を共有することができるのです。

105

フーッシ・ドライトイレ

アスタ・ラヤラ
ドライトイレ・フーッシ協会（Käymäläseura Huussi）会長

　トイレはシェルター、食べ物、飲み水と同じように大切ですが、残念なことにそれは必要なことであるのですが、基本的な権利として取り上げられていません。フィンランドでは約百万人の人が自治体の下水設備に接続していません。彼らはフーッシ、すなわち野外のドライトイレを利用しています。
　大きくて人があまり住んでいない国土では、すべての人が下水道を引くことは不合理です。フーッシはまた環境を大切にするので人気があります。フィンランドではトイレや排泄処理のことは普通に話します。フィンランドは高い水準の教育や優れた給水技術や下水処理技術等を輸出していますが、ドライトイレがそれらを補完していることはあまり注目を浴びていません。
　人間の排泄物の処理は、今日においても持続する解決策のない問題です。世界でも人類の5分の1だけが下水道のある地域に住んでおり、その半分がきちんとした汚水処理場につながっています。3分の1の人達が一度もトイレを利用したことがありません。
　下痢やその他の排泄物からの感染症のために、発展途上国では保健や看護分野の不足している人的資源を使わなければなりません。汚染された水は人々を弱らせ、子供達、高齢者やHIV感染者の命を奪います。これは連続殺人と同じで、毎日5000～6000人の子供達が命を失います。
　ドライトイレ・フーッシ協会（フィンランド地球ドライトイレットクラブ）は、国連のミレニアム開発目標を推進しています。経済的で単純な方法で、ト

イレがない人達の人数を半分に減らすことができます。きちんと処理された乾燥衛生によって、排泄物から発生する病原体の広がりを防止できます。処理された排泄物はリサイクルとして土地に還元します。そうすれば、限定された資源であり、成長に不可欠なリンが、食物サイクルに戻されるので、飢餓の問題が緩和されます。経済的、社会的、環境学的な持続する開発は、疾病、飢餓、貧困を減らし、きれいな水を保護し安全に手に入るようにします。フーッシはまた平等の問題です。誰もが安全できちんとしたトイレを利用できねばならず、どの人も、自分自身がトイレを利用できないのに、他の人のトイレの排泄物の処理をせねばならないことがあってはなりません。

　私たちの協会は2006年に第2回世界ドライトイレット会議（DT2006）を開催しました。会議では5大陸の専門家が集まり、衛生に関する情報と専門知識を交換、更新、共有しました。会議の内容は要約を収集した本として出版され、CD-ROM（Proceedings CD-ROM）になります。会議は大学と共同で行われましたが、この分野の教育は不足していて、適切な教材もないというのが現状です。

　この分野の情報を一つに集大成することが重要です。その上で、研究開発を行い、実践的な解決、設置、配備のプロセスをテストしなければなりません。DT2006会議では展示も行い、この分野の製品製造者が参加し、情報を利用できるようにしました。

106
狂者のジョーク・
当事者が作成したジョーク集

ユッシ・サルケラ
フィンランド身体障害者連盟授産センター所長

　精神障害のある人達の問題の一つに、自分を低く評価することがあります。1990年代に、精神障害の人達の利益とサービスを行う団体であるフィンランド精神保健中央協会（Mielentervyden keskusliitto）は、会員の自己評価を高めるために多面的なプロジェクトを立ち上げました。そのうちの一部は、精神病の人達、精神病院、精神科医に関するジョークや話を集めるプロジェクトでした。協会の会員が中心になってジョークや話を集めましたが、精神病院の職員にも参加を呼びかけました。

　期待していた以上にジョークが集まりました。特に精神障害を経験した人達が熱心でした。このプロジェクトの間に、彼らは自分達を笑うことを学び、それはリハビリテーションにとって非常に必要なことでした。ジョークの90%が精神障害のリハビリを受けている人達が作ったものでした。彼らはあえて差別的な用語を使って「狂者のジョーク」と自分達で名付けました。

　集まったのは、850のジョークと小話でしたが、1997年に作家のカレヴィ・カレマー（Kalevi Kalemaa）がそのうちの400をまとめて『トイレから魚を釣れるかい？（Voiko vessanpytystä onkia?）』という名前の本を編集しました。本は多くの注目を集めて3万冊も売れましたが、これはフィンランドにおいては大変な数です。本が出版された後に、カレマーと精神保健中央協会の事務局長は、フィンランド各地の精神保健協会でユーモア・イベントを開催しました。多くの患者がイベントに参加しました。

マイラは 2 日前に買ったトイレブラシを、買った店に返しに行きました。「どこがよろしくなかったのでしょうか」と店員が訊ねました。
「問題はなかったんだけどね」とマイラは答えました。「でもトイレットペーパーの方がもっと気持ちいいわ。」

このプロジェクトの反応は全体的にはよかったのですが、反発もありました。それはよく理解できることですが、精神障害のある人達の中には、深刻な問題をユーモアにたとえることに抵抗を感じた人もいました。一番嫌がったのは精神障害者の家族でした。それは、家族の一人が精神病にかかることは、家族にとって当然のことながら非常な打撃であるからです。その上、精神保健サービスが、治療やリハビリにおいて患者のニーズを十分満たしていないことも理由の一つです。そのため依然として多くの責任が家族にかかっているからです。

精神障害に関わるジョークの収集は、精神障害者の自由意思のプロジェクトとして継続されました。こうして精神保健中央協会のある重要な目標が満たされました。この活動とその開発は中央協会から地域の協会へ移されました。精神障害者の自己評価が上がり、自身の所属している団体の意義を理解できるようになったので、中央協会の活動戦略や政治活動に、以前にもまして会員である当事者のニーズと意志が反映するようになったのです。

107

ケミの雪の城・
ケミ市のシンボル

ヨルマ・ヴィルタネン
ケミ市副市長

　あるアイディアが浮かびました。世界で一番大きい雪の城（Lumilinna）をつくってギネスブックに載せることです。これは1994年の春に、ボスニア湾が凍りついた景色を見た時に生まれたアイディアでした。2年後に城は本当に建てられました。

　20年前にケミ市は国からサンポ（Sampo）という名前の古い砕氷船を購入しました。その後砕氷船サンポはボスニア湾の北方で観光客を乗せて航海しました。サンポはケミ市のはじめての観光の目玉で、世界中から観光客を集めました。この成功で勇気づけられた私達は、何か新しいものを探し、市にもっと多くの観光客を呼び寄せ、同時に雇用を促進させたいと思いました。

　何が北方の自然と伝統に合うでしょうか。何が観光客と住民の両方が喜んでくれるものでしょうか。そして、どのような施設で大人と子供と家族が楽しめるでしょうか。私たちにはどんな建設資材が入手可能でしょうか。私たちには、暗さと寒さと氷ときれいな空気があります。フィンランド人は皆子供の時に雪の城を作った経験があります。お城の中で、食べ物を食べて、ろうそくをともしました。お城でかくれんぼをして遊び、その周りで雪合戦をしました。それなら、私たちは世界一大きい雪の城を築いたらどうでしょう。

　ケミ市は建設事業を開始しました。市議会議員達は、プロジェクトに対して偏見を持ちませんでした。これには敬意を表さねばなりません。不況期をやっと乗り越えた時期で、しかも税金を使って行うのにです。ケミの市民は、新し

い発展の道をつくるには、新しいことを行う勇気が必要なのだと理解しました。ケミ市は自分で道を開拓して、そしてプロジェクトに成功したのです。ケミの雪の城は人々の気持ちを高め、そしてその経験をもとに、全く新しい職業が生まれ、氷や雪や北極圏の研究分野が開かれました。

　雪の城はいろいろな意味で特別なものです。毎年冬に異なった形で作られ、毎年春には溶けてなくなります。11年の年月の間、お城は平屋か2階建てで、3階建ての年もありました。その表面積は、大きい時はサッカー場が3つ入るくらいです。使われた雪の量を家庭用冷凍庫で測ってみましょう。雪を家庭用の冷凍庫に詰めたら、冷凍庫が65kmも並ぶほど必要です。

　お城では毎年氷の彫刻展を開催し、建物には礼拝堂、ホテル、レストラン、そりすべりのための坂とプラスチックボールの海がある遊技場があります。お城の中では、フィンランドの国際的に有名なソプラノ歌手のカリタ・マッティラ（Karita Mattila）からソナタ・アルクティカ（Sonata Arctica）まで、国内外の音楽家がリサイタルを開いています。お城の中ではダンス、合唱、演奏、手品や子供のための遊戯が行われます。レストランではお城の御馳走が出されます。多くの子供達はお城の礼拝堂で洗礼を受け、これまでに20組ほどの結婚式もありました。一度は零下30度の中でオペラも開催されました。

　雪の城のどこがソーシャルイノベーションなのでしょうか。それは雪の城の影響が、ケミ市全体、その住民と企業に及ぶからです。毎年お城は約50人の直接雇用を行い、それは数か月の期間に及びます。お客さんはホテル、レストラン、給油スタンド、交通サービスを利用します。お城とともに、サファリやその他の観光プログラムを提供する業者は成長しました。監視員、交通整理、飾り付け、プログラム実行などのためにNPO、スポーツクラブ、生徒達を雇用しました。

　ケミ市は、以前は衰退しつつある工業都市と考えられていましたが、それが雪の城のおかげで一瞬にして変わりました。今ではケミ市は、雪の城と観光の都市として知られています。雪の城はケミ市民に計り知れないほどの影響を与え、ケミ市民は、ケミ市とケミ市民であることに誇りを持つようになりました。

108

アフリカの星ゲーム

カリ・マンネルラ
アフリカの星ゲームの発明者

　最初の「アフリカの星（African Tähti）」ボードゲームは1951年秋に印刷されました。フィンランド人の青年のカリ・マンネルラ（Kari Mannerla）は、アフリカの星という名の世界で一番大きいダイアモンドについて読み、アフリカ大陸の英語版の地図を持っていました。そこからでたらめに面白い名前の場所を選び、道路や、航路や飛行機のルートを書き入れました。それから彼は、ゲームの参加者は決められたルートではなく、自分でルートを選べなければならないと気が付きました。最も大事なアイディアは、紙のコインを作り、それを混ぜて裏返しにして配置し、だれもどんな発見をするかわからないようにすることでした。その他にコインに盗賊や馬などを加えました。

　カリ・マンネルラは14歳の時から10以上のゲームを発明し、それらの名前は「ギャングを捕まえろ」「火星のラジウム戦争」「海の恐怖」「インカの宝」などでした。彼はこれらの作品を小さい報酬で文房具会社に売りました。年配の会社役員は「ほらみてごらん、またゲーム少年が来たよ。」とよく言ったものです。

　アフリカの星はマンネルラが作った最後の作品です。19歳で作り、これはいい作品だと直感しました。彼はそれを大きな出版社のティルグマン（Tilgmann）に売り、その値段について2年間喧嘩しました。最後には、たいした値段ではなかったけれども1万ゲーム分で手を打ちましたが、1万ゲーム以上については改めて交渉することを条件にしました。普通はボードゲームが再版されるこ

とはまずないので、ティルグマンは文句をいわずにこの条件を受け入れたのです。しかしこの時は見込み違いでした。次の年には新しいゲームが１万個つくられ、次々に増えていき、７年で10万ゲームの「アフリカの星」が売れました。

ティルグマンはゲームの生産を1971年に止め、アフリカの星はパレッティ（Paletti）に移り、1992年にパレッティはペリコ（Peliko）となりました。ペリコの創業者のエスコ・エロネン（Esko Eronen）はパレッティ社の時代からアフリカの星の販売担当者だったので、30年間アフリカの星と係わっていることになります。

100万個目のアフリカの星は1968年に売られました。それを買ったのはクーサモの女子生徒で、記念賞を受け取りました。今日までにフィンランドでは160万個、世界全体で350万ゲーム売れました。スウェーデン、ノルウェー、デンマークではフィンランドと同じくらい人気があります。オーストリアでは20年間売られています。ロシア、エストニア、ハンガリー、チェコは新しい市場です。

アフリカの星は、最も大きな市場へは進出できませんでした。多分、作者が市場進出を考えたのが1980年だったので遅すぎたのでしょう。アメリカの世界最大のゲーム生産社は、1950年代のアフリカは全くファッションではない、例えば中東に場所を変更するべきだと言いました。それならターザンも中東に移すべきだと、マンネルラは返事をしました。

ドイツの出版社は、アフリカの星は普通の旅ゲームと全く同じだと言いました！イギリスの大手出版社は熱心でしたが、出版に手違いがありゲームはだめになりました。英語版のゲームができていたら世界の半分が市場となったでしょう。ドイツ語版、フランス語版、イタリア語版のゲームはスイスで出版されましたが、数年で販売は中止になりました。

年金生活に入ってから、マンネルラはアフリカの星のトランプ版を作りました。これは1996年から５万組売れています。1998年には、宝くじを扱う国の専売公社のヴェイッカウス（Veikkaus）と３年契約でスクラッチカードを作り、1000万枚以上売り上げました。2006年にはアフリカの星の新バージョンの南ア

315

Ⅷ　日常生活の喜び

メリカを舞台にした「インカの宝」を作り、これも大成功でした。アメール（Amer）によってコンピューターゲームも製作されましたが、これは悪い時期に売り出されたせいか、売れませんでした。

　（注：マンネルラ氏は17歳でSEK広告会社に見習いとして入社し、55年後に会長の座から引退しました。）

109

エストニアへの酒買い出し旅行

マッティ・ニーラネン

ジャーナリスト

　フィンランド人はラリー好きの国民として知られています。パリ・ダカール間のラリーレース、ユヴァスキュラのレース、様々な国で開かれるフォルムラレースでフィンランド人が活躍していることは知られています。その他、夏の野外ダンス場ではいろいろなステップと急な変化があるラリーを取り入れたダンスを踊ります。国道を走っているのは50歳から70歳の間の男性で、自分達をキミ・ライッコネン（Kimi Räikkönen　注：F1レーサー）やミカ・ハッキネン（Mika Häkkinen　注：F1レーサー）になぞらえて車を飛ばしているのです。

　1960年代と1970年代にはフィンランド人はバターを買いに、ハーパランタとトルニオ間を往復しました。バターはフィンランドではトルニオの西側より高かったからです。バターを買うのと同時に、ガスをまき散らしている東欧の自動車を、フィンランドより少し安いガソリンで満タンにしました。ラリーをしていたフィンランド人の一部は、仕事を求めてスウェーデンに定住しました。

　現在フィンランドでは、特に労働組合の人達が、エストニア人が、北の兄弟姉妹であるフィンランド人の真似をするのではないかと心配しています。エストニアから仕事を求めて、人々がフィンランドにラリーしてくるのではないだろうか。フィンランド人の給料が下がるのではないか。1960年代にフィンランド人が、スウェーデンの例えばトロールハッタン市のサーブ自動車工場へ仕事を求めて押しかけた時に、スウェーデン人はどう思ったのだろうか・・・・。

　フィンランド人の発明好きの性格と能力は、サウナやノキアの携帯電話の

VIII 日常生活の喜び

ようないくつかの際立った成果を上げていますが、エストニアへの安い酒の買い出しラリーも、疑いなくその成果の一つに加えなければなりません。

X氏とその夫人のYさんはある日の夕方、ビール、酒、たばこを買うためにタリンに出かけました。彼らの居住地のトルニオからエストニアの首都タリンまでは700kmあります。二人は公共交通を利用することにして、トルニオから首都のヘルシンキまでは列車で行きました。X氏は旅行中の読み物として、ユハニ・アホ（Juhani Aho）の書いた有名な本『鉄道（Rautatie）』を持っていたので、その本の主人公にちなんで、X氏をフィンランドの典型的な名前であるマッティ、夫人をリーサと呼ぶことにしましょう。

マッティとリーサは、列車の中のビールの値段が、トルニオの居酒屋や国の専売公社アルコの値段の4倍近くしたので、がっかりしました。フィンランド国鉄はしっかりと利益を考えているのです。それで、彼らは10ユーロ以上したライ麦のはいっていないサンドイッチを食べました。

ヘルシンキまでの夜行列車は300ユーロかかり、トルニオに帰る運賃も同じです。

マッティとリーサは防風スポーツジャケットを着込んで、元気にヘルシンキの南港に到着し、港でキャビン付きの往復切符を200ユーロで買って船に乗り込みました。船の中で、マッティとリーサは航海を楽しみ、飲み食いし、ラリーを踊って150ユーロほど使いました。

マッティとリーサが列車でトルニオからヘルシンキへ向かった時と同じ頃に、トルニオのビール工場のトラックが何千リットルものビールを積み込んで、夜間にタリン行きの船に向かって運送しました。またヌルミヤルヴィのアルコール製造工場から、コスケンコルヴァ酒を積んだ何台かのトラックが、朝早く同じ船に向かいました。

このことについてはマッティとリーサは何も知らず、幸せでした。ここにフィンランド人とEUのイノベーションの基本的な考えがあります。つまり物品と人間がEU内を自由に移動できるのです。フィンランドからは物品が大きなコンテナで輸出され、それらを安い小売値で買い取り、少しずつフィンラン

ドへ持ち帰るのです。

　マッティとリーサは、もちろんタリンに到着してから、タリンのKスーパーマーケットの前に彼らの故郷のビール工場のトラックが止まっているのに気が付きました。

　「トルニオ人であることは素晴らしいね。」と二人は言いました。

　タリンの港からトルニオ人達はタクシーを貸し切りにしました。二人にとって、建造物、文化的なもの、例えば、エカテリーナ女帝に献上された谷間の地にフィンランド人の建築家ペッカ・ヴァパーヴオリ（Pekka Vapaavuori）が設計した、エストニア人の自慢のクム（KUMU）美術館等は、あまり面白いとは思えませんでした。

　二人は別れて行動することにし、リーサは旧市街の壁に沿って出店を開いているおばあさん達から、安い手袋や毛糸のパンツを買いに行くことにし、マッティはラッソ（Lasso）バーで行われている絵画展を見に行くことにしました。待合場所はよく知っていて安全なフィンランド人の経営するKスーパーマーケットの前にしました。

　スーパーでは、フィンランドのトルニオで製造されたビールを8ケース、つまり33clのアルコール度が大きい（5.2％）ビール缶を約200本を買いました。その他にコスケンコルヴァ酒を5リットル、ジンを5リットル、合わせて10リットル買いました。

　マッティとリーサの大イノベーションは、エストニアではビール、スピリット、シードルなどが、エストニアの税率が低いためにフィンランドよりかなり安く買えるというところにあるのです。

　親切なロシア系エストニア人のタクシー運転手は、フィンランドの値段に合わせて600クローネ (40ユーロ) の請求書を出してきましたが、マッティとリーサは、タリンの普通のタクシー料金の200％も高かったのにもかかわらず、手頃な値段だと考えました。

　船の中で、マッティとリーサには困ったことが起こりました。急いで船に乗ろうとした時に、ビールの箱が破れて、数個の缶ビールが船の床に転げ落ち、

Ⅷ　日常生活の喜び

　彼らは這うようにして船が揺れる中、缶を追いかけねばなりませんでした。おそらくルーテル教の伝統で迷える缶（注：聖書では羊）は見捨てないという精神のなせるわざなのでしょう。

　この旅行の経費は、列車や船の切符、食事代、安いビール、ワイン、たばこ、スピリットを含めて約1500ユーロかかりました。同じお金で、113本のサンタユーリアマグナ・ワインを母国のアルコールショップから買うことができたのです。でも、何も悪いことはしていません。タリンは楽しかったし、旅行は見聞を広めます。

　その上、ヘルシンキからトルニオへの列車の旅は、安い「エストニア」のアルコールとたばこのお陰で最高でした。恥ずかしかったので、飲み終わった沢山の空のビール缶の一部は、ケラヴァ、タンペレ、セイナヨキあたりで、窓から線路近くの野原に投げ捨てました。

　エストニアをきれいにしましょう。ゴミはフィンランドで捨てましょう。これもフィンランド人のイノベーションです！

　フィンランド人の偉大な発明に栄光あれ！　エストニアのお酒買い出し旅行！　フィンランド人のイノベーション能力と継続的な発展に乾杯しようじゃありませんか。

110

サルミアッキコッス・ファッションドリンク

エサ・オステルベリ
スタケス上級研究員（アルコール・薬物研究）

　サルミアッキ・コスケンコルヴァ（Salmiakki Koskenkorva）、またはサルミアッキ・コッス（Kossu）という略語で呼ばれるアルコール飲料は、サルミアッキとして知られている塩味のあるラクリッツァで味をつけたコスケンコルヴァ・ウオッカです。フィンランドで1992年の終わりに0.375リットル瓶で販売開始されました。販売と同時に非常な人気商品となりました。それは間違いなく味がよかったからでしょう。もう一つの理由は、その味のエチルアルコールの方が、無味の本来のコスケンコルヴァ・ウオッカより安かったからです。
　しかしながらその成功の物語は短いものでした。というのは、売れ行きが良かったのは主な愛好者がティーンエージャーだったからで、彼らはフィンランドのアルコール政策の特別の扱いを受けていたグループで、法律では20歳以下へのアルコール販売は禁止されていました。報道陣がセンセーションの匂いと、本物か空想か分らない問題を嗅ぎつけました。そしてアルコール問題担当のキリスト教連盟党の大臣もこの問題にこだわりました。国のアルコール専売公社のアルコ（ALKO）も事態を理解し、1993年3月にサルミアッキ・コッスは姿を消しました。
　蒸留酒はフィンランドの発明ではありませんし、サルミアッキもフィンランドの発明ではありません。正直に申しますと、サルミアッキ味のカクテルはデンマークで開かれたバーテンダー競技会でブームになったものです。透明なスピリットとサルミアッキのミックスは、先ずフィンランドとスウェーデン間を

Ⅷ　日常生活の喜び

往復する客船で人気商品となり、ヘルシンキに上陸した後、レストランのファッションドリンクとなりました。

　30年戦争に参加したフィンランド人英雄が、ジャガイモとそれからお酒をつくる技術を持ち帰った時から、フィンランド人は透明のお酒が大好きでした。コスケンコルヴァ酒はこの伝統に属しており、1953年にアルコがジャガイモから製品化し販売したのです。コスケンコルヴァはすぐにフィンランド人の好むお酒になり、フィンランドが1995年にＥＵに加盟するまで、最も売れているお酒でした。どれだけのコスケンコルヴァ愛飲者が、はじめは100％ジャガイモから作られていたお酒が、後にジャガイモと麦になり、1960年代に麦のミックスになり、今日では大麦のみで作られていることに気がついているのでしょうか。

　サルミアッキは戦後にフィンランドのお菓子となりました。フィンランド以外では他の北欧諸国とオランダと北ドイツでのみ販売されています。サルミアッキ愛好者は、世界のその他の地域で手に入らないのでがっかりさせられていますが、サルミアッキは、フィンランドではライ麦パンやマンミや豆のスープと同じように伝統的な食べ物です。

　フィンランドがＥＵに加盟してからフィンランドの厳しいアルコール政策は圧力を受け、1995年３月にアルコのアルコール販売店に、サルミアッキ・コッスは、アルコール度が少々低くなり値段も高くなってカムバックしました。2005年にはアルコは36万リットルのサルミアッキ・コッスを売り、これはフィンランドの成人１人に対し１デシリットルに当たります。実際にはこのお酒は海外にお土産用に買われています。初めて飲む人達は、サルミアッキの味に隠れていますが、実はアルコール度は32％であることに注意する必要があるでしょう。

111
ラクリッツァ・フィンランド人の愛する黒いお菓子

マリ・レッパネン
グラフィックデザイナー兼作家

　フィンランド人がラク（laku）というあだ名でよぶラクリッツァ（lakritsa、英語では liquorice）は、元来はフィンランド人の発明ではありませんが、長い時間の間にフィンランド人の心を占めています。
　約60％のフィンランド人がラクを甘いものを欲しがるように食べています。フィンランドでは年間一人当たり750グラムのラクを消費します。
　この口の中で溶ける、柔らかくて香りのよい黒く甘いものはどこから来たのでしょうか。今日のラクの物語は1760年英国で偶然に生まれました。薬剤師のジョージ・ダンヒル（George Dunhill）が、うっかりとラクリッツァ成分に砂糖と粉を混ぜてしまったのです。今日のラクには医薬チャコールを添加しますが、黒く着色するためで、これは安全とされています。ラクを作るために必要な成分は、海外から輸入されたある植物の木の根から分離されます。
　ラクリッツァ植物の根の歴史は長く美味でした。何世紀もその味は平民や皇帝の舌を喜ばせてきました。お菓子屋さんの棚に乗る何千年も前に、ラクリッツァは、薬の成分があるのと香がよいので、戦争、砂漠への旅、建設現場などで使われました。
　ラクはフィンランドの製菓業界にも長い歴史があります。ラクは19世紀の終わりに、主に、多くの有名なキャラメルとチョコレートの製造者がいたロシアからフィンランドにもたらされました。ラクの生産は1900年代の初めに始まりました。1945年の継続戦争の期間中に、国は製菓会社に少量のラクを作るため

VIII 日常生活の喜び

の材料を配給し、当時のフィンランドで手に入る数少ないお菓子の一つにしました。今日では多くの大製菓会社が、ラクが大好きな人達のために黒いお菓子を製造しています。

　最初のラクリッツァ菓子の本『ラク』はフィンランドで出版されました。

訳者あとがき

　私は日本の大学の福祉学部で5年間教職に就いていましたが、昨年、1970年代から住んでいたフィンランドに帰ることを決意したときに、イルッカ・タイパレ先生からこの本の日本語訳を依頼されました。内容を見て即座に引き受けることに致しました。
　本書は、"100 SOSIAALISTA INNOVAATIOTA SUOMESTA"（Ilkka Taipale, 2006）の全訳です。
　日本では最近はフィンランドブームといってもよいほどフィンランドに関心が集まっています。それは主にフィンランドの学生の学力の高さが日本を抜いたからですが、それ以前にはノキアに代表される情報産業国として関心が持たれていました。学力・教育レベルの高さも産業国家としての高い競争力も、北欧型福祉国家としてのフィンランドの手厚い社会政策がそれらの基底になっています。これらの社会政策が社会改革、すなわちソーシャルイノベーションとしてこの本に取り上げられています。
　この本の刊行の辞をタルヤ・ハロネンフィンランド大統領がお書きになっているのに加えて、筆者の中には、3人の首相経験者、2人のフィンランド議会議長経験者、13人の大臣経験者を含む議会議員、官僚、研究者、NPO（NGO）の代表、一般市民がいます。全員フィンランド福祉国家のソーシャルイノベーションに深くかかわってこられた方々です。それぞれの論文はフィンランド語でA4サイズ1～2枚ほどの短いものですが、私はそこに込められている思いの強さに感動しつつ、翻訳作業を行いました。フィンランドで暮らした35年の間に、私自身もこれらの制度が整備されていく過程を市民として見てきました。
　日本語への翻訳に取りかかる少し前に、英語の翻訳が2007年に出版されました。英語訳には外国人の読者に理解しやすい工夫がされていましたが、多少削

られている部分もあります。私は英語訳を参照しつつも、原則としてフィンランド語の原本からの翻訳を行い、最小限の注を付けました。著者の肩書は2007年の英語版に基づいています。また編著者から日本に向かない論文があれば省くようにと言われたのですが、どの論文も素晴らしく、日本の方に是非読んでいただきたいと思うものばかりでした。私もフィンランドの音楽療法について書かせていただき、結果として、論文がフィンランド語版より5つ、英語版より3つ多く111となっています。「100のフィンランドのソーシャルイノベーション」がもともとの題なのですが、タイパレ先生の許可を得て、日本語版は「フィンランドを世界一に導いた100の社会改革」とし、「フィンランドのソーシャル・イノベーション」を副題にしました。

　翻訳に当たって、用語の適切な選択等については多くの日本の友人に助けていただきました。ここに謝意を表します。特に全文を読んで下さって校閲をお手伝いいただき、率直な意見を述べてくださった東京都の井上由紀子さんと焼津市の中野正代さんに心から御礼申し上げます。お二人がこの原稿を読んでフィンランドという国が好きになったとおっしゃって下さったことは、大きな喜びでした。小樽市の山塙圭子先生には家政学の視点でご覧下さり、内容と翻訳について貴重なご意見と励ましをいただきました。また、北海道大学大学院時代からご教授を受けている札幌市の神原勝先生には、公人の友社をご紹介いただいたのみならず、校閲、編集についても昭子夫人とご一緒にご指導いただきました。ここに厚く御礼申し上げます。息子の富生にも資料の検索、収集とフィンランド語の解釈を助けられたことを感謝したいと思います。

　読者の皆様が、今日のフィンランドの活力の源泉をこの本からお読み取りいただければ、訳者としてこれ以上の喜びはありません。

　最後に、厳しい出版状況にもかかわらず、日本での出版をご決断下さった公人の友社の武内英晴社長には大変お世話になりましたことを御礼申し上げます。

2008年6月15日
山田眞知子

著者略歴

イルッカ・タイパレ（Ilkka Taipale）
　1942年ヘルシンキに生まれる。ヘルシンキ大学医学部卒業、医学博士（社会医学、1982年）。1960年代の学生運動時代から一貫して人権擁護と社会改革運動の指導的役割を担う。数多くのNPOを設立。ホームレス、精神障害者、アルコール依存症者、失業者、移民等、社会の弱者といわれている人達の人権と福祉の向上をライフワークとする。社会保健大臣、スタケス総裁を務めたヴァップ夫人（Vappu Taipale）と共にフィンランドの社会・保健サービスの発展に貢献する。バルト海センター財団を設立し、バルト諸国との福祉と芸術面での交流活動を推進。
　1980-1986年フィンランド平和連盟事務局長。1982年より毎年フィンランド各地において広島原爆記念日の灯篭流しを実施。
　1988～1996年　フィンランド最大の精神病院であるケッロコスキ精神病院院長。
　1971～1975年、2000-2007年フィンランド議会議員。
　1969～1980年、1992年～　ヘルシンキ市会議員。
　2001年～　ヘルシンキ・ウーシマー地区特別医療圏自治体組合理事。
　著書、編著、論文多数。
　www.ilkkataipale.fi

訳者略歴

山田眞知子（やまだ　まちこ）
　1949年東京に生まれる。
　1971年国際基督教大学卒業。
　1972年よりフィンランドに在住。ヘルシンキ夏期大学、生涯学習学校講師、通訳・翻訳業等に従事。フィンランドで「日本料理の本（Japanilainen keittokirja）」（初版1986年、第3版2004年）を出版。1990年代に研究者を目指し、スタケスの客員研究員、シトラのバリアフリープロジェクトのコンサルタント等を務める。
　1995年北海道大学大学院法学研究科に入学
　2001年北海道大学大学院法学研究科博士課程修了　法学博士（公共政策）
　2002年～2007年　浅井学園大学（現校名：北翔大学）人間福祉学部教授
　2008年よりフィンランドにて研究を続ける。
　主な著書
　　『フィンランド福祉国家の形成　社会サービスと地方分権改革』（2006年　木鐸社）
　　『働き方で地域を変える』（2005年　公人の友社）
　　『高齢者福祉論』（共著　2002年　高菅出版）
　　『世界の介護事情』（共著　2002年　中央法規）
　www.yamadamachiko.net

フィンランドを世界一に導いた100の社会改革
フィンランドのソーシャル・イノベーション

2008年9月5日　第1版第1刷発行

編著者　イルッカ・タイパレ　（Ilkka Taipale）
訳　者　山田　眞知子
発行者　武内　英晴
発行所　株式会社 公人の友社
　　　　〒112-0002 東京都文京区小石川5-26-8
　　　　電話　03-3811-5701　FAX 03-3811-5795
　　　　メールアドレス　koujin@alpha.ocn.ne.jp
印刷所　倉敷印刷株式会社
表紙・イラスト　ヨーナス・ルオトネン　（Joonas Luotonen）
装　丁　有賀　強